Jean-Paul Valette
Rebecca M. Valette
BOSTON COLLEGE
Teresa Carrera-Hanley

Situaciones

Intermediate Spanish

Workbook

HEATH
D.C. Heath and Company
Lexington, Massachusetts Toronto, Ontario

Project Editor
Cynthia Swain

Senior Production Coordinator
Donna Lee Porter

Book Design
Paulette J. Crowley

Illustrator
Walter Fournier

illustrations
pages 2, 64, 74, 170, 172
Mary Keefe

A Division of Houghton Mifflin Company

Published simultaneously in Canada

Printed in the United States of America

International Standard Book Number: 0-669-32282-2

9 10 11 12 13 -DBH- 03 02 01 00

Contenido

Nombre: Fecha:

Para su referencia. . .

A. Los verbos regulares

1 Lo que hacen

Complete lógicamente cada una de las siguientes oraciones con uno de los verbos de la lista.

abrir	**bajar**	**olvidar**
alquilar	**correr**	**patinar**
apagar	**descansar**	**quemar**
aprender	**esconder**	**regalar**
asistir	**mirar**	**subir**

MODELO: Durante la semana, trabajamos mucho, pero los domingos *descansamos*.

1. Mis primos no son dueños *(owners)* de su apartamento. Lo ________________ por 10.000 pesos al mes.
2. Hoy es el cumpleaños de María Cristina. Su novio le ________________ una pulsera *(bracelet)* de plata.
3. Los viajeros llegan a la estación. Compran sus billetes *(tickets)* y después ________________ al tren.
4. No tienes buena memoria. ________________ todo.
5. ¿Qué idioma ________________ Ud. en el colegio? ¿Francés o inglés?
6. ¿Por qué ________________ la ventana? ¿Tienes calor?
7. El Sr. Suárez ________________ el radio. No quiere escuchar el concierto de música rock.
8. Felipe no está en casa. Está en el estadio donde ________________ a un partido de fútbol.
9. ¡Perdóneme, señorita! ¿________________ Ud. del autobús en la próxima parada *(stop)*?
10. Somos deportistas. Nadamos, esquiamos y cada día ________________ unos cinco kilómetros.
11. Estoy en el cine. ________________ una película de ciencia ficción.
12. En esa película de aventura, los piratas ________________ su tesoro *(treasure)* en una isla desierta del Caribe.
13. Cuando hace mucho frío, vamos al lago y ________________ sobre el hielo *(ice)*.
14. El espía *(spy)* ________________ los documentos secretos en la chimenea *(fireplace)* de su casa.

2 A Ud. le toca

Complete las siguientes oraciones con uno de los verbos de la lista y una expresión personal. Los verbos pueden ser afirmativos o negativos.

arreglar	**cuidar**	**leer**
ayudar	**deber**	**llorar**
caminar	**gastar**	**vivir**
comprender	**lavar**	

MODELO: Yo *no comprendo a la profesora de francés cuando ella habla muy rápido.*

1. Ud. ______
2. La doctora Martínez ______
3. Nosotros ______
4. Antonio ______
5. Tú ______
6. Uds. ______
7. Mi papá ______
8. Yo ______
9. Los niños ______
10. Nosotros, los norteamericanos, ______

B. Verbos irregulares en la forma yo *del presente*

D. Verbos con otras formas irregulares

3 ¡Yo!

Complete lógicamente las siguientes oraciones con la forma **yo** de los verbos de la lista.

conducir	**escoger**	**parecer**	**saber**
conocer	**hacer**	**pertenecer**	**salir**
construir	**huir**	**poner**	**traer**
dirigir	**merecer**	**proteger**	**ver**
distribuir			

MODELO: Soy una persona simpática y *conozco* a todos los estudiantes en la clase.

1. Soy muy inteligente y estudio mucho. Por eso ______ una "A" en la clase de español.
2. Soy muy rico y ______ un Rolls Royce.
3. Soy muy generoso y les ______ mi dinero a los pobres.
4. Tengo muchos amigos con quienes ______ los sábados por la noche.

5. Soy bien educado y siempre les ________________ un regalo a mis amigos cuando me invitan a cenar en su casa.
6. Soy deportista y ________________ a un club de tenis.
7. Soy buen estudiante y siempre ________________ la tarea antes de ir a clase.
8. Soy una persona muy valiente *(courageous)* y nunca ________________ del peligro *(danger)*.
9. Soy una persona justa y siempre ________________ a los inocentes.
10. Soy constructor *(builder)* y ________________ muchas casas bellísimas *(very beautiful)*.
11. Soy una persona muy elegante y solamente ________________ ropa de moda *(fashionable)*.
12. Soy ahorrador *(thrifty)* y ________________ mi dinero en el banco.
13. Soy ejecutivo y ________________ una compañía de electrónica.
14. Tengo solamente diez años pero soy alto y ________________ mayor que mi edad.
15. Estoy perdido. No ________________ dónde está la calle que busco.
16. Llevo gafas porque no ________________ bien.

C. Verbos irregulares

4 Preguntas y respuestas

Complete las siguientes oraciones lógicamente usando los verbos entre paréntesis.

1. (oír) —¿________________ Uds. el ruido?
   —Yo no ________________ nada. Y tú, Carlos, ¿________________ algo?
2. (decir) —¿________________ Uds. la verdad?
   —Claro, yo siempre ________________ la verdad. Y creo que Paco la ________________ también.
3. (ir) —Clara, ¿adónde ________________ este verano?
   —________________ a España con mis hermanas. ________________ a pasar dos semanas en casa de nuestros amigos españoles.
4. (ser) —¿De dónde ________________ Uds.?
   —Yo ________________ de Lima. Y mi primo ________________ de Cuzco.

5 Dar y tener

Complete las siguientes oraciones con expresiones idiomáticas con **dar** y **tener**.

1. Si Uds. ______________________ comer, podemos ir a este restaurante.
2. Me gustaría salir contigo esta noche pero no puedo. ______________________ hacer la tarea.
3. Ud. es muy amable. Yo le ______________________ por su ayuda.
4. No tengo tiempo para hablar contigo ahora. Tengo que tomar un tren en una hora y no quiero perderlo. Lo siento mucho, pero ______________________.
5. ¿Cómo? ¿No ______________________, Carlitos? ¡Son las once y tienes que acostarte!
6. Mi prima Isabel ______________________. El año pasado, se sacó el gordo en la lotería.
7. Evita, ¿por qué ______________________? No hay fantasmas *(ghosts)* en esta casa.
8. La conferencia sobre el arte azteca ______________________ en la biblioteca municipal.
9. Ana y Roberto no están en casa. ______________________ por el centro.
10. Eres un buen conductor. Siempre ______________________ con el tráfico.

D. Verbos con otras formas irregulares

6 ¿Cuál verbo?

Escoja los verbos que completen las siguientes oraciones y márquelos con un círculo.

MODELO: ¿(Conoces / Sabes) a mi amiga Luisa Allende?

1. Mi hermano no (sabe / puede) conducir. Tiene los dos brazos rotos.
2. No (sé / puedo) jugar al tenis contigo porque no tengo mi raqueta.
3. La señora le (pregunta / pide) café al camarero.
4. El turista le (pregunta / pide) al policía donde está la estación.
5. Nunca les (pregunto / pido) dinero a mis padres.
6. ¿(Saben / Conocen) Uds. un hotel barato?
7. ¿(Saben / Conocen) Uds. cuánto cuesta este libro?
8. No (podemos / sabemos) nadar hoy. La piscina está cerrada.

Nombre: Fecha:

Unidad 1

Escenas de la vida

Escena 1. El mundo es un pañuelo

1 Comprensión del texto e interpretación personal

Lea otra vez el texto en las páginas 2–3 de su libro y conteste las siguientes preguntas.

1. ¿Dónde tiene lugar la escena?

2. ¿Cuál es la coincidencia?

3. Al final de la escena, ¿qué le propone Antonio a Dorotea?

4. Según Ud., ¿va a aceptar la invitación Dorotea? ¿Por qué o por qué no? Explique su respuesta.

2 Los diarios

Al regresar a su hotel, Dorotea Dávalos anota el encuentro con Antonio en su diario. Complete lo que ella escribe.

Antonio García también tiene un diario en el cual *(which)* anota su encuentro con Dorotea y su impresión de ella. Complete su diario.

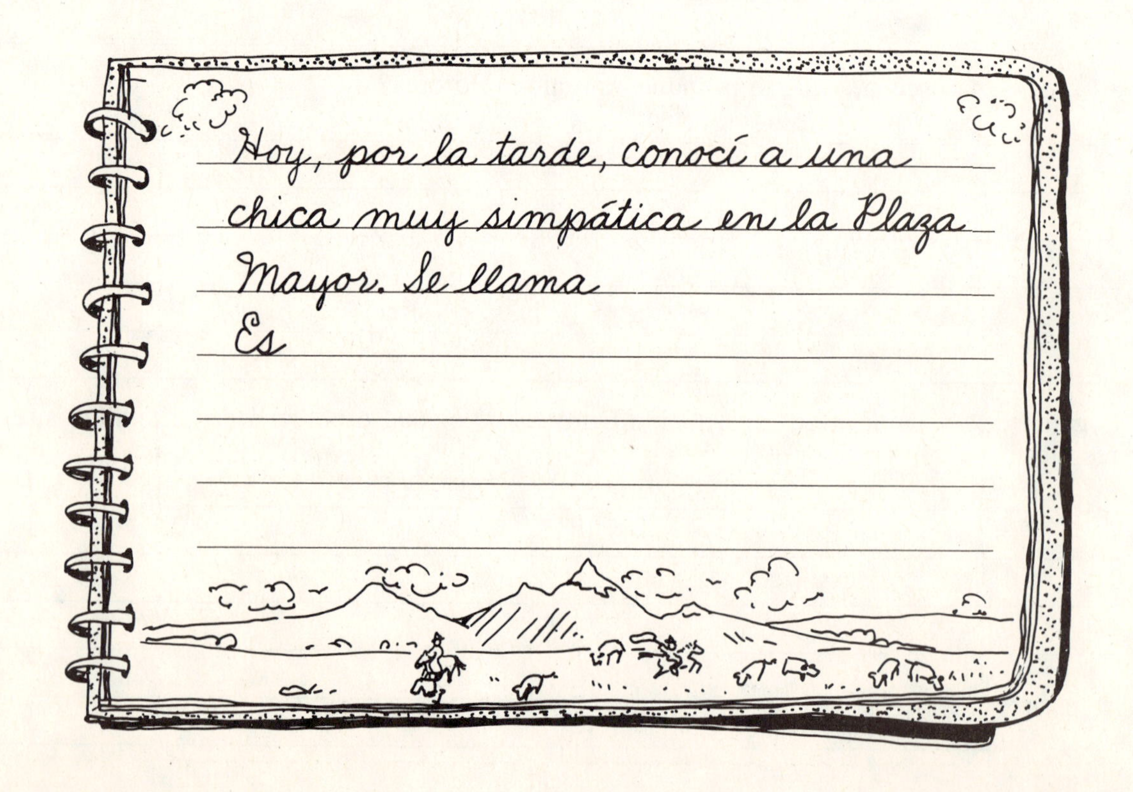

Escena 2. ¡Cómo vuela el tiempo!

3 Comprensión del texto e interpretación personal

Lea otra vez el texto en las páginas 4–5 de su libro y conteste las siguientes preguntas.

1. ¿Dónde y cuándo tiene lugar la escena?

____
____
____
____
____
____

2. ¿Qué ocurre cuando Marisol Durán entra en la sala? ¿Por qué ocurre esto?

____
____
____
____
____
____

3. ¿Por qué Jorge no reconoce a Marisol?

____
____
____
____
____
____

OBSERVACIONES IMPORTANTES

Es obligacion del titular de este pasaporte obtener la visa para ingresar a otro pais como inmigrante o visitante temporal. En la oficina expedidora le orientarán sobre este aspecto.

En el exterior, informe al funcionario consular colombiano mas próximo de toda calamidad o problema que le afecte con el propósito de que le conceda la orientación o protección consagradas por la costumbre, el Derecho Internacional o los Tratados vigentes.

Cuando el viajero proyecte regresar podrá conocer en el Consulado de Colombia las normas que le permitan traer al pais su equipaje o menaje doméstico, según el caso, así como los impuestos a que pueda haber lugar.

Tenga presente que quién altere el contenido de este pasaporte, o sin ser su titular hiciese uso de él fraudulentamente, se hace acreedor a las sanciones establecidas en el Código Penal, Titulo: DELITOS CONTRA LA FE PUBLICA.

Toda alteracion en este pasaporte implica su invalidez.

El Gobierno de Colombia solicita a las autoridades nacionales y extranjeras dar al titular del presente pasaporte las facilidades para su normal transito y brindarle, en caso de necesidad, la ayuda y cooperacion que puedan serle útiles.

Toda alteracion en este pasaporte implica su invalidez.

4 ¡Qué diferencia hacen veinte años!

En un café, dos señoras elegantes, doña Emilia y doña María, están tomando chocolate. Tienen unos cuarenta años, más o menos. Las dos mujeres son ex alumnas de la Universidad de Salamanca de donde se graduaron hace unos veinte años.

En otra mesa, un hombre con gafas está leyendo el periódico. Es calvo y tiene bigotes. Se puede ver que es un poco gordo.

Doña Emilia observa atentamente al hombre. De repente se acuerda quién es. ¡Eduardo Fuentes, el ex capitán del equipo universitario de fútbol! Ella le pregunta a su amiga si puede reconocerlo. Doña María le contesta que no. Cuando doña Emilia le revela la identidad del hombre, le contesta que no puede ser.

Eduardo Fuentes era un joven alto, de pelo castaño y ondulado. Era tan guapo que todas las estudiantes estaban locamente enamoradas de él. Doña Emilia insiste. Por fin, doña María se da cuenta de que el hombre gordo es verdaderamente Eduardo Fuentes.

Imagínese el diálogo entre doña Emilia y doña María usando como modelo la Escena 2 de su libro (en las páginas 4–5).

Nombre: Fecha:

El español práctico

1 La tarjeta de desembarque

Al llegar a España (o a otro país), los viajeros deben llenar *(fill out)* una tarjeta de desembarque. Llene la tarjeta con sus datos personales.

TARJETA DE DESEMBARQUE

Apellido: ______

Nombre: ______

Nacionalidad: ______

Profesión: ______

Fecha y lugar de nacimiento: ______

Domicilio: ______

2 Sus nacionalidades

La tabla a la derecha presenta el cambio *(rate of exchange)* de varias divisas *(foreign currencies)*. Use los adjetivos de nacionalidad mencionados en la tabla para dar la nacionalidad de las siguientes personas.

MODELO: El Sr. Eriksen vive en Oslo.

Es noruego.

1. Mi abuela es de Viena. Es ______
2. Olaf vive en Estocolmo *(Stockholm)*. Es ______
3. Mis primas son de Dublin. Son ______
4. La Sra. van Houtten vive en Amsterdam. Es ______
5. Tú eres de Bruselas *(Brussels)*. Eres ______
6. Birgit vive en Helsinki. Es ______
7. Emilie y Françoise viven en Ginebra *(Geneva)*. Son ______
8. Mis primos viven en Melbourne. Son ______

Mercado de divisas

(26 de mayo de 1987)

DIVISAS		Comprador Pesetas	Vendedor Pesetas
100	chelines austriacos	994,401	996,890
1	corona danesa	18,583	18,629
1	corona noruega	18,810	18,857
1	corona sueca	19,971	20,021
1	dólar australiano	89,783	90,007
1	dólar canadiense	92,651	92,882
1	dólar EE UU	124,698	125,010
100	dracmas griegas	93,793	94,028
1	florín holandés	62,063	62,219
100	francos belgas	337,414	338,258
1	franco francés	20,917	20,969
1	franco suizo	85,135	85,349
1	libra esterlina	207,934	208,454
1	libra irlandesa	187,234	187,703
100	liras italianas	9,660	9,684
1	marco alemán	69,918	70,093
1	marco finlandés	28,726	28,798
100	escudos portugueses	89,518	89,742
100	yenes japoneses	88,332	88,553

Fuente: Banco de España

3 El club internacional

Los siguientes estudiantes son socios *(members)* del Club Internacional de su escuela. Descríbaselos a un amigo.

1. Osvaldo

2. Isabel

3. Roberto

4. Yo

Nombre: Fecha:

4 La cita misteriosa

Un amigo le propone a Ud. que vaya a una discoteca con un(a) amigo(a) suyo(a) que Ud. no conoce. Hágale cinco preguntas sobre el(la) misterioso(a) amigo(a) con quien Ud. va a salir.

1. ______
2. ______
3. ______
4. ______
5. ______

1

5 Presentaciones

Ud. les presenta ciertas personas a otras. Prepare diálogos que correspondan a las siguientes situaciones.

A. Ud. le presenta su mejor amigo a su prima.

Usted: ______

Su mejor amigo: ______

Su prima: ______

B. Ud. le presenta el(la) profesor(a) a su vecino.

Usted: ______

Su profesor(a): ______

Su vecino: ______

6 A Ud. le toca

Imagínese que Ud. está pasando un año en España. Su prima va a visitarle para las vacaciones de primavera. Desafortunadamente, el día que ella va a llegar de los Estados Unidos, Ud. no puede ir a recogerla *(to pick her up)* al aeropuerto. Un amigo español le quiere ayudar y ofrece ir al aeropuerto por Ud. Descríbale a su prima detalladamente (edad, apariencia general, señas particulares, etc.).

Estructuras gramaticales

A. Los sustantivos

1 Singular y plural

Dé el plural o el singular de los siguientes sustantivos.

1. el ladrón	los ________		6. los camiones	el ________
2. los peces	el ________		7. el examen	los ________
3. la cruz	las ________		8. los lápices	el ________
4. el jardín	los ________		9. el martes	los ________
5. las imágenes	la ________		10. el mes	los ________

A. Los sustantivos *(cont.)*

B. Los adjetivos

2 Hombres y mujeres

Transforme las oraciones, cambiando los sustantivos, adjetivos y verbos según el modelo.

MODELO: La nueva contadora es trabajadora, competente y muy capaz *(capable)*.
Los *nuevos contadores son trabajadores, competentes y muy capaces.*

1. El hermano mayor de Clara trabaja como modelo para una tienda de modas.
Las ________
2. Las amigas irlandesas de Rodolfo son buenas artistas.
El ________
3. El testigo del accidente es un turista alemán.
La ________
4. La tercera alumna a la izquierda es una chica portuguesa.
El ________
5. El rey del carnaval es un joven actor brasileño.
Las ________
6. El hijo de la Sra. Ortiz es cortés y servicial. No es holgazán.
Las ________
7. Jorge Luis Borges y Gabriel García Márquez son grandes escritores latinoamericanos.
Gabriela Mistral ________

C. Los artículos definidos

3 ¿El artículo definido o no?

Complete las siguientes oraciones con el artículo definido cuando sea necesario.

1. En el colegio, ____________ jóvenes españoles estudian ____________ francés e ____________ inglés.
2. Durante ____________ verano pasado, mis primos visitaron ____________ México, ____________ Canadá y ____________ Estados Unidos.
3. ____________ señora Velázquez habla bien ____________ portugués y mal ____________ italiano.
4. Hoy es ____________ miércoles. Tengo una cita con ____________ doctora Sánchez ____________ viernes.
5. ____________ rey Juan Carlos está en ____________ Perú en una visita oficial. Va a regresar a ____________ España ____________ 15 de septiembre.
6. En ____________ países latinoamericanos, ____________ inflación es un problema muy serio.
7. Al regresar a casa, ____________ profesor Hernández se quitó ____________ chaqueta y se puso ____________ pantuflas *(slippers)*.
8. Cuando era niña, mi prima tenía ____________ pelo rizado. Ahora tiene ____________ pelo liso porque es ____________ moda.

C. Los artículos definidos *(cont.)*
D. Los artículos indefinidos

4 ¿Cuál artículo?

Complete las siguientes oraciones con el artículo definido o indefinido pero solamente *(only)* cuando sea necesario.

1. Adela es ____________ estudiante en ____________ universidad española. Estudia biología porque quiere ser ____________ médica.
2. Alonso es ____________ dependiente cortés y servicial. Según la gerente, es ____________ mejor dependiente de la tienda.
3. ¿Qué hora es? Es ____________ una y cuarto. Tengo ____________ cita con ____________ profesora Jiménez en ____________ media hora.
4. Cuando está en la oficina, ____________ Sr. Ojeda siempre lleva ____________ corbata. Hoy, lleva ____________ corbata azul que le regaló su hija para su cumpleaños.

5. El camarero lleva ________ taza de café y ________ sándwich en ________ mano derecha. En ________ mano izquierda, lleva ________ otra taza de café y ________ sándwich. ¡Qué ________ camarero más ágil!
6. Eduardo tiene solamente 15 años. Conduce ________ coche de su papá sin ________ carnet de conducir. ¡Qué ________ chico imprudente!
7. Por favor, señora, déme ________ kilo de papas y ________ medio kilo de arroz.
8. Tengo ________ papel pero no puedo escribir sin ________ lápiz. ¿Puede prestarme ________ otro lápiz, por favor?

E. Ser *y* estar

5 ¿Ser o estar?

Complete las siguientes oraciones con las formas apropiadas de **ser** o **estar**.

1. El coche que ________ enfrente de la farmacia ________ de mi amiga Dolores.
2. Hoy ________ domingo. Alicia ________ en la iglesia con su familia porque ________ católicos.
3. ________ las ocho y media y Carlos ________ todavía *(still)* en su cuarto. No va a ________ listo para la clase de las nueve. Verdaderamente, ¡este chico no ________ muy puntual!
4. La Sra. Martell tiene 75 años pero no parece tener más de 50 años. ¡________ joven! Y siempre ________ de buen humor.
5. ¿Cuántos años tienes, Carlitos? ¡Diez años! ¡________ joven pero, para tu edad, ________ muy grande!
6. La plaza de toros ________ en las afueras *(suburbs)*. ________ bastante grande. Hoy ________ llena de espectadores.
7. Felipe ________ enamorado de Carmen. ________ muy contento cuando ________ con ella.
8. Sí, sí, esta sopa ________ muy buena, pero . . . ¡________ fría!
9. El Sr. Herrera ________ un hombre muy fuerte. Ahora, ________ flaco porque ________ a dieta.
10. ¡Los espectadores ________ aburridos porque la obra de teatro ________ sumamente aburrida!

Nombre: Fecha:

6 Entrevistas

Imagínese que Ud. entrevista *(are interviewing)* a unas personas famosas del mundo hispano. Hágale por lo menos cinco preguntas a cada persona, usando **ser** o **estar**.

MODELO: Plácido Domingo, cantante de ópera

¿Es Ud. de México o de España?
¿Está nervioso cuando canta?
¿Está contento con el éxito° de su última ópera? *success*
¿Es Ud. soltero?
¿Es Ud. millonario?

1. Julio Iglesias, cantante popular, estrella de la canción española

2. Guillermo Vilas, campeón de tenis

3. la reina Sofía, esposa del rey Juan Carlos de España

Julio Iglesias
un hombre solo
ESTA NOCHE EN TVE
INTERPRETA CANCIONES
DE SU NUEVO DISCO
SABADO NOCHE
22:30 horas · 1.ª cadena
CBS

Lecturas literarias

Una hija singular

Palabras claves

1 Complete las siguientes oraciones con las palabras apropiadas del vocabulario en la página 25 de su texto. Haga los cambios que sean necesarios.

1. Todos los pasajeros suben al ________________ a la hora fija.
2. La playa está llena de ________________.
3. Raúl siempre lleva dos ________________ grandes cuando viaja.
4. La señora le compra una ________________ a su hija.
5. Al final del ________________ está la oficina del capitán.
6. ¡Qué tormenta más fuerte! ¡Mira el mar! Las ________________ son enormes.
7. Damas y ________________, escuchen al capitán.
8. El guardián del zoológico ________________ los animales en las jaulas *(cages)*.
9. Por favor, ¡no ________________! ¡Presta atención a lo que haces!

Estructuras gramaticales

2 Los sustantivos

Lea el cuento otra vez y busque la forma singular o plural de los siguientes sustantivos.

1. línea 1:	los buques	el	________________
2. línea 2:	los salones	el	________________
3. línea 4:	los rincones	el	________________
4. línea 5:	las niñas	la	________________
5. línea 7:	el ojo	los	________________
6. línea 9:	los papás	el	________________
7. línea 15:	los diálogos	el	________________
8. línea 19:	la ballena	las	________________
9. línea 21:	el tiburón	los	________________
10. línea 26:	el animal	los	________________
11. línea 32:	los jóvenes	el	________________
12. línea 48:	los capitanes	el	________________
13. línea 52:	los criminales	el	________________
14. línea 71:	el botón	los	________________
15. línea 73:	los ventrílocuos	el	________________

Nombre: Fecha:

3 Ser y estar

Complete las siguientes frases según el texto. Luego, indique el uso del verbo.

A. *ser:* physical traits
B. *ser:* profession, identity
C. *ser:* basic personality traits
D. *estar:* location
E. *estar:* physical condition subject to change
F. *estar:* + present participle *(Unidad 2)*
G. *estar:* + past participle *(Unidad 13)*

1. línea 6: ________ rubia, blanca y muy bonita. Uso: ____
2. línea 16: Sin duda ________ tímida. Uso: ____
3. línea 16: ¿O quizás ________ enferma? Uso: ____
4. línea 32: Ese joven me ________ mirando. Uso: ____
5. líneas 38–39: . . . su maleta, que ________ muy grande. Uso: ____
6. línea 52: ________ un criminal. Uso: ____
7. línea 56: ¡Quizás ________ ya muerta . . . ! Uso: ____
8. línea 64: Ahí ________ . . . Uso: ____
9. líneas 68–69: ¡Gioconda ________ una muñeca! Uso: ____
10. línea 73: ________ ventrílocuo. Uso: ____
11. líneas 76–77: ________ resuelto a no intervenir . . . Uso: ____

Expansión: Modismos, expresiones y otras palabras

(I)
a diario *daily*
de pronto *suddenly*
por la noche *by night*
otra vez *again*
sin duda *without a doubt, doubtless*

(II) *to stop*

detener *to stop* (a person or thing)
¡**Detenga** a ese hombre! — ***Stop*** *that man!*

parar *to stop* (something); *to stop at a place*
¡**Pare** el coche aquí! — ***Stop*** *the car here!*

dejar de *to stop* (doing something)
Dejo de trabajar a la una. — ***I stop*** *working at one.*

a look

una mirada *a quick look* (at something or someone)
Me echó **una mirada** siniestra. — *He gave me **a** sinister **look**.*

una ojeada *a quick look* (at a book or magazine)
Le voy a dar **una ojeada** a ese artículo. — *I am going to give that article **a quick look**.*

4 Escriba el sinónimo de la expresión entre paréntesis.

1. ______________________ llegan miles de turistas. (Todos los días)
2. Tengo que leer ese cuento ______________________. (de nuevo)
3. ______________________ la gente sale a pasear. (De noche)
4. ______________________ viene a la reunión. (Es cierto que)
5. Dormía cuando ______________________ me despertó un ruido. (de repente)

5 Complete las siguientes oraciones con la expresión que más convenga.

1. El policía acaba de ______________________ al ladrón. (detener / parar)
2. El tren ______________________ cada dos horas. (detiene / para)
3. ¿Cuándo vas a ______________________ hablar de esa forma? (detener / dejar de)
4. ¿A qué hora ______________________ funcionar los bancos? (paran / dejan de)
5. Nos vamos a ______________________ un rato en la playa. (dejar / parar)

6 Dé el equivalente en español de las siguientes frases.

1. *She gave me a funny look.*
   Me echó una ______________________ extraña.
2. *He gave a quick look at the book.*
   Le dio una ______________________ al libro.
3. *The young man glanced quickly at the beautiful girl.*
   El joven le echó ______________________ a la chica bella.
4. *He quickly glanced through the paper.*
   Le echó una ______________________ rápidamente al periódico.

Nombre: Fecha:

Unidad 2

Escenas de la vida

¡Qué tranquilidad!

1 Comprensión del texto e interpretación personal

Lea otra vez el texto en las páginas 32–35 de su libro y conteste las siguientes preguntas.

1. Según Ud., ¿por qué hay tanto ruido en el edificio de apartamentos?

2. ¿Qué tipo de aparatos eléctricos usan el Sr. Calvo y la Srta. Vela? ¿Para qué los usan?

3. Según Ud., ¿qué tipo de persona es la Srta. Vela?

4. ¿Por qué no se desayuna la Sra. Rivas?

5. ¿Por qué no le molesta *(bothers)* el ruido al Sr. Cordero?

6. Según Ud., ¿cuáles son las ventajas y los inconvenientes de vivir en un edificio de apartamentos?

2 Una carta de reclamación

Haga el papel de uno(a) de los inquilinos *(tenants)* y escríbale al dueño *(landlord)* del edificio de apartamentos para quejarse *(to complain)* del ruido. En su carta, el(la) inquilino(a) menciona ejemplos específicos del problema. Complete la carta.

Buenos Aires, el 2 de septiembre de 198__

Estimado señor,

Le escribo para advertirlo° de un problema particularmente molesto°. El ruido que hacen los inquilinos del edificio del cual Ud. es propietario y en el que alquilo un apartamento se hace cada día más insoportable°.

to advise you / bothersome

unbearable

____

____

____

____

____

____

____

____

____

____

____

____

____

____

____

____

____

Le agradezco su pronta atención a este asunto.

Muy atentamente,

El español práctico

1 ¿Para qué?

Describa lo que hacen las siguientes personas con los objetos representados en los dibujos.

MODELO:

Miguel *se lava las manos con el jabón.*
Se lava la cara con el jabón.
Usa el jabón para ducharse.

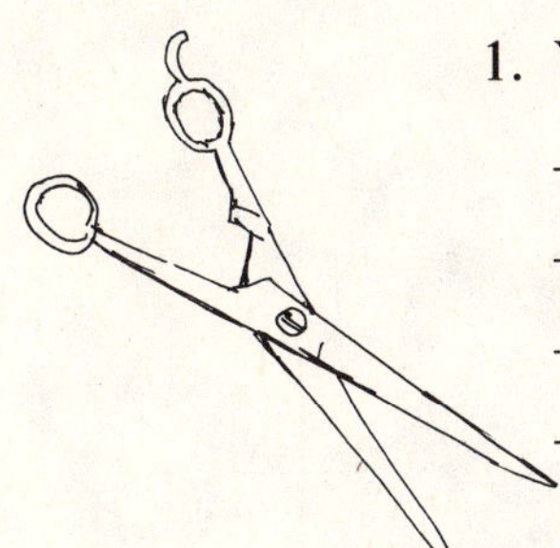

1. Yo ______________________________

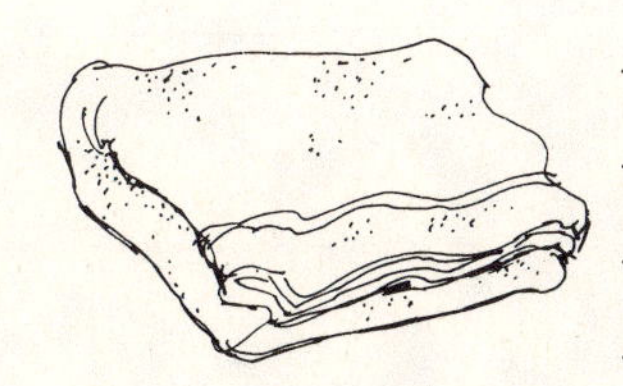

2. Ud. ______________________________

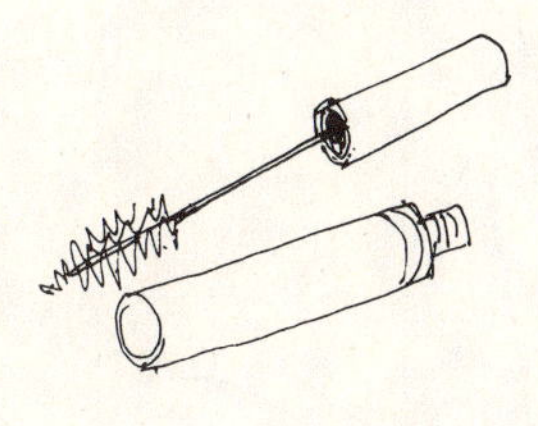

3. Adela ______________________________

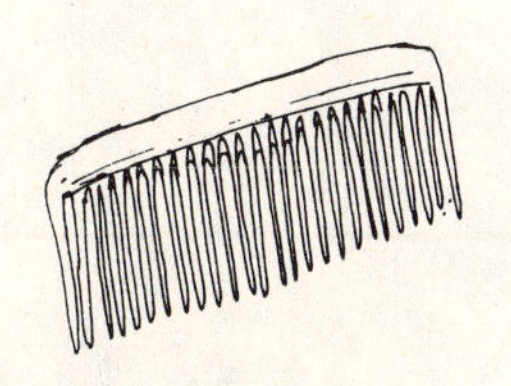

4. Tú ______________________________

2

2 El arreglo

Mire los dibujos atentamente y conteste las preguntas.

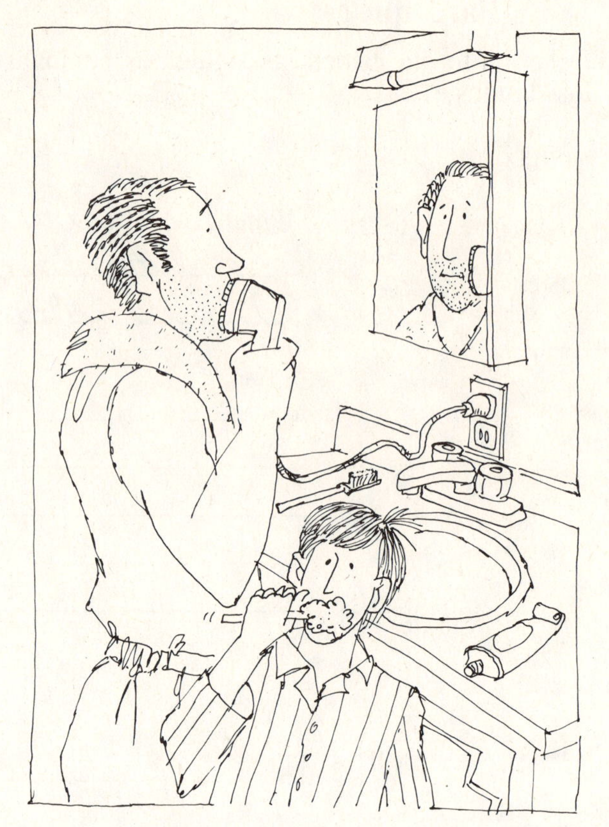

1. ¿Dónde ocurre la escena? ______________

2. ¿Qué hace Carlitos? ______________

3. ¿Qué usa? ______________

4. ¿Qué hace el papá de Carlitos? ______________

5. ¿Qué usa? ______________

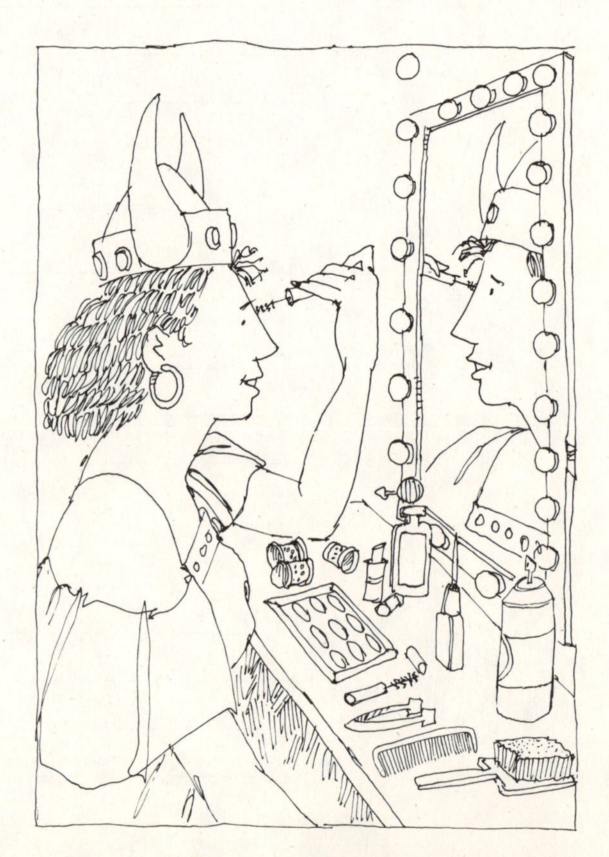

6. ¿Qué hace doña Carlota? ______________

7. ¿Qué cosméticos y objetos usa? ______________

8. ¿En qué se mira? ______________

9. Según Ud., ¿por qué se maquilla doña Carlota? ______________

Nombre: Fecha:

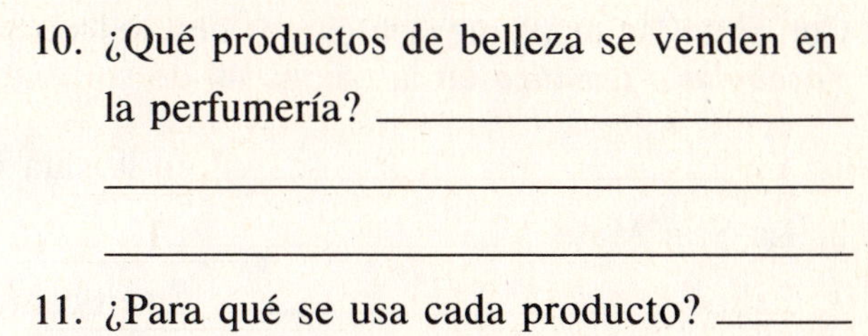

10. ¿Qué productos de belleza se venden en la perfumería? ______________________

11. ¿Para qué se usa cada producto? ______________________

12. ¿Qué compra el Sr. Martínez? ______________________

2

13. Según Ud., ¿para quién compra eso? ______________________

14. ¿Qué acaba de hacer María Cristina? ______________________

15. ¿Qué está haciendo ahora? ______________________

16. ¿Qué usa? ______________________

17. ¿Qué va a hacer después? ______________________

18. Según Ud., ¿para qué se arregla María Cristina? ______________________

3 ¡Siempre hay una razón!

Complete las siguientes oraciones con los verbos reflexivos apropiados del ***Vocabulario temático*** en la página 40 de su texto.

1. Yo ____________________ en la silla porque estoy cansado.
2. La Sra. Mateos ____________________ porque no quiere perder el tren.
3. Felipe ____________________ en cama porque tiene bronquitis.
4. Anita ____________________ delante de la vitrina *(store window)* para mirar los vestidos nuevos.
5. Nosotros ____________________ a la chimenea *(fireplace)* para calentarnos *(to get warm)*.
6. Los empleados ____________________ de la oficina porque son las seis de la tarde.
7. Paco se ha escondido detrás del árbol. No ____________________ porque no quiere que sus compañeros lo encuentren.
8. Esos turistas tímidos no ____________________ del hotel porque no quieren perderse en la ciudad.

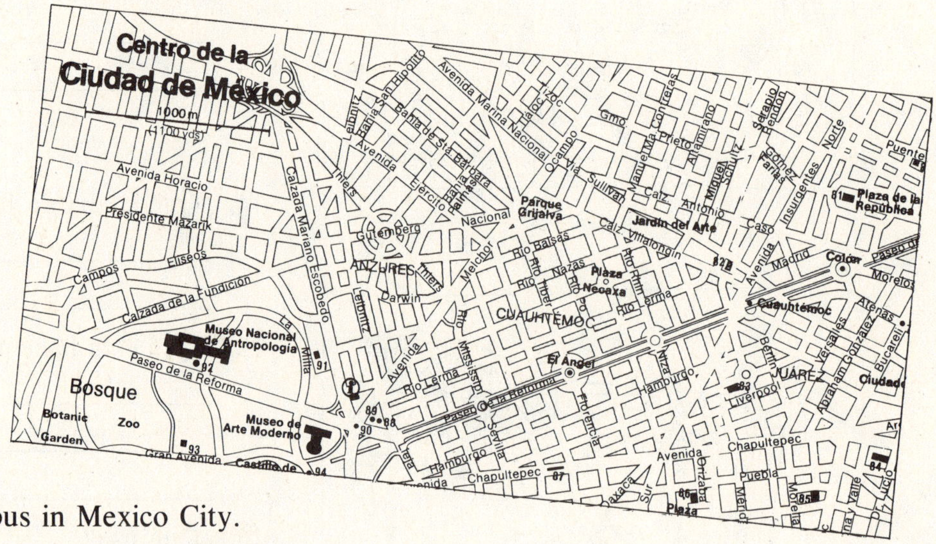

4 A Ud. le toca

You are on a crowded bus in Mexico City.

1. *Ask an older woman if she wants to sit down.*

   ____

   ____

   ____

2. *Ask a friend if you are approaching the Paseo de la Reforma.*

   ____

   ____

   ____

3. *Ask a passenger if he can move a little bit because you are getting off* (bajarse).

   ____

   ____

   ____

Nombre: Fecha:

Estructuras gramaticales

A. Verbos con cambios en el radical

1 ¿Cuál verbo?

Complete lógicamente las siguientes oraciones usando los verbos de la lista.

cerrar	**encender**	**pedir**	**seguir**	**sonreír**
costar	**mentir**	**recordar**	**servir**	**soñar**
empezar	**oler**	**repetir**	**sonar**	

1. Los empleados ________________ el trabajo a las nueve.
2. Cuando los estudiantes no comprenden, el profesor ________________ la pregunta.
3. Ese perfume ________________ muy bien.
4. El bebé le ________________ a su mamá.
5. Este retrato ________________ 100.000 pesetas.
6. ¡Rin, rin! ________________ el teléfono. ¿Puedes contestarlo, por favor?
7. Tengo una buena memoria. ________________ todo.
8. Diego ________________ con sacarse el gordo. ¡Qué optimista!
9. Soy buen estudiante. Siempre ________________ los consejos de mis profesores.
10. ¿Por qué ________________ la ventana? ¿Tienes frío?
11. Yo no ________________. Siempre digo la verdad.
12. El camarero ________________ el café.
13. Cuando estamos en un restaurante mexicano, siempre ________________ tacos y enchiladas.
14. Felipe ________________ la radio para escuchar las noticias.

2

B. *Las construcciones* ir a *y* acabar de + *infinitivo*

2 ¿Ir a o acabar de?

Según el caso, complete las siguientes oraciones con las formas apropiadas de **ir a** o **acabar de**.

MODELO: Pedro no está en casa. Acaba de salir.

1. Mis vecinos ya no viven aquí. ______________________ mudarse *(to move)*.
2. Necesitamos comprar cheques viajeros. ______________________ ir al banco.
3. Tengo el pelo mojado *(wet)*. ______________________ tomar un baño.
4. Uds. se sienten muy cansados. ______________________ acostarse.
5. Ahora hablas español muy bien porque ______________________ pasar un año en México.
6. Necesito una curita *(band-aid)*. ______________________ cortarme la mano.
7. Tienes mucha hambre. ______________________ desayunarte.
8. Ud. no oye bien a la profesora. ______________________ acercarse a ella.

C. *La construcción infinitiva*

3 El trabajo

Explique lo que hacen las siguientes personas. Para hacer esto, complete las oraciones usando la construcción infinitiva con el verbo entre paréntesis y el verbo en cursiva.

MODELO: El mecánico *arregla* el coche. (tratar)
Trata de arreglar el carburador.

1. Los obreros *trabajan*. (empezar)
   ______________________________ a las ocho de la mañana.
2. La Sra. Fiestas *programa*. (enseñar)
   Le ______________________________ a su asistente.
3. Los estudiantes *hablan* español. (aprender)
   ______________________________ español en el laboratorio de lenguas.
4. *Trabajas* en una oficina. (dejar)
   ¿A qué hora ______________________________?
5. La gerente *escribe* a máquina. (insistir)
   ______________________________ sus cartas ella misma *(by herself)*.
6. El Sr. Ordóñez le *pide* consejos a su jefe. (vacilar)
   ______________________________ un aumento de sueldo *(raise)*.
7. *Soy* el asistente del gerente. (soñar)
   ______________________________ el presidente de la compañía.

Nombre: Fecha:

D. *Los verbos reflexivos*

4 ¿Qué verbo reflexivo?

Lea las siguientes oraciones y complételas con los verbos reflexivos de la lista. ¡Sea lógico(a)!

acordarse [ue]	**darse cuenta**	**enojarse**	**olvidarse**
aburrirse	**despedirse** [i]	**equivocarse**	**preocuparse**
alegrarse	**divertirse** [ie]	**mudarse**	**quejarse**
callarse	**enfadarse**	**negarse** [ie]	**reunirse**

1. Los vecinos acaban de comprar una casa en el campo. ____________________ de aquí en una semana.
2. El profesor no está satisfecho con el progreso de los estudiantes. ____________________ mucho de ellos, diciendo que son perezosos.
3. Antes de subir al tren, Emilio ____________________ de los amigos que lo acompañaron a la estación.
4. ¡No dices nada! ¿Por qué ____________________?
5. No, señor, no soy la persona que Ud. está buscando. ¡Ud. ____________________!
6. ¡Qué mala memoria tengo! Siempre ____________________ de la fecha de tu cumpleaños.
7. En la fiesta, los amigos cantan y bailan. Todos ____________________ mucho.
8. Veo a mis amigos todos los fines de semana. Nosotros ____________________ en el club para charlar y jugar al ajedrez *(chess)*.
9. Clara no quiere a Antonio. ____________________ a salir con él.
10. Felipe ha invitado a su novia a cenar en un restaurante. Al momento de pagar la cuenta, el pobre chico ____________________ de que no tiene su billetera *(wallet)*. ¡Ay! ¡Qué vergüenza!
11. Sí, sí, yo ____________________ de tu prima. Es una chica morena que se llama Dolores, ¿verdad?
12. Si no regresas a tu casa antes de las dos de la mañana, tus padres van a ____________________. Son muy ansiosos, ¿sabes?
13. ¿Por qué ____________________ tanto los estudiantes? ¡Es que la clase es muy monótona y poco interesante!
14. ¡Ud. acaba de sacarse el gordo! ¡Qué bueno! ¡Nosotros ____________________ mucho por Ud.!

E. *El uso impersonal del pronombre reflexivo* se

5 Un poco de geografía

Conteste las siguientes preguntas usando la construcción reflexiva en oraciones afirmativas o negativas.

MODELO: ¿Cultivan café en Colombia?

Sí, se cultiva café en Colombia.

1. ¿Comen carne de res *(beef)* en la Argentina?

____

2. ¿Hablan español en el Brasil?

____

3. ¿Sirven platos picantes en México?

____

4. ¿Producen mucho petróleo en Venezuela?

____

5. ¿Tocan música flamenca en Sevilla?

____

6. ¿Fabrican *(Do they manufacture)* coches en España?

____

BANCO NACIONAL DE LA VIVIENDA

F. *El participio presente y la construcción progresiva*

6 El participio presente

Escriba el participio presente de los siguientes verbos.

1. pensar ______________
2. mentir ______________
3. leer ______________
4. pedir ______________
5. poder ______________
6. dormir ______________
7. venir ______________
8. servir ______________
9. oír ______________
10. ir ______________
11. traer ______________
12. destruir ______________

Trabajando todos para el desarrollo de TODOS.

Nombre: Fecha:

7 ¿Qué están haciendo?

Diga lo que están haciendo las siguientes personas, usando la construcción progresiva y su imaginación. Para cada persona, escriba por lo menos tres oraciones.

1. Las actrices están en su camerino *(dressing room)*.

2. Estamos en la biblioteca.

3. Estoy en mi cuarto.

4. La Sra. Montero está en su oficina.

5. Estás con tus amigos.

2

Lecturas literarias

No hay que complicar la felicidad

Palabras claves

1 Complete las siguientes oraciones con las palabras apropiadas del vocabulario en la página 57 de su texto. Haga los cambios que sean necesarios.

1. Era la medianoche cuando oyó el ________________ de un arma de fuego.
2. Cuando llegó la ambulancia el hombre estaba ________________.
3. El hermano mayor siente ________________ de su hermano menor.
4. Los invitados les deseaban mucha ________________ a los novios.
5. Juanito ________________ a sus padres antes de ir a acostarse.
6. El hombre enojado toma la pistola con la intención de ________________ al amante de ella.
7. Tiene tantos ________________ que no deja a su marido solo por un instante.

Estructuras gramaticales

2 Verbos con cambios en el radical

Complete las siguientes frases según el texto. Luego escriba el infinitivo que corresponda.

MODELO: línea 3: *Vuelven* a besarse. infinitivo: *volver*

1. línea 20: Él la ________________. infinitivo: ________________
2. línea 27: ________________ a sentarse. infinitivo: ________________
3. línea 29: ________________ celos. infinitivo: ________________
4. línea 35: ________________ un revólver. infinitivo: ________________
5. línea 37: ella ________________. infinitivo: ________________
6. línea 49: ________________ . . . el telón. infinitivo: ________________

Nombre: Fecha:

3 Frases con el pronombre *se*

Complete las siguientes frases según el texto. Indique el uso de la construcción con *se* y escriba el equivalente en inglés de esta frase.

Uso: **A.** verbo reflexivo: movimiento físico
B. verbo reflexivo: acción recíproca
C. *se* impersonal: pasivo

MODELO: línea 18: Ella se levanta. . . Uso: a

____

1. línea 3: Vuelven a ______________. Uso: ______
____
2. línea 9: Él ______________ violentamente ______________. Uso: ______
____
3. línea 18: Ella . . . ______________ unos pasos. Uso: ______
____
4. línea 27: Vuelve a ______________. Uso: ______
____
5. línea 28: Él ______________. Uso: ______
____
6. línea 37: ______________ el disparo de un arma de fuego. Uso: ______
____
7. línea 46: ______________, lejos, el grito . . . de Ella. Uso: ______
____

2

Mejore su español

4 Complete las siguientes oraciones con la expresión que más convenga.

1. El hombre quiere ______________ el pensamiento de su amante. (adivinar / fingir)
2. Necesita ______________ dos días en cama. (permanecer / desaparecer)
3. Papá quisiera ______________ trabajar a los sesenta y cinco años. (dejar de / volver a)
4. Los exploradores españoles ______________ los tesoros de los aztecas. (van en busca de / vuelven a)
5. Pensamos ______________ visitar esa linda región. (volver a / fingir)
6. El alumno ______________ para hablar con el director. (desaparece / se pone de pie)
7. Ellos ______________ ser generosos pero no lo son. (aparentan / permanecen)
8. La actriz ______________ lo que no siente. (finge / deja de)

Expansión: Modismos, expresiones y otras palabras

(I) **estar muerto(a) de celos** *to be dying of jealousy*
estar muerto(a) de cansancio *to be dead tired*
estar muerto(a) de frío *to be freezing (frozen) to death*
estar muerto(a) de hambre *to be starving to death*
estar muerto(a) de miedo *to be scared to death*

(II) *to love*

querer *to love* (general term)
Quiero a mis hijos. ***I love** my children.*

amar *to love* (deeply)
Amo a otro. ***I deeply love** someone else.*

to remain

permanecer *to remain* (in a certain state)
La escena **permanece** vacía. *The stage **remains** empty.*

quedar *to remain = to be left*
Quedan cinco minutos. ***There are** five minutes **left**.*

quedarse *to remain or stay behind* (in a certain place)
Al **quedarse** sola, ella ríe. ***Remaining** alone, she laughs.*

5 Escriba la expresión que más convenga.

1. Temen la oscuridad y ahora están ________________.
2. Trabajó tanto que ahora está ________________.
3. El novio de Adela fue al cine con otra chica y ahora Adela está ________________.
4. No ha comido nada y está ________________.
5. Como no tenía abrigo, el pobre chico estaba ________________.

6 Dé el equivalente en español de las siguientes frases.

1. *Alberto deeply loves another woman.*
   Alberto ________________ a otra joven.
2. *The grandmother loves her grandchildren.*
   La abuela ________________ a sus nietos.
3. *There remain only five unoccupied seats.*
   ________________ sólo cinco asientos libres.
4. *I do not want to go to the movies. I prefer to stay home.*
   No quiero ir al cine. Prefiero ________________ en casa.
5. *The patient remains in critical condition.*
   El enfermo ________________ en condición grave.

Nombre: Fecha:

Unidad 3

Escenas de la vida

¡No hay justicia!

1 Comprensión del texto e interpretación personal

Lea otra vez el texto en las páginas 62–64 de su libro y conteste las siguientes preguntas.

1. Según Ud., ¿qué tipo de persona es el Sr. Gómez?

2. Según Ud., ¿qué tipo de persona es la Sra. de Gómez?

3. Según Ud., ¿es la Sra. de Gómez una mujer moderna típica? ¿Por qué o por qué no? Explique su respuesta.

4. Según Ud., ¿es el Sr. Gómez un empleado *(employee)* modelo? ¿Por qué o por qué no? Explique su respuesta.

5. Según Ud., ¿son los Gómez una pareja *(couple)* moderna típica? Explique su respuesta.

2 La situación cambia

Ahora imagínese otra situación totalmente diferente. La Sra. de Gómez es la que trabaja como subgerente del Banco Nacional. El Sr. Gómez, por otra parte, se queda en casa y se encarga *(takes charge)* de los quehaceres domésticos. Aunque *(Although)* los papeles *(roles)* han cambiado *(have changed)*, la personalidad del señor y la de la señora permanecen iguales. En su trabajo, la señora es muy seria y trabajadora. En casa, el señor es un poco perezoso y desorganizado. Describa un día típico en la vida de la Sra. de Gómez y de su esposo.

El día de la Sra. de Gómez

A las siete de la mañana ______________________

____

____

____

____

____

____

____

____

____

____

____

____

El día del Sr. Gómez

____

____

____

____

____

____

____

____

____

____

____

____

____

____

____

Nombre: Fecha:

El español práctico

1 Todos ayudan

En la familia Ruiz, todo el mundo ayuda. Describa lo que hace cada uno, completando las siguientes oraciones con la forma apropiada de uno de los verbos entre paréntesis.

1. Por la mañana, la niña ______________________ su cama. (fregar, tender, colgar)
2. Luis Fernando ______________________ las papas con un cuchillo. (recoger, quitar el polvo de, pelar)
3. Tú ______________________ el pan. (cortar, pelar, planchar)
4. Raúl ______________________ la mesa con un trapo. (arreglar, limpiar, poner)
5. Después de cenar, nosotros ______________________ la mesa. (recoger, poner, preparar)
6. Después de la cena, papá tiene que ______________________ los platos. (barrer, regar, fregar)
7. Alfonso ______________________ el cesto de basura. (vaciar, limpiar, barrer)
8. Yo ______________________ la basura a la calle. (regar, recoger, sacar)
9. Ud. ______________________ las camisas con la plancha. (planchar, lavar, colocar)
10. Yo ______________________ los libros en los estantes. (tender, colocar, lavar)

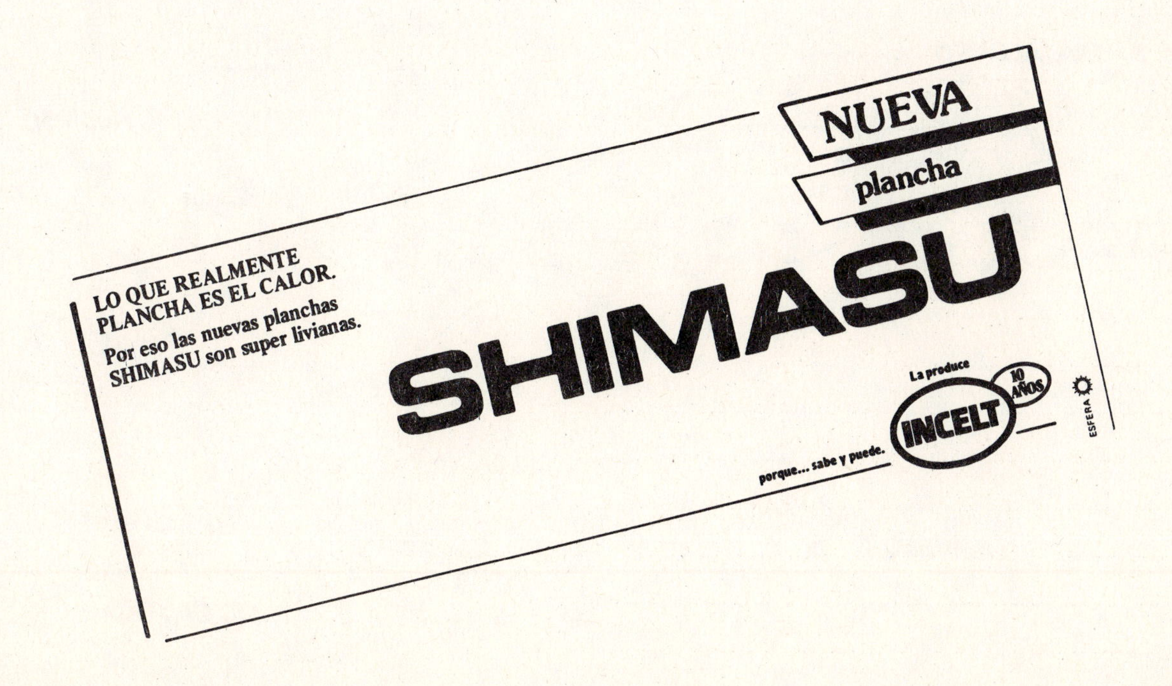

2 Un sábado por la tarde

Describa lo que hacen las personas del dibujo (y, si es posible, indique el objeto que están usando).

MODELO: La Sra. Alonso *limpia su coche. Usa una manguera.*

1. Ricardo ______________________________
2. Isabel ______________________________
3. Elena ______________________________
4. El Sr. Alonso ______________________________
5. El abuelo ______________________________
6. La abuela ______________________________
7. El Sr. Castro ______________________________

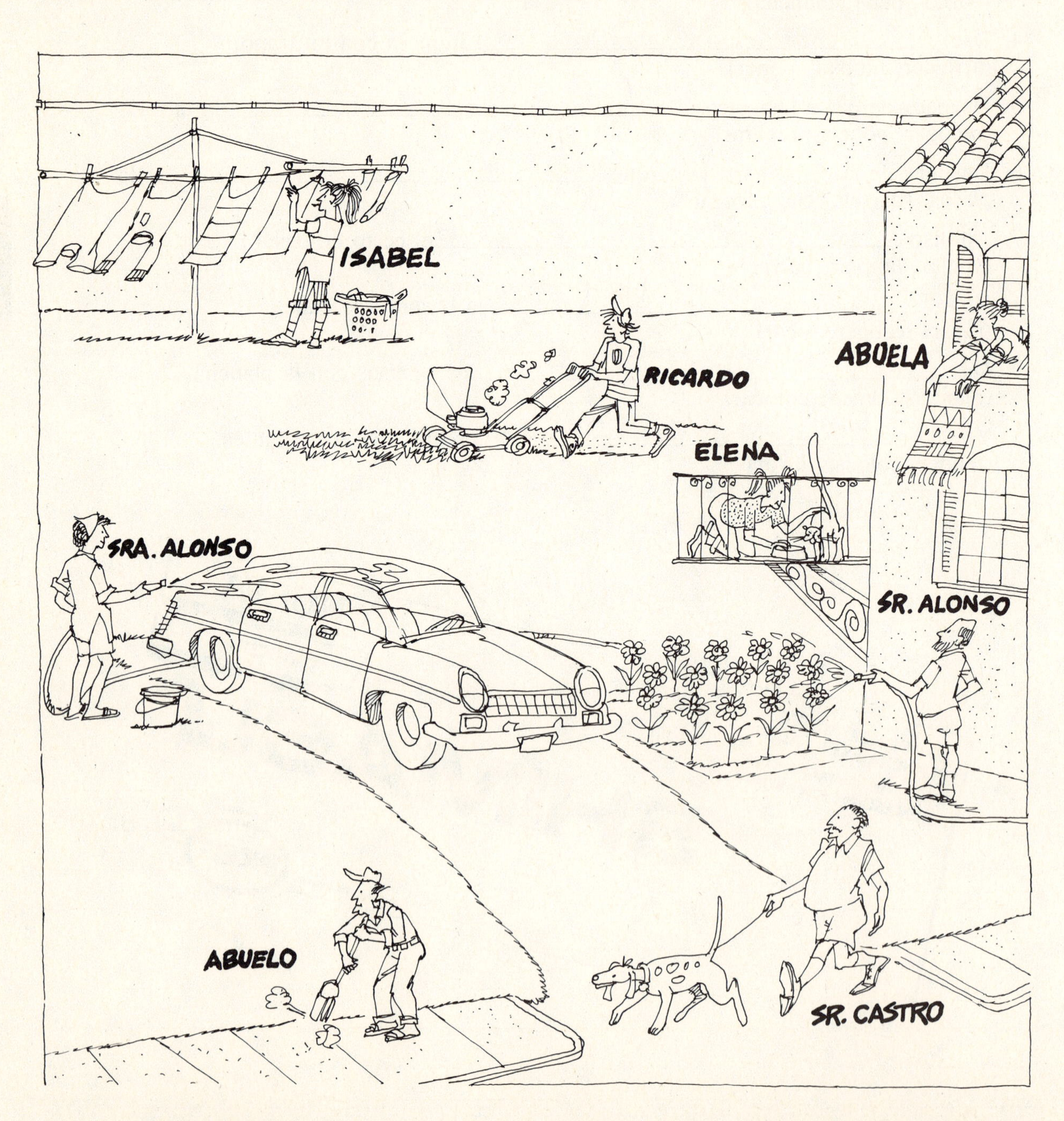

Nombre: Fecha:

3 ¿Qué dicen?

Las siguientes personas hablan con otras. Complete lo que dicen.

MODELO: La Sra. Centeno a su hijo Paco:

"Paco, tu dormitorio está muy desarreglado. Debes tender la cama, pasar la aspiradora y colgar la ropa".

1. La Sra. Bermeo a su hija Marta:
"Tenemos invitados para la cena. ¿Puedes ayudarme a ______ ______?"
2. El Sr. Andrade a su hijo Gustavo:
"El basurero *(garbage collector)* va a pasar mañana por la mañana. Antes de acostarte, no te olvides de ______".
3. La Sra. Canales a su esposo:
"Mira, nuestro jardín se ve muy mal. ¡Es un verdadero desastre! Este fin de semana debes ______".
4. El Sr. Lamas a sus hijos:
"Tu mamá y yo vamos a pasar una semana en Puerto Vallarta. Durante nuestra ausencia, ¿pueden ______?"
5. La Sra. Leonor Bastidas, dueña del restaurante "Sabroso", al asistente de cocina:
"El cocinero tiene mucho que hacer. ¡Ayúdele a ______!"
6. La gerente del hotel a las camareras *(chambermaids)*:
"Las habitaciones deben estar listas para las dos. Uds. deben ______ ______".

3

4 El robot doméstico

Imagínese que Ud. ha inventado un robot doméstico. En la exposición de ventas de electrodomésticos, presenta su invención por primera vez. Explíqueles a sus futuros clientes todo lo que puede hacer esta maravillosa máquina.

"Damas y caballeros, acérquense, acérquense . . . Vengan a ver el maravilloso robot que se ha inventado para facilitarles los quehaceres domésticos. ______

______"

5 ¡Un millón de excusas!

Marta le pide a Guillermo que haga ciertas cosas. Guillermo inventa excusas para no hacerlas. Mire los dibujos y prepare diálogos usando su imaginación.

MODELO:

Marta: Guillermo, ¿podrías ayudarme a planchar las camisas?

Guillermo: Mira, me gustaría mucho, pero tengo que estudiar.

1. Marta: ____________________

Guillermo: ____________________

2. Marta: ____________________

Guillermo: ____________________

3. Marta: ____________________

Guillermo: ____________________

Nombre: Fecha:

Estructuras gramaticales

A. *El concepto del subjuntivo*

B. *El presente del subjuntivo: formas regulares*

1 ¿Indicativo o subjuntivo?

Complete las siguientes oraciones con el presente del indicativo o del subjuntivo del verbo **hablar**.

1. Ud. ________________ alemán, ¿verdad?
2. El profesor insiste en que los estudiantes ________________ en clase.
3. Los espectadores dicen que el conferenciante *(lecturer)* ________________ bien.
4. Sugerimos que tú ________________ menos.
5. ¿Por qué ________________ Ud. en voz tan alta?
6. La exploradora ________________ de sus aventuras en la selva *(forest)* tropical.
7. Mis padres desean que yo les ________________ de mis planes profesionales.
8. Es importante que Uds. ________________ con el gerente.
9. Sabemos que Ud. ________________ muy bien el español.

3

2 El subjuntivo, ¡por favor!

Para los verbos siguientes, dé las formas indicadas del presente del subjuntivo.

Es importante . . .

1. (sacar) . . . que yo ________________ las latas de basura.
2. (encender) . . . que Luis ________________ el radio.
3. (servir) . . . que el camarero ________________ el café.
4. (pagar) . . . que los clientes ________________ la cuenta.
5. (seguir) . . . que Uds. ________________ sus investigaciones *(research)*.
6. (almorzar) . . . que Uds. ________________ con nosotros.
7. (poner) . . . que tú ________________ la mesa.
8. (traer) . . . que Ud. ________________ el menú.
9. (construir) . . . que los arquitectos ________________ casas bonitas y cómodas.
10. (hacer) . . . que la camarera ________________ las camas.
11. (recoger) . . . que nosotros ________________ la mesa.
12. (conducir) . . . que yo ________________ con cuidado.
13. (dormir) . . . que nosotros ________________ bien.

3 No . . . pero . . .

Las siguientes personas no quieren hacer ciertas cosas pero otras personas insisten en que las hagan. Exprese esto, usando su imaginación.

MODELOS: No queremos estudiar pero el profesor insiste en que estudiemos.
No queremos aprender los verbos pero el profesor insiste en que aprendamos los verbos.

1. Elena no quiere ________________ pero su mamá insiste en que ________________.
2. Yo no quiero ________________ pero mis padres insisten en que ________________.
3. Los empleados no quieren ________________ pero su jefe insiste en que ________________.
4. El burro no quiere ________________ pero el campesino *(farmer)* insiste en que ________________.
5. Ud. no quiere ________________ pero el médico insiste en que ________________.
6. No queremos ________________ pero el(la) director(a) del colegio insiste en que ________________.

C. *El uso del subjuntivo: la voluntad*

4 Reacciones

Lea lo que hacen las siguientes personas. Exprese las reacciones de las otras personas usando la forma afirmativa o negativa del subjuntivo.

MODELO: Hacemos ruido.
Los vecinos insisten en que no hagamos ruido.

1. La camarera hace la cama.
   La cliente quiere que ________________.
2. Los empleados llegan a la oficina con retraso *(late)*.
   La jefa prefiere que ________________.
3. Los testigos dicen la verdad.
   El juez *(judge)* exige que ________________.
4. Los dependientes se equivocan con el precio de los productos.
   La contadora insiste en que ________________.
5. Su esposo ayuda con los quehaceres domésticos.
   La Sra. Chávez prefiere que ________________.
6. Ud. pierde el tiempo.
   El jefe exige que ________________.
7. Pago mis deudas *(debts)*.
   Mis amigos quieren que ________________.
8. Alberto sale con otras chicas.
   Su novia prefiere que ________________.

Nombre: Fecha:

5 Por favor

Ciertas personas esperan que otras personas hagan ciertas cosas. Exprese esto, usando el pronombre **le** o **les** según el caso.

MODELO: el camarero / recomendar / los clientes / probar las especialidades regionales
El camarero les recomienda a los clientes que prueben las especialidades regionales.

1. El Sr. Ojeda / permitir / sus hijos / tomar el coche

2. La Dra. Ruiz / aconsejar / su paciente / ponerse a dieta

3. la jefa / mandar / los empleados / charlar menos y trabajar más

4. Carmen / prohibir / su prima / contar el secreto

5. La Sra. Mena / sugerir / su marido / lavarse y secarse las camisas él mismo

6. el cocinero / pedir / sus auxiliares / fregar los platos

7. la entrenadora *(coach)* / recomendar / las jugadoras / practicar todos los días

8. Silvia / rogar / su novio / llegar a tiempo a la cita

3

D. Los subjuntivos irregulares

6 ¿Por qué?

Cuando hacemos ciertas cosas, a menudo es porque otras personas quieren que las hagamos. Exprese esto según el modelo, usando los verbos entre paréntesis.

MODELO: (ir) Nosotros vamos al laboratorio.

El profesor insiste en que vayamos al laboratorio.

1. (ser) Esos niños ________________ corteses.

   Sus padres exigen que ________________________________.

2. (saber) El asistente ________________ programar.

   Su jefa desea que ________________________________.

3. (estar) Nosotros ________________ de buen humor.

   Nuestras amigas prefieren que ________________________________.

4. (ir) Tú ________________ a la discoteca.

   Tu novia insiste en que ________________________________.

5. (dar) El turista ________________ un paseo por la Plaza Mayor.

   La guía le sugiere que ________________________________.

6. (estar) Yo ________________ en casa temprano.

   Mis padres quieren que ________________________________.

7. (dar) Tú le ________________ una propina al camarero.

   Tus amigos te piden que le ________________________________.

8. (ir) Nosotros ________________ al teatro esta tarde.

   La profesora nos aconseja que ________________________________.

Nombre: Fecha:

E. El subjuntivo después de expresiones impersonales

7 Lo importante

Lea lo que quieren hacer las siguientes personas. Luego, escriba lo que tienen que hacer usando la construcción **es importante que** + *el subjuntivo*, y también su imaginación.

MODELO: Uds. quieren aprender bien el español. Es importante que hagan la tarea (que vayan a México, que conozcan a estudiantes hispanos, que estudien más, etc.).

1. Cristina quiere organizar una fiesta.
2. Quiero ganar dinero durante las vacaciones.
3. El Sr. Peña quiere ponerse en forma *(shape)*.
4. Queremos pasar vacaciones agradables y económicas.
5. Tú quieres ser médico(a).
6. Uds. quieren pasar un fin de semana estupendo.

8 La entrevista profesional

Los siguientes estudiantes van a una entrevista profesional. Exprese su opinión sobre lo que hacen, usando las expresiones del ***Vocabulario*** que aparecen en la página 82 de su texto.

MODELO: Elena se viste bien.
Es necesario que se vista bien.

1. Uds. se callan durante la entrevista.
2. Ricardo le trae flores a la secretaria del presidente.
3. Muestro mis cartas de recomendación.
4. Insistes en ganar un buen sueldo.
5. Somos corteses y atentos.
6. Clara llama al gerente por su nombre de pila *(first name)*.

3

Lecturas literarias

El arco de Balam-Acab

Palabras claves

1 Complete las siguientes oraciones con las palabras apropiadas de los vocabularios en las páginas 84 y 88 de su texto. Haga los cambios que sean necesarios.

[I] 1. El jefe religioso del pueblo es el ____________________.
2. Los ____________________ se preparaban para luchar.
3. Por falta de lluvia, la ____________________ se hacía más aguda *(acute)*.
4. El hombre extraño estaba sentado en un ____________________.
5. ¿Qué pasa? No sale ni una ____________________ de agua de ese grifo.
6. Nadie del pueblo logra ____________________ el arco.
7. Parece que las nubes van a ____________________ el agua.
8. El beisbolista ____________________ la pelota con fuerza.

[II] 9. Dicen que el quetzal es un pájaro de ____________________ bellas.
10. Por favor, vuelve a leerlo en ____________________ alta.
11. El hombre llevaba todas sus posesiones en un ____________________.
12. Al lado de la calabaza había una ____________________ de agua.
13. El pueblo ____________________ por la falta de lluvia.
14. La fuerza de Balam-Acab es una ____________________ que es uno de los cuatro guerreros legendarios.
15. Después de la tempestad, un ____________________ apareció en el cielo.
16. En el ____________________ de su corazón ella sabía que él la amaba.
17. Ese artista ____________________ de vez en cuando en una película romántica.

Nombre: Fecha:

Estructuras gramaticales

2 El uso del subjuntivo: expresiones de voluntad

Complete las siguientes frases según el texto usando el verbo apropiado en el subjuntivo. Luego escriba el infinitivo.

MODELO: I, línea 10: ordena a sus hombres que *corten* los árboles
infinitivo: *cortar*

1. I, líneas 6–7: le ruegan al Dios . . . que les ________ agua
   infinitivo: ________

2. I, líneas 10–11: ordena a sus hombres . . . que ________ una gran hoguera
   infinitivo: ________

3. I, líneas 21–22: queremos que las dos nubes calabazas ________ y ________ el agua
   infinitivos: ________ ________

4. I, líneas 26–27: el cacique . . . ordena a sus guerreros que ________ al templo
   infinitivo: ________

5. I, línea 27: [el cacique les ordena] . . . que ________ el antiguo arco
   infinitivo: ________

6. I, línea 40: La multitud . . . le pide que ________ el arco
   infinitivo: ________

3 ¿Infinitivo o subjuntivo?

Complete las siguientes frases según el texto usando el infinitivo apropiado. Luego complete la segunda frase con la forma del subjuntivo que corresponda.

MODELO: I, línea 24: Es necesario *romper* el vientre de las calabazas . . .
Es necesario que los guerreros *rompan* el vientre de las calabazas.

1. II, líneas 12–13: Quiero ________ [a la doncella] por esposa. *(el extranjero)*
   Queremos que tú ________ a la doncella por esposa. *(el cacique)*

2. II, línea 28: ¿Quieres en realidad ________ mi esposa . . . ? *(la voz)*
   Quiero que tú ________ mi esposa. *(la voz)*

3. II, línea 32: Quiero ________ contigo . . . *(la doncella)*
   El extranjero quiere que su esposa ________ con él.

4. II, línea 35: ¿Quieres ________ quién soy? *(el extranjero)*
   El extranjero quiere que su esposa ________ quién es.

Expansión: Modismos, expresiones y otras palabras

(I) **ni siquiera** *not even*
por todas partes *everywhere*
rumbo a *heading for, bound for*
sin esfuerzo *effortlessly*

(II) *to give*

dar *to give* (general term)
Te **damos** cinco plumas. — ***We are giving*** *you five feathers.*

regalar *to give* (as a present)
Te vamos a **regalar** un campo. — *We are going* ***to give*** *you a field.*

pasar *to give, pass, hand over*
Le **pasan** las dos flechas. — ***They give*** *him the two arrows.*

strange, stranger

extraño *strange, unusual, unexpected*
Mira al hombre **extraño**. — *She looks at the* ***strange*** *man.*

extranjero *stranger, foreigner*
Encuentra a un **extranjero**. — *She meets a* ***stranger****.*

desconocido *strange, unknown*
Vino de una tierra **desconocida.** — *He came from a* ***strange*** *land.*

4 Escriba el sinónimo de la expresión entre paréntesis.

1. Iba ______________________________ la montaña. (con destino a)
2. Tiró la flecha ______________________________. (fácilmente)
3. ______________________________ me reconoció. (Casi no)
4. Buscó su reloj ______________________________. (por todos lados)

5 Dé el equivalente en español de las siguientes frases.

1. *For his birthday his father gave him a bicycle.*
   Para su cumpleaños su padre le ____________________ una bicicleta.
2. *Please give me the two books from that shelf.*
   Haga el favor de ____________________me los dos libros de ese estante.
3. *Nobody knows who the strange man is.*
   Nadie sabe quien es el hombre ____________________.
4. *The foreigner comes from an unknown land.*
   El ____________________ viene de una tierra ____________________.
5. *How unusual! I just received a call from Miguel.*
   ¡Qué ____________________! Acabo de recibir una llamada de Miguel.

Nombre: Fecha:

Unidad 4

Escenas de la vida

Unas huellas misteriosas

1 Comprensión del texto e interpretación personal

Lea otra vez el texto en las páginas 92–94 de su libro y conteste las siguientes preguntas.

1. Según Ud., ¿qué tipo de personalidad tiene Luis Vigilante?

___

___

___

2. ¿Por qué representa el descubrimiento de las huellas misteriosas la gran oportunidad de su vida?

___

___

___

3. ¿Por qué saca su pistola? ¿A quién piensa encontrar en el techo de su casa?

___

___

___

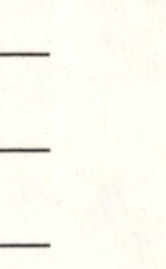

4. ¿Cómo reacciona el hombre que está en el techo?

___

___

___

___

5. ¿Por qué le da la billetera a Luis Vigilante?

___

___

___

___

6. Según Ud., ¿cómo va a terminar la escena?

___

___

___

___

2 Otra aventura de Luis Vigilante

Explique lo que ocurre en cada dibujo en un párrafo de 3 a 5 oraciones.

Los personajes

Luis Vigilante

Felipe Vigilante, su hijo

Lorna Suárez, la hija de los vecinos

Palabras útiles

VERBOS	SUSTANTIVOS
besar	la escalera
encontrar	la huella
notar	la linterna *(flashlight)*
salir	el muro
seguir	

1. ______________________________

2. ______________________________

3. ______________________________

4. ______________________________

Nombre: Fecha:

El español práctico

1 El sustantivo apropiado

Complete las siguientes oraciones con el sustantivo apropiado.

1. ¡Por favor, señorita! Quisiera tomar el autobús. ¿Podría decirme dónde está la ________________ más cercana?
2. Al lado del almacén hay un ________________ donde los clientes pueden dejar sus coches.
3. Necesito comprar sellos *(stamps)*. ¿Podría indicarme dónde queda la ________________ ?
4. Trabajo en un edificio del centro. Es un ________________ de más de 40 pisos.
5. El tráfico para cuando el ________________ está en rojo.
6. Chico, ¡ten cuidado con el tráfico! ¡Quédate en la ________________ y cruza la calle solamente por el paso de peatones *(crosswalk)*.
7. Encima del almacén hay un enorme ________________ luminoso donde se lee "Galerías Modernas".
8. Lo siento, pero esa ________________ significa que no podemos aparcar el coche en la calle.
9. Si estás cansado, no subas por la escalera. Toma el ________________.
10. ¿Necesitas comprar algo más? ¿No? Entonces vámonos. ¿Dónde está la ________________ del almacén?
11. El Sr. Espinel bajó al ________________ para buscar una botella de vino.

4

2 En México

Ud. está en México con unos amigos. Dígales a las personas indicadas entre paréntesis lo que tienen que hacer.

MODELO:  (a Ud.) ¡Doble a la derecha!

1.  (a Uds.) ¡________________________!
2. 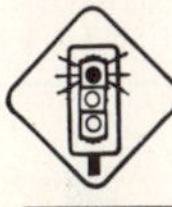 (a ti) ¡________________________!
3.  (a nosotros) ¡________________________ al piso 12 en el ascensor!
4.  (a Uds.) ¡________________________ al primer piso por la escalera mecánica *(escalator)*!
5.  (a nosotros) ¡________________________ la Calle Serrano en el semáforo!
6.  (a Uds.) ¡________________________ hasta la Plaza de la Reforma!

3 En el centro

Escoja a dos de las siguientes personas y describa como van a llegar a su destino *(destination)*.

A. El Sr. García acaba de llegar a la ciudad por tren. Tiene una reservación en el Hotel Trocadero.

B. Roberto es dependiente en las Galerías Nuevas. Después del trabajo, tiene una cita con su novia en el Café ''El Jardín''.

C. La Srta. Rueda, ejecutiva en la compañía Publilux, va a almorzar con un cliente en el Restaurante Miramar.

D. Julia Smith, una turista norteamericana, se queda en el Hotel Velázquez. Se da cuenta de que ha perdido el pasaporte. Va a la comisaría de policía para declarar la pérdida del documento.

E. El Sr. González se estacionó *(parked)* en el aparcamiento municipal y se da cuenta de que necesita gasolina. Va a la gasolinera Ruiz.

F. Luis Ramos trabaja en la oficina de correos. Tiene que llevarle una carta de entrega inmediata *(special delivery)* al gerente del Banco de Bilbao.

G. Después de almorzar en el Restaurante Miramar, Juanita va a las Galerías Nuevas para comprarle un regalo a su novio.

MODELO: La Sra. Montero y su hija están de compras en las Galerías Nuevas. A las doce deciden ir a almorzar en el Restaurante Vizcaya.

Salen de las Galerías Nuevas y doblan a la izquierda en el Paseo Colón. Siguen derecho hasta la Plaza Colón. Allí, doblan a la derecha en el Paseo Montalbán. Doblan a la izquierda en la Avenida de la Independencia y siguen derecho hasta el restaurante.

1. ____

____

____

____

____

____

2. ____

____

____

____

____

____

Nombre: Fecha:

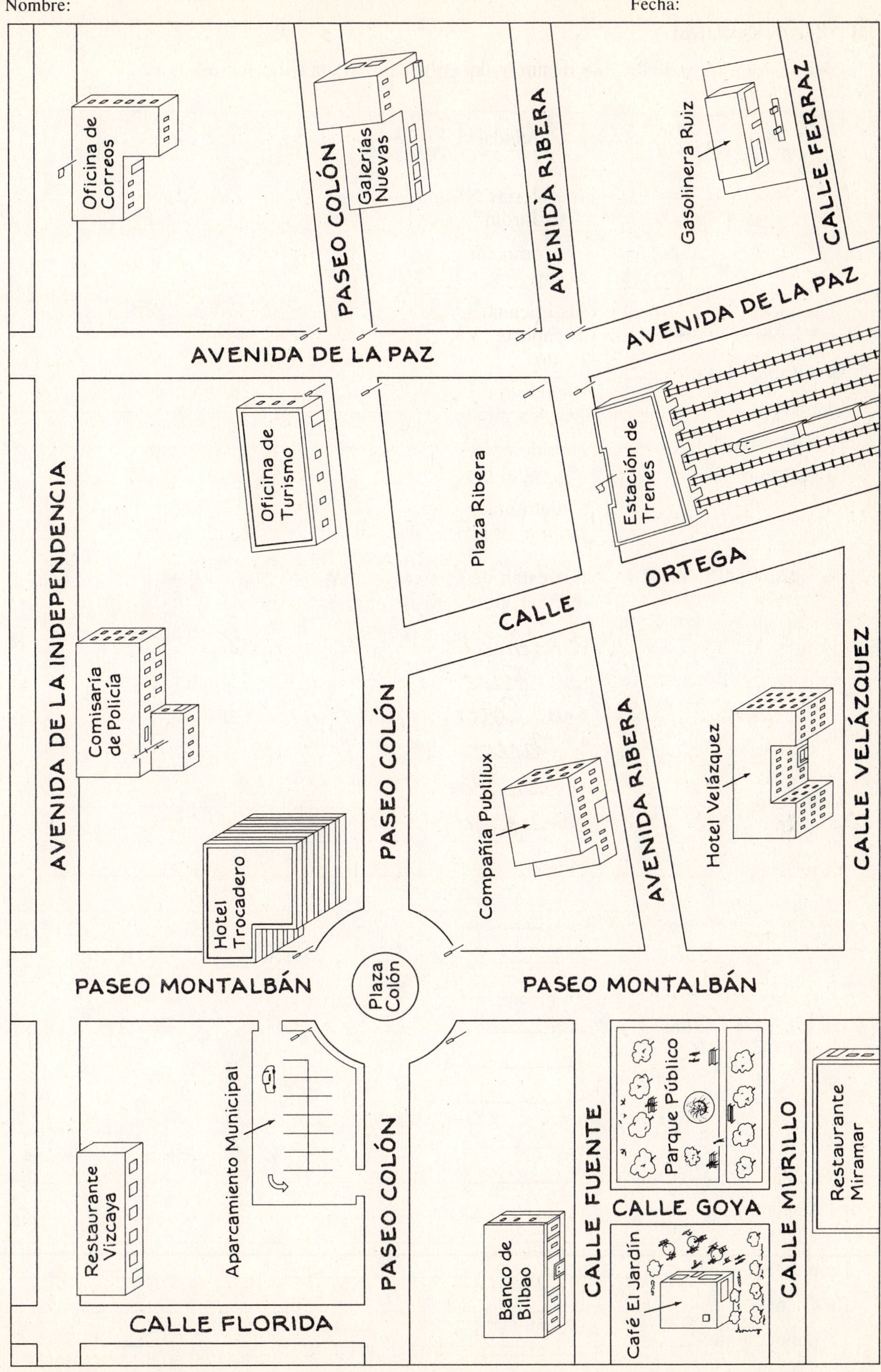

4 Conversaciones

Imagine las conversaciones que tienen lugar entre las personas en los dibujos.

1.

El automovilista: ____________________

El policía: ____________________

El automovilista: ____________________

El policía: ____________________

2.

El turista: ____________________

El empleado: ____________________

El turista: ____________________

El empleado: ____________________

3.

La cliente: ____________________

La dependiente: ____________________

La cliente: ____________________

La dependiente: ____________________

Nombre: Fecha:

Estructuras gramaticales

A. El imperativo: mandatos afirmativos y negativos

1 ¡Por favor!

Diga lo que les dicen ciertas personas a otras, usando la forma de **Ud.** del imperativo afirmativo o negativo de los verbos entre paréntesis.

MODELO: la Sra. Madrigal a su vecina

(tocar) ¡Por favor! ¡No toque Ud. el piano después de las diez de la noche!

1. la dentista al paciente

(abrir) ¡Por favor! ¡________ la boca!

(usar) ________ hilo dental *(dental floss)*.

(pagar) ________ la cuenta *(bill)*.

2. la doctora Ruiz al Sr. Fonseca (que es gordo)

(comer) ¡Por favor! ¡________ tanto!

(almorzar) ________ chuletas *(pork chops)* todos los días.

(practicar) ________ un deporte.

3. el Sr. Santos a su vecino

(apagar) ¡Por favor! ¡________ el televisor!

(encender) ________ el radio a las siete de la mañana.

(colocar) ________ sus latas de basura *(garbage cans)* delante de mi apartamento.

4. la dueña del restaurante a su auxiliar

(servir) ¡Por favor! ¡________ a los clientes!

(recoger) ________ las mesas.

(fregar) ________ los platos.

5. la gerente del hotel a la camarera

(tender) ¡Por favor! ¡________ las camas!

(colgar) ________ la ropa en el armario *(closet)*.

(sacudir) ________ las alfombras.

6. el policía de tránsito al automovilista

(obedecer) ¡Por favor! ¡________ el código de tránsito *(traffic laws)*!

(conducir) ________ tan rápido.

(seguir) ________ las señales de tráfico.

4

2 Unos consejos

Las siguientes personas están de vacaciones en Madrid. Déles unos consejos usando los mandatos afirmativos.

1. (a un amigo) (comprar) ____________________ el *ABC*.
   (leer) ____________________ la página de los espectáculos.
   (asistir) ____________________ a un concierto.
   (escuchar) ____________________ música flamenca.

2. (a nosotros) (escoger) ____________________ un buen restaurante.
   (almorzar) ____________________ en "la Casa Botín".
   (pedir) ____________________ las especialidades del menú.
   (probar) ____________________ el vino tinto de la casa.

3. (a dos turistas) (visitar) ____________________ el Museo del Prado.
   (dar) ____________________ un paseo por el Parque del Retiro.
   (sacar) ____________________ unas fotos del Palacio Real.
   (reunirse) ____________________ con sus amigos españoles.

3 ¡Sí y no!

Dígale a un amigo que haga ciertas cosas y que no haga otras, usando la forma de **tú** del imperativo afirmativo o negativo de los verbos entre paréntesis.

1. (venir) ¡____________________ a mi casa a las cinco de la tarde!
   ¡No ____________________ después de la cena!
2. (tener) ¡____________________ cuidado con el tráfico!
   ¡No ____________________ miedo de usar los transportes públicos!
3. (hacer) ¡____________________ la tarea conmigo!
   ¡No ____________________ tanto ruido!
4. (salir) ¡____________________ conmigo el sábado próximo!
   ¡No ____________________ con los otros chicos!
5. (ir) ¡____________________ a esta cafetería!
   ¡No ____________________ a aquel restaurante de lujo!
6. (ser) ¡____________________ más cortés con el camarero!
   ¡No ____________________ tan presumido *(conceited)*!
7. (poner) ¡____________________ un disco de canciones folklóricas!
   ¡No ____________________ música rock!
8. (decir) ¡Siempre ____________________ la verdad!
   ¡Nunca ____________________ mentiras!

Nombre: ____________________ Fecha: ____________________

4 Otras recomendaciones

Analice las siguientes situaciones. Luego, haga unas recomendaciones usando el imperativo afirmativo o negativo del verbo entre paréntesis.

MODELOS: No queremos perder el tren. ¡Démonos________ prisa! (darse)

Ud. tiene la gripe *(flu)*. ¡No se levante________! (levantarse)

1. Estamos enfermos. ¡________________ en casa! (quedarse)
2. Ud. está cansado. ¡________________ en esa silla! (sentarse)
3. Uds. tienen mucha hambre. ¡________________! (desayunarse)
4. Cortas el pan. ¡________________ con el cuchillo! (cortarse)
5. Tenemos una cita en el Café "El Sol". ¡________________! (irse)
6. Ud. tiene que tomar un tren a las ocho de la mañana. ¡________________ a las seis! (despertarse)
7. Uds. tienen mucho sueño. ¡________________! (acostarse)
8. Tienes miedo del tigre. ¡________________ a la jaula *(cage)*! (acercarse)
9. Uds. tienen que llegar a la estación a tiempo *(on time)*. ¡________________ en el café! (pararse)
10. Acabas de lavarte el pelo. ¡________________ el pelo con la secadora! (secarse)

B. Para *y* por

5 ¿Para o por?

Complete las siguientes oraciones con **para** o **por**.

1. Vamos a quedarnos en México __________ tres semanas.
2. ¿Cómo vas a Acapulco? ¿__________ avión o en autobús?
3. __________ mexicano, su primo habla muy bien el francés.
4. ¿Cuántos pesos van a darme __________ 10 dólares?
5. Mañana, vamos a salir __________ la ciudad de Puebla.
6. ¿Tienes planes __________ el domingo próximo?
7. ¿Qué vas a hacer __________ la noche?
8. Uds. tienen que terminar la tarea __________ el lunes.
9. Después de la cena, vamos a dar un paseo __________ el centro.
10. Voy a comprar un regalo __________ mi papá __________ su cumpleaños.
11. Los bomberos entraron en el teatro __________ la salida de emergencia.
12. El ascensor no funciona. Tiene que subir al tercer piso __________ las escaleras.
13. La Sra. Díaz va a comprar muebles nuevos __________ su apartamento.
14. Los chicos caminan __________ la acera.
15. Tomamos un taxi __________ ir al teatro.
16. Muchas gracias, ¡pero no se preocupe __________ mí!

C. *Adverbios y preposiciones de lugar*

6 ¿Dónde están?

Mire el dibujo y complete las oraciones con la preposición de lugar apropiada.

MODELO: El Banco Comercial está ___a la derecha del___ (el) hotel.

1. La estatua está ________________ (la) Plaza Bolívar.
2. Hay árboles ________________ (la) estatua.
3. El coche negro se estacionó ________________ (el) hotel.
4. El coche blanco se paró ________________ (el) coche negro.
5. Hay rótulos ________________ (los) edificios.
6. La agencia de viajes está ________________ (el) fotógrafo.
7. El hotel está ________________ (el) banco y la farmacia.
8. La farmacia está ________________ (el) hotel.

Nombre: Fecha:

Lecturas literarias

Las aventuras de Juan Bobo

Palabras claves

1 Complete las siguientes oraciones con las palabras apropiadas de los vocabularios en las páginas 114 y 118 de su texto. Haga los cambios que sean necesarios.

[I] 1. La mamá de Juan le pide a su hijo que vaya al ______________.

2. Los profesores les ______________ a los estudiantes que estudien más.

3. Caminando por la ______________ el muchacho se encuentra con mucha gente.

4. El ruido de los vecinos ______________ al niño.

5. No quiero que tú ______________. Te oigo perfectamente.

6. Cuando entres, espero que tú ______________ a todos los invitados.

7. La señora tiene una ______________ que pone huevos diariamente.

[II] 8. La policía arrestó al ______________ que robó el banco.

9. El ______________ destruyó totalmente la cosecha.

10. ¡Llévate el paraguas! Va a caer un ______________.

11. El muchacho ______________ de la lluvia subiendo a un árbol.

12. El bandido ______________ al turista para robarle su dinero.

13. Los piratas escondieron el ______________ en una isla del Caribe.

14. Si yo ______________ el apoyo *(support)* económico de mis padres, asistiré a la universidad de ese otro estado.

15. El ______________ de los bandidos consistía en un saco de monedas de oro.

4

Estructuras gramaticales

2 Los mandatos

En el cuento hay diez ejemplos de mandatos. Lea el cuento una vez más y busque seis mandatos, cuatro en la forma de **tú** y dos en la forma de **ustedes**.

MODELO: Vete al mercado parte I línea 7 infinitivo irse

(tú)

1. ______________ parte ______ línea ______ infinitivo ______________
2. ______________ parte ______ línea ______ infinitivo ______________
3. ______________ parte ______ línea ______ infinitivo ______________
4. ______________ parte ______ línea ______ infinitivo ______________

(ustedes)

5. ______________ parte ______ línea ______ infinitivo ______________
6. ______________ parte ______ línea ______ infinitivo ______________

3 ¿Por o para?

Complete las siguientes frases con **por** o **para**, según el texto del cuento. Luego, dé el equivalente en inglés.

MODELO: I, líneas 3–5:

Por eso todo el mundo . . . le llamaba Juan Bobo.

Because of that, everyone . . . called him Juan Bobo.

1. I, líneas 12–13:

   Juan . . . salió ____________ el mercado.

   ____

   ____

2. I, línea 15:

   ____________ la carretera, iban el novio, la novia y los familiares.

   ____

   ____

3. II, línea 3:

   [Juan] caminó ____________ el mercado.

   ____

   ____

4. II, líneas 5–6:

   [Juan] se lamentó ____________ no tener dinero ____________ comprar un florero ____________ su mamá.

   ____

   ____

   ____

5. II, líneas 7–8:

   ____________ fin, salió Juan del mercado y se puso en camino ____________ su casa.

   ____

   ____

   ____

6. II, líneas 8–9:

   [Juan] subió a un árbol frondoso ____________ dormir la siesta.

   ____

   ____

   ____

Nombre: Fecha:

Mejore su español

4 Complete las siguientes explicaciones con la forma en **-ísimo** del adjetivo entre paréntesis.

1. Te aconsejo que no compres esa camisa. Es ____________. (caro)
2. La tía de Juan tiene mucho dinero. Es ____________. (rico)
3. Ese niño no obedece a los profesores. Es ____________. (terco: *stubborn*)
4. Es un buen jugador de fútbol. Es ____________. (veloz: *fast*)
5. No quiero que te acerques a ese perro. Es ____________. (feroz: *ferocious*)
6. Te sugiero que no tomes ese camino. Es ____________. (largo)

Expansión: Modismos, expresiones y otras palabras

(I) **a toda prisa** *quickly*
cierto día *one day*
en un abrir y cerrar de ojos *in a wink, in an instant*

(II) *to get*

obtener *to get, obtain* (through one's initiative)
Juan **obtuvo** el botín. *Juan **got** the booty.*

recibir *to get, receive* (from someone)
¿**Recibiste** mi carta? ***Did** you **get** my letter?*

conseguir *to* (manage to) *get*
Los ladrones **han conseguido** el dinero. *The thieves **got** the money.*

adquirir *to get, acquire; to buy*
Quiero **adquirir** un caballo. *I want **to get** a horse.*

to become

hacerse *to become* (a member of a profession); *to become* (rich)
No quiere **hacerse** médico. *He doesn't want **to become** a doctor.*
Es fácil **hacerse** rico. *It's easy **to become** rich.*

ponerse *to become* (to change appearance or emotional state)
Se puso pálido. ***He became** pale.*

5 Escriba el sinónimo de la expresión subrayada.

1. Caminamos rápidamente. ____________
2. Lo vi un día de otoño. ____________
3. Desapareció en un instante. ____________

6 Dé el equivalente en español de las siguientes frases.

1. *John got many compliments for his generosity.*

   Juan ____________________ muchos elogios por su generosidad.

2. *Who managed to get the tickets?*

   ¿Quién ____________________ los boletos?

3. *He would like to become a programmer.*

   Le gustaría ____________________ programador.

4. *They became nervous.*

   ____________________ nerviosos.

5. *I would like to get a new car.*

   Me gustaría ____________________ un coche nuevo.

6. *It is hard to become a lawyer.*

   Es difícil ____________________ abogado.

7. *When are you going to get your degree?*

   ¿Cuándo vas a ____________________ tu diploma?

Nombre: Fecha:

Unidad 5

Escenas de la vida

Un gruñón simpático

1 Comprensión del texto e interpretación personal

Lea otra vez el texto en las páginas 122–124 de su libro y conteste las siguientes preguntas.

1. ¿Cómo pasó el fin de semana Enrique?

2. ¿Qué tipo de persona es un gruñón?

3. ¿Por qué invitó Elena al Sr. Arias? ¿Qué resultó de la invitación?

4. ¿Qué sabe Ud. sobre la personalidad del Sr. Arias? (Puede describir y comparar lo que parece ser y lo que realmente es.)

5. Para cuál de las tres profesiones siguientes parece estar más calificada Elena, ¿abogada, diplomática o ingeniera? Explique su opinión.

5

2 La barbacoa *(The barbecue)*

Otro fin de semana, como hace buen tiempo, Elena invita a sus amigos a una barbacoa en el balcón de su apartamento. Los amigos deciden asar a la parrilla *(to barbecue)* unos bistecs. Por desgracia, el humo *(smoke)* de la barbacoa despierta al Sr. Arias, el vecino del piso de arriba, quien estaba durmiendo la siesta.

Furioso, el vecino baja al apartamento de Elena y amenaza con *(threatens)* llamar a los bomberos. Elena invita al Sr. Arias a la barbacoa pero éste rechaza indignadamente la invitación. Ella insiste y por fin él acepta y trae toda clase de fiambres *(cold cuts)* y bebidas a la fiesta.

El lunes siguiente, Carlos, uno de los invitados, le cuenta lo que pasó a su amigo Enrique.

Imagínese el diálogo entre Carlos y Enrique. Use como modelo el diálogo en las páginas 123–124 de su texto.

Palabras útiles

VERBOS

amenazar *(to threaten)*
asar a la parrilla *(to barbecue)*
cocer [ue] *(to cook)*
oler [ue] *(to smell)*
quemar *(to burn)*

SUSTANTIVOS

los bomberos *(firemen)*
los fiambres *(cold cuts)*
el fuego *(fire)*
el humo *(smoke)*

Nombre: Fecha:

El español práctico

1 Lo que hacen

Complete las siguientes oraciones con la forma apropiada del verbo que convenga.

1. Nosotros ________________ a la conferenciante *(lecturer)* porque dio una conferencia muy interesante. (silbar / chiflar / aplaudir)
2. Los espectadores ________________ porque el espectáculo es muy malo. (sudar / silbar / saltar)
3. El equipo ________________ porque quiere ganar el partido el sábado próximo. (entrenarse / platicar / conseguir entradas)
4. Yo ________________ porque quiero fortalecerme *(to strengthen)* los músculos de los brazos. (saltar / lanzar / levantar pesas)
5. Tú ________________ para divertir a tus amigos. (tomar algo / contar chistes / ponerse en forma)
6. Uds. ________________ a la conferencia porque se interesan en el arte contemporáneo. (ver / asistir / atender)
7. Nosotros debemos ________________ para comprar boletos. (hacer cola / ver la película / reservar asientos)
8. El portero *(goalie)* ________________ para atrapar *(to catch)* la pelota. (lanzar / saltar / sacar)
9. Nuestro equipo necesita ________________ más puntos para ganar el partido. (levantar / marcar / charlar)
10. Cuando nos reunimos en el café con nuestros amigos, siempre ________________ mucho. (platicar / contar / chiflar)

2 Diversiones

Conteste las siguientes preguntas según el dibujo.

A.

1. ¿Qué se presenta en el Alcázar el 2 de agosto?

2. ¿Qué hace Isabel?

3. ¿Qué vende la señora en la taquilla? ¿Para qué?

4. ¿Quién es la estrella *(star)* del espectáculo? ¿Lo conoce Ud.?

5. ¿A qué hora empieza la función?

6. Según Ud., ¿por qué hay tantos espectadores? ¿Qué van a hacer durante el concierto?

7. ¿Le gustaría a Ud. ir al espectáculo? Explique su respuesta.

Nombre: Fecha:

B.

1. ¿Dónde se entrenan los estudiantes?

2. ¿Qué hace Ana María?

3. ¿Qué hace Gloria?

4. ¿Qué hace Carlos?

5. ¿Qué acaba de hacer Raimundo?

6. ¿Qué va a hacer Inés?

7. Según Ud., ¿por qué se están entrenando estas personas?

8. ¿Qué hace Ud. para ponerse en forma?

5

3 En la televisión

Ud. ha decidido ver una película en la televisión. Escoja una película y descríbala.

PELÍCULAS DE LA SEMANA

miércoles, 11 **21,35 h.** ■ **1ª cadena**

"Sesión de noche"

LA CASA DE BERNARDA ALBA***

Intérpretes: Irene Gutiérrez Caba, Ana Belén, Enriqueta Carballeira y Vicki Peña. Dirigida por: Mario Camus. Española. Color. TRAGEDIA.

Cuando el esposo de Bernarda muere, la viuda impone a sus hijas un período de luto riguroso de ocho años. Las hijas viven bajo el dominio dictatorial de su madre y no deben salir de casa. Sus esperanzas matrimoniales se frustran. Esta frustración crea una situación dramática y trágica. De la obra teatral de Federico García Lorca.

jueves, 12 **22,00 h.** ■ **2ª cadena**

"Filmoteca TV"

LA ROSA PÚRPURA DE EL CAIRO***

Intérpretes: Mia Farrow, Jeff Daniels y Danny Ailello. Dirigida por: Woody Allen. USA. Color. COMEDIA DRAMÁTICA.

Un ama de casa que trabaja como camarera mientras su marido está sin trabajo tiene como única evasión el cine. No pierde ni una sola de las películas que se proyectan en la sala del pueblo. Ve muchas veces la última estrenada: "La rosa púrpura de El Cairo". Un día, durante la proyección de esa película, sus sueños se convierten en realidad.

*Puede pasar **Interesante
***No deje de verla o grábela

viernes, 13 **22,30 h.** ■ **1ª cadena**

"La noche del cine"

MAR BRAVA**

Intérpretes: Alfredo Mayo, Jorge Sanz, Alma Muriel y Guillermo Antón. Dirigida por: Angelino Fons. Española. Color. DRAMA.

En un pueblo marinero del Norte de España la vida es difícil. Los barcos tienen que salir al mar a diario. A veces la vida de los pescadores se pone en peligro. Un día, el "Mascato" no regresa a puerto, porque había una gran tempestad. Las familias de los desaparecidos no pierden la esperanza de que los pescadores regresen al pueblo. Un día las olas traen a la playa a un desconocido . . .

sábado, 14 **22,20 h.** ■ **2ª cadena**

"Sábado cine"

CIUDADANO KANE***

Intérpretes: Orson Welles, Joseph Cotton, Dorothy Comingore, Agnes Moorehead y Ruth Warrick. Dirigida por: Orson Welles. USA. Blanco y negro. DRAMA CLÁSICO.

Un financiero norteamericano, Charles Foster Kane, dueño de una importante cadena de periódicos y de inimaginables riquezas, muere en su fabuloso castillo de estilo oriental, Xanadú. La última palabra que pronuncia antes de expirar es "Rosebud". El país entero y la prensa en general quedan intrigadísimos por saber el significado de esta palabra. Para descubrirlo, un grupo de periodistas se pone a investigar la vida de este hombre misterioso, que partiendo de la nada llegó a ser el propietario de un gran imperio financiero.

1. ¿Cuál es el título de la película? ______________________________

____

2. ¿Cuándo y dónde se presenta? ______________________________

____

3. ¿Quiénes son los actores principales? ______________________________

____

4. ¿Quién es el director? ______________________________

____

5. ¿De qué trata la película? *(What is the movie about?)* ______________________________

____

6. ¿Qué piensan los críticos de la película? ______________________________

____

7. ¿Por qué ha elegido Ud. esta película? ______________________________

____

____

Nombre: Fecha:

4 Dos invitaciones

Complete los siguientes diálogos usando la información presentada en los carteles *(posters)* . . . y su imaginación.

A.

B.

A.

Luis: Oye, María Estrella, ¿quieres ____________ al ____________?
María Estrella: Sí, ____________. ¿Qué ____________?
Luis: Podemos ver ____________. Se presenta en ____________.
María Estrella: ¿____________?
Luis: Podemos ir a la sesión de ____________.
María Estrella: Está bien, ¿y dónde vamos a reunirnos?
Luis: ____________.
María Estrella: ¿Cuándo?
Luis: ____________.
María Estrella: Muy bien. ¡____________!

B.

Javier: ¡Hola, Gloria! ¿Quieres asistir ____________?
Gloria: ¿Dónde tiene lugar?
Javier: ____________.
Gloria: ¿Y cuándo es?
Javier: ____________.
Gloria: Me encantaría mucho, pero ____________.
Javier: ¡Ay! ¡Qué lástima!

5

5 Una carta

Escríbale una carta a un(a) amigo(a) hispano(a), contándole lo que Ud. hizo el fin de semana pasado.

Querido (a) ______________________,

Este fin de semana hice muchas cosas divertidas.

Abrazos, ______________________

Nombre: Fecha:

Estructuras gramaticales

A. El pretérito: formas regulares y usos

1 El pretérito, por favor

Dé las formas indicadas del pretérito de los verbos a continuación.

1. leer — Ud. ____ nosotros ____
2. pedir — yo ____ ellas ____
3. construir — Silvia ____ Uds. ____
4. pagar — los clientes ____ yo ____
5. almorzar — yo ____ tú ____
6. ver — los espectadores ____ Paco ____
7. sacar — nosotros ____ yo ____
8. dar — tú ____ Uds. ____
9. caerse — nosotros ____ los peatones ____
10. dormir — tú ____ Ud. ____

2 ¿Por qué?

Explique lo que pasó usando los verbos entre paréntesis en el pretérito. Observe que en cada oración el segundo verbo puede estar en la forma afirmativa o negativa.

MODELO: (perder, jugar)

El equipo *perdió* porque los mejores jugadores *no jugaron* bien ese día.

1. (enfadarse, criticar)

   El pintor ____ porque los periodistas ____ sus obras.
2. (aplaudir, representar)

   Nosotros ____ porque la actriz ____ su papel con gran emoción.
3. (enojarse, volver)

   Tus padres ____ porque tú ____ muy tarde de la fiesta.
4. (repetir, oír)

   El profesor ____ la pregunta porque los estudiantes ____ la ____.
5. (equivocarse, explicar)

   Yo ____ porque tú ____ me ____ bien el problema.
6. (dormir, tocar)

   Los vecinos ____ mal porque Ud. ____ el piano toda la noche.

5

7. (despedirse, salir)

   Olga ________________ de sus amigas porque ellas ________________ para México.

8. (divertirse, contar)

   Tus amigos ________________ porque tú les ________________ muchos chistes.

9. (alegrarse, sonreír)

   La mamá ________________ porque el bebé le ________________.

10. (dar, morir)

    Las flores que tú me ________________ el mes pasado ________________ por falta de agua.

11. (construir, caerse)

    Los ingenieros ________________ un puente de hierro *(iron)* porque el antiguo puente de madera ________________ al río.

12. (dormirse, cantar)

    La niña ________________ porque su abuelo le ________________ una canción de cuna *(lullaby)*.

3 El fin de semana

Lea adonde fueron las siguientes personas durante el fin de semana. Escriba por lo menos tres oraciones que describan las actividades de cada persona. Use el pretérito y su imaginación.

1. Yo pasé el fin de semana en el campo.

   ____

   ____

   ____

2. Uds. fueron a la playa.

   ____

   ____

   ____

3. Cristina fue al gimnasio.

   ____

   ____

   ____

4. Nos quedamos en casa.

   ____

   ____

   ____

5. Tú fuiste al centro.

   ____

   ____

   ____

Nombre: Fecha:

B. *El pretérito: formas irregulares*

4 ¿Qué hicieron?

Complete las oraciones lógicamente con el pretérito de los siguientes verbos.

andar / decir / estar / hacer / ir / poder / poner / producir / querer / saber / ser / tener / traer / venir

1. El camarero le ________________ un vaso de agua mineral a la cliente.
2. Nosotros ________________ la noticia al escuchar la radio.
3. Te digo que yo ________________ el campeón universitario de tenis dos veces. ¿Por qué no me crees?
4. Los testigos le ________________ la verdad al periodista.
5. El sábado pasado, salí con mi novia. Y Ud., ¿qué ________________?
6. Todos los críticos están de acuerdo que ese pintor ________________ muchas obras maestras *(masterpieces)* en su vida.
7. Recibiste mi invitación, ¿verdad? Pues, ¿por qué no ________________ a mi fiesta de cumpleaños?
8. Alguien ________________ un disco de música popular y todos bailaron.
9. Lo siento mucho, pero yo no ________________ contestar tu carta. No tenía tu dirección *(address)*.
10. Primero, cenamos en un restaurante chino y después ________________ al cine donde vimos una película de ciencia ficción.
11. A Carmen no le gusta Rafael. Por eso, no ________________ salir con él el sábado pasado.
12. No, no corrimos. ________________ sin darnos prisa. Por eso, no estamos cansados.
13. ¿Por qué está Marcos tan contento? Es que ________________ una cita con Margarita. ¿Sabes que el chico está locamente enamorado de ella?
14. Carlitos se comió cinco hamburguesas y cuatro porciones grandes de papas fritas a mediodía. Por eso ________________ en cama con un tremendo dolor de estómago toda la tarde.

Hace sólo 15 días que fuimos a Citibank, y ya estamos en casa.

CITIBANK ESPAÑA *Ganamos cuando usted gana.*

5

C. Expresiones negativas

5 Los otros, ¡no!

Hay personas que hacen muchas cosas. Hay otras que no hacen nada. Exprese eso en oraciones negativas.

1. Clara hizo algo interesante ayer.
   Yo ______________________________
   ____
2. Felipe encontró a alguien simpático en la fiesta.
   Tú ______________________________
   ____
3. Alguien invita a Pilar a cenar en un restaurante japonés.
   ______________ a Carmen ______________
   ____
4. Yo siempre voy al cine los fines de semana.
   Ud. ______________________________
   ____
5. Marta sabe bailar y cantar.
   Su novio ______________________________
   ____
6. Asistimos al concierto y al partido de fútbol.
   Uds. ______________________________
   ____
7. Voy a invitar a algún amigo a mi casa.
   Tú ______________________________
   ____

6 ¿Pero o sino?

Complete las oraciones con **pero** o **sino** según el caso.

1. No bebo cerveza ____________ agua mineral.
2. No, no salimos anoche ____________ nos divertimos mucho en casa.
3. Mi primo no baila bien ____________ le gusta mucho ir a la discoteca.
4. Eduardo no es guapísimo ____________ él tiene mucho éxito *(success)* con las chicas.
5. No vimos una película ____________ una obra de teatro.
6. Los amigos no quisieron salir ____________ mirar la televisión.
7. El novio de Isabel no es rubio ____________ moreno.
8. La novia de Carlos no es rubia ____________ tiene los ojos azules.

D. El uso del presente del indicativo con desde *y* desde hace

7 ¡Cómo transcurre el tiempo!

Lea las siguientes descripciones y diga desde cuándo las personas hacen las cosas entre paréntesis.

MODELO: Nos mudamos a Madrid en 1980. (vivir en España)
Vivimos en España desde 1980.

1. Carlos conoció a María el verano pasado. (estar enamorado de ella)

___

2. Los empleados llegaron a la oficina a las ocho y media. (trabajar)

___

3. Yo empecé mis estudios de español en octubre. (aprender español)

___

4. Mi abuelo compró un coche en 1941. (conducir)

___

5. Llegamos al cine a las siete. (hacer cola)

___

6. Tú obtuviste la nacionalidad norteamericana el cinco de abril. (ser norteamericano)

___

5

Signos de puntuación

Palabras claves

1 Complete las siguientes oraciones con las palabras apropiadas del vocabulario en la página 146 de su texto. Haga los cambios que sean necesarios.

1. Todos los sobrinos se disputaban *(were contending for)* la ______________________ del tío.
2. El estado ______________________ que todo el mundo pague impuestos.
3. El señor era muy rico y por lo tanto era propietario de muchos ______________________.
4. El ______________________ les pedía limosna *(alms)* a los peatones que caminaban por esa acera.
5. El tío de Ignacio quiere que el abogado le ayude a hacer su ______________________.
6. Los padres hispanos les aconsejan a sus hijos que respeten a sus ______________________.
7. Necesita una ______________________ para escribir en la pizarra.
8. Sus acciones ______________________ que está enfadado *(angry)*.
9. Roberto es el único ______________________ de la fortuna de su familia.
10. Ese ______________________ le hizo dos trajes a mi papá.

Estructuras gramaticales

2 Repaso: los mandatos

Lea la escena otra vez y busque los siguientes mandatos. Luego, escriba el infinitivo y la forma de **tú** del mandato.

1. líneas 6–7: ______________________ el favor de copiarlo. infinitivo: ______________
   (tú) ______________________ el favor de copiarlo.
2. línea 9: ______________________ el original. infinitivo: ______________
   (tú) ______________________ el original.
3. línea 10: ______________________. infinitivo: ______________
   (tú) ______________________.
4. línea 56: ______________________ por seguro. infinitivo: ______________
   (tú) ______________________ por seguro.

Nombre: Fecha:

3 El pretérito

Busque los siguientes ejemplos del pretérito y escriba el infinitivo que corresponda. Luego dé el equivalente en inglés.

1. líneas 4–5: "... el testamento que __________ nuestro buen amigo, ..."
   infinitivo: ______________
   en inglés: ______________________________
2. línea 28: "La verdadera intención de mi tío __________ otra ..."
   infinitivo: ______________
   en inglés: ______________________________
3. líneas 55–56: "Esto ... es lo que __________ mandar el señor Álvarez".
   infinitivo: ______________
   en inglés: ______________________________

Mejore su español

4 Lea la lectura de nuevo e indique cuántos signos de puntuación añaden estos personajes al testamento que dejó el Sr. Álvarez.

	coma	punto	dos puntos	signos de interrogación
el hermano				
el sobrino				
el sastre				
el mendigo				
el maestro				

¿Cómo puntuaría Ud. el testamento del Sr. Álvarez?

DEJO MIS BIENES A MI SOBRINO NO A MI HERMANO TAMPOCO JAMÁS SE PAGARÁ LA CUENTA DEL SASTRE NUNCA DE NINGÚN MODO PARA LOS MENDIGOS TODO LO DICHO ES MI DESEO YO FEDERICO ÁLVAREZ

____

____

____

____

____

____

____

____

____

____

5

Expansión: Modismos, expresiones y otras palabras

(I) **en efecto** *in fact, as a matter of fact*
en nombre de *in the name of*

(II) *to leave* **salir** *to leave, go out*
¿A qué hora **sale** el tren? *When **does** the train **leave**?*

dejar *to leave* (behind); *to bequeath*
Dejo mis bienes a mi sobrino. ***I leave** my estate to my nephew.*

irse *to leave* (to go away)
Adiós. **Me voy**. *Good-by. **I'm leaving**.*

a sign **un signo** *sign* (symbol, indication), *mark*
Faltaban los **signos** de puntuación. *The punctuation **marks** were missing.*

un letrero *printed sign*
¿Qué dice el **letrero**? *What does the **sign** say?*

to sign **firmar** *to sign* (one's name)
Firmó su testamento. ***He signed** his will.*

5 Dé el equivalente en español de las siguientes frases.

1. *He left his wealth to his children.*
   Él les ______________________ su fortuna a sus hijos.
2. *You are leaving on Sunday.*
   Tú ______________________ el domingo.
3. *When does the next ship leave?*
   ¿Cuándo ______________________ el próximo buque?
4. *Please sign this receipt.*
   Haga el favor de ______________________ este recibo.
5. *The sign says: "No smoking".*
   El ______________________ dice: "No fumar".
6. *What other punctuation marks are missing?*
   ¿Qué otros ______________________ de puntuación faltan?

Nombre: Fecha:

Unidad 6

Escenas de la vida

¡Qué lindas vacaciones!

1 Comprensión del texto e interpretación personal

Lea otra vez el texto en las páginas 152–155 de su libro y conteste las siguientes preguntas.

1. ¿Qué decepción sufrieron los Revueltas al llegar al mar?

2. ¿Cómo se le escapó el pez al Sr. Revueltas?

3. ¿Cómo fue a la finca Enrique? ¿Cómo regresó al hotel?

4. ¿Por qué caminaba con muletas Elena?

5. ¿Por qué no trajo fotos de las vacaciones la Sra. de Revueltas?

6. ¿Cómo terminó la merienda *(picnic)* en el campo?

7. ¿Cómo le describe sus vacaciones Enrique a su novia? Según Ud., ¿por qué le hace tal descripción?

6

2 Otra carta de Enrique

Después de escribirle a su novia, Enrique le escribe otra carta a Rafael, su mejor amigo. En esta carta, le dice la verdad sobre las horrorosas vacaciones que está pasando con su familia. Complete la carta de Enrique dando algunos detalles.

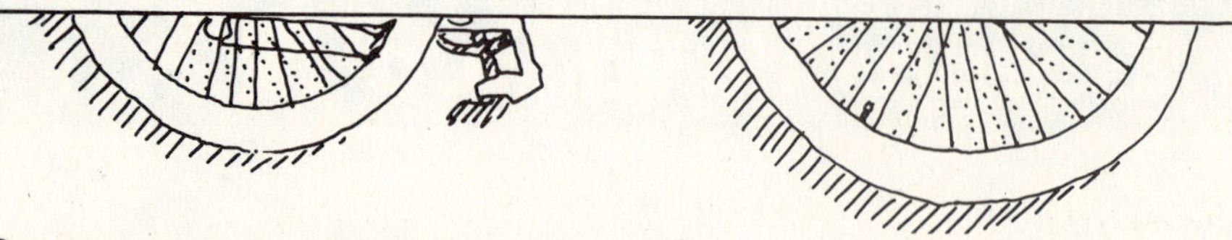

Cartagena, el tres de agosto

Querido Rafael,

Estoy en Cartagena adonde llegué el sábado pasado con la familia. Sabes como todos habíamos soñado con estas vacaciones. Bueno... Debo admitirte que no estamos pasándolas como lo esperábamos. ¡Al contrario! Figúrate que ______

Y tú, ¿qué haces? Espero que lo estés pasando mejor que yo.

Un abrazo de tu amigo,

Enrique

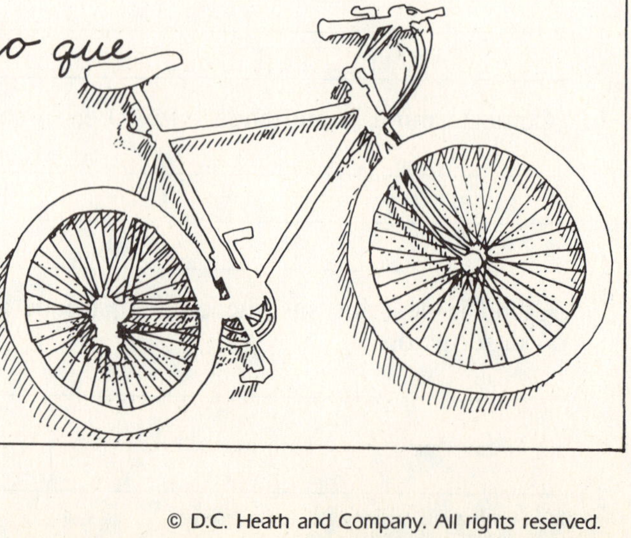

Nombre: Fecha:

El español práctico

1 El intruso

En cada serie, hay una palabra que no pertenece al grupo. Búsquela y márquela con un círculo.

MODELO: perro gato (hombre) caballo

1. broncearse	bañarse	zambullirse	desmayarse
2. cansarse	disfrutar	gozar	divertirse
3. pescar	acampar	bucear	tirarse al agua
4. bucear	escalar	trepar	subir
5. ocurrir	asistir	suceder	tener lugar
6. un paseo	una excursión	una vuelta	una barbacoa
7. el campo	el bosque	el caballo	el cerro
8. la niebla	la lluvia	la neblina	el sol
9. un robo	un aguacero	un terremoto	una tempestad
10. un fuego	un accidente	una carretera	un robo

2 El tiempo

Describa el tiempo que hace. Diga lo que se puede hacer entonces y lo que se debe evitar *(to avoid)*.

MODELO:

Hace mucho sol.
Cuando hace sol, se puede broncear.
Pero, ¡cuidado! No debe quemarse.

1. ______________________________

Cuando ______________________________

Pero, ¡cuidado! ______________________________

2. ______________________________

Cuando ______________________________

Pero, ¡cuidado! ______________________________

3 En el verano

Conteste las siguientes preguntas según el dibujo.

1. ¿Dónde tiene lugar la escena?

____

2. ¿Qué hace el hombre en el pontón *(pier)*?

____

3. ¿Qué hace el chico que está al lado del hombre?

____

4. ¿Qué hace la chica que está cerca del bote de vela?

____

5. ¿Es peligroso lo que hace? Explique su respuesta.

____

6. ¿Qué hacen las jóvenes que se ven en el primer plano *(foreground)*?

____

7. ¿Por qué se pone crema bronceadora *(suntan lotion)* la chica?

____

8. ¿Qué hace el joven de la derecha?

____

9. ¿Es peligroso lo que hace? Explique su respuesta.

____

10. ¿Qué hacen las personas que aparecen al fondo *(back)* del dibujo?

____

Nombre: Fecha:

4 De vacaciones

Describa las vacaciones de las siguientes personas, mencionando por lo menos tres actividades. Use verbos en el pretérito.

1. Jaime fue a Puerto Rico.

2. Yo pasé las vacaciones en la Florida.

3. Uds. pasaron el mes de agosto en las Montañas Rocosas *(Rocky)*.

4. Gloria y María Luz pasaron el verano en la hacienda de sus abuelos.

5. Tú fuiste a la casa de campo de tus padres.

6. Nosotros fuimos a los Grandes Lagos en Michigan.

6

5 ¡Ay! ¡Qué desgracia!

Describa los problemas que tuvieron las siguientes personas, completando los párrafos con una expresión apropiada.

MODELO: El Sr. González pisó *(stepped on)* una cáscara *(peel)* de banana. Se resbaló, se cayó y se torció el tobillo (se rompió la pierna).

1. Graciela y su prima alquilaron bicicletas y fueron de excursión al campo. Siguieron carreteras estrechas por unos treinta kilómetros. Las chicas no tenían mapa de la región y cuando quisieron regresar al hotel, ______________________________

____

2. Roberto y Enrique dieron un paseo en bote de vela. Cuando salieron del puerto *(harbor)*, el mar estaba muy tranquilo. Pero, al regresar hacía mucho viento y las olas *(waves)* estaban muy fuertes. Los dos chicos ______________________________

____

3. El primer día que llegó al mar, Rubén fue a la playa. Se quitó la camisa y tomó un baño de sol. Como hacía un sol muy fuerte, el pobre chico ______________________

____

4. El sábado pasado, Ricardo fue al campo con sus amigos. Hicieron una barbacoa. Después de comer, jugaron al volibol. Por desgracia se olvidaron de apagar el fuego y ____

____

5. Gloria decidió dar una vuelta a caballo por el cerro. Su caballo era un animal muy nervioso. Daba tantas coces *(kicks)* que finalmente la pobre chica ____________________

______________________________ y ______________________________

____

6. Ayer había mucho hielo en la carretera. El Sr. Ortega vio un camión que venía a gran velocidad y trató de frenar *(to brake)*. El coche deslizó y chocó con un árbol. El Sr. Ortega ____

____

Afortunadamente no ____

____

Nombre: Fecha:

6 Un reportaje

Ud. es reportero(a) para un periódico hispano. Escriba su reportaje sobre dos de los siguientes eventos. Incluya algunos detalles.

MODELO: ***un robo:*** ¿dónde? ¿cuándo? ¿cómo?

Un robo ocurrió ayer en la Oficina de Turismo. Eran las dos de la mañana. Un ladrón entró por la ventana de la oficina. Un transeúnte° que paseaba su perro vio que la luz estaba encendida. Llamó a la policía que llegó pronto. El ladrón se escapó sin llevarse nada.

°passerby

A. ***un incendio:*** ¿dónde? ¿cuándo? ¿en qué tiempo?

B. ***una boda:*** ¿de quién? ¿dónde? ¿cuándo?

C. ***la inauguración de un monumento:*** ¿dónde? ¿cuándo? ¿por quién?

Estructuras gramaticales

A. El imperfecto: las formas

1 ¡Todo cambia!

Lea lo que hacen ahora las siguientes personas y escriba lo que hacían antes.

	AHORA	ANTES
MODELO:	Isabel vive en Los Ángeles.	Vivía en México.
1.	La Sra. Buenavista trabaja en un laboratorio.	_______________ en un banco.
2.	Eres periodista.	_______________ fotógrafo.
3.	Salgo con Anita.	_______________ con Dolores.
4.	Ud. tiene un coche deportivo.	_______________ una motocicleta.
5.	Vamos a la universidad.	_______________ al colegio.
6.	Conduzco un Ferrari.	_______________ un Fiat.
7.	Ud. almuerza en el Restaurante Continental.	_______________ en la cafetería estudiantil.
8.	Vemos películas románticas.	_______________ películas de ciencia ficción.

B. El uso del imperfecto y del pretérito

2 Una vez

Describa lo que hacían generalmente las siguientes personas y lo que hicieron en una ocasión especial. Para hacer esto, use el imperfecto y el pretérito de los verbos entre paréntesis.

MODELO: (cenar)

(Generalmente) Los Domínguez cenaban en casa.

(Pero una vez) Para el aniversario de su matrimonio, cenaron en el Restaurante Atalaya.

1. (beber)

(Generalmente) Mi hermana mayor _______________ agua mineral.

(Pero una vez) Para su fiesta de cumpleaños, _______________ champán.

2. (ir)

(Generalmente) Nosotros _______________ a las montañas para las vacaciones.

(Pero una vez) El año pasado _______________ a orillas del mar.

Nombre: Fecha:

3. (dar)

(Generalmente) Los padres de Carmen le ________________ dinero a su hija por la Navidad.

(Pero una vez) Le ________________ un coche nuevo cuando se casó.

4. (ponerse)

(Generalmente) El campesino ________________ un pantalón viejo para ir al campo.

(Pero una vez) ________________ un traje nuevo para ir a la boda de su hijo.

5. (recibir)

(Generalmente) Todas las semanas, Carolina ________________ una carta de su novio.

(Pero una vez) El día de su santo, ________________ un ramo *(bouquet)* de flores.

3 Durante las vacaciones

Describa los sucesos que ocurrieron en el verano. Para hacer esto, complete las siguientes oraciones con el pretérito o el imperfecto, según el caso, del verbo entre paréntesis.

1. (ganarse) Emilia ____________________ la copa por ser la mejor jugadora de tenis.
2. (reunirse) Felipe ____________________ con su novia todos los días después del trabajo.
3. (romperse) Yo ____________________ la pierna en un accidente de motocicleta.
4. (asistir) Nosotros ____________________ a algunas corridas de toros muy emocionantes.
5. (broncearse) Uds. siempre ____________________ al sol antes de bañarse.
6. (dormir) Generalmente, Uds. ____________________ la siesta después del almuerzo.
7. (merendar) Los sábados, nosotros ____________________ en el campo.
8. (bucear) Elena ____________________ por primera vez.
9. (torcerse) Tú ____________________ el tobillo jugando al fútbol.
10. (visitar) Nosotros ____________________ Sevilla y Córdoba antes de regresar a casa.
11. (hacer) Yo ____________________ jogging todas las mañanas.
12. (organizar) De vez en cuando, nosotros ____________________ fiestas en casa.

6

4 ¿Qué ocurrió?

Describa los sucesos representados en los siguientes dibujos. Use el pretérito o el imperfecto según el caso.

1. Palabras útiles

VERBOS
caerse
chocar con *(to bump into)*
trepar

SUSTANTIVOS
la escalera *(ladder)*

2. Palabras útiles

VERBOS
dar una patada *(to kick)*
jugar
romper

SUSTANTIVOS
el cristal *(window pane)*

Nombre: Fecha:

3. Palabras útiles

VERBOS
chocar *(to collide)*
enfadarse
gritar *(to shout)*

SUSTANTIVOS
el conductor *(driver)*
el parachoques *(bumper)*

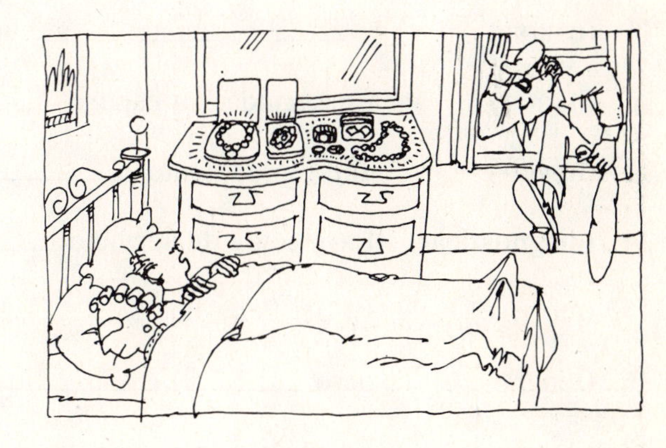

4. Palabras útiles

VERBOS
dormir
entrar
robar
salir

SUSTANTIVOS
las joyas *(jewels)*
el ladrón *(burglar)*
el tocador *(dresser)*

6

5 La enfermedad del Sr. Peña

Complete las siguientes oraciones con el pretérito o el imperfecto, según el caso.

MODELO: (ocurrir) Hace unos años, un gran cambio *ocurrió* en la vida del Sr. Peña.

1. (ser) Antes de su enfermedad, el Sr. Peña ________ un hombre muy ocupado.
2. (dirigir) ________ una empresa de aparatos eléctricos.
3. (trabajar) El pobre señor ________ muchísimo.
4. (despertarse) ________ a las cinco y media de la mañana . . .
5. (acostarse) y nunca ________ antes de medianoche.
6. (ir) ________ a su oficina todos los sábados, y a veces, también los domingos.
7. (tomar) En los veranos, raramente ________ vacaciones.
8. (ganarse) Por supuesto, ________ bien la vida,
9. (estar) pero no ________ muy contento.
10. (sentir) Un día, al despertarse, ________ un dolor agudo *(sharp)* en el pecho *(chest)* . . .
11. (caerse) y ________ al suelo.
12. (llamar) En seguida, su esposa ________ a un hospital . . .
13. (enviar) que rápidamente ________ una ambulancia.
14. (diagnosticar) La médica de servicio ________ un ataque de corazón.
15. (morirse) El Sr. Peña no ________ . . .
16. (tener) pero ________ que quedarse dos meses en el hospital.
17. (decir) La médica le ________ . . .
18. (tener) que ________ que cambiar su modo de vida y descansar más.
19. (vender) Al salir del hospital, el Sr. Peña ________ su empresa,
20. (comprarse) y ________ una villa a orillas del mar. Ahora, el Sr. Peña trabaja menos. Gana menos dinero pero goza de la vida.

DONAR SANGRE
ES AYUDAR A LA VIDA
Banco Central de Sangre

Nombre: Fecha:

C. El uso del pretérito y del imperfecto en la misma oración

6 ¿Qué ocurrió?

Use los verbos entre paréntesis en el imperfecto o en el pretérito, según el caso, para describir lo que ocurrió.

MODELOS: (dormir / entrar)

Los vecinos dormían cuando el ladrón entró en el apartamento.

(sonar / cenar)

El teléfono sonó mientras que nosotros cenábamos.

1. (escaparse / limpiar)
   El tigre ______________ mientras que el mozo ______________ su jaula *(cage)*.
2. (divertirse / estar)
   Mientras que tú ______________ con tus amigos, yo ______________ en la biblioteca.
3. (conocer / pasar)
   El verano pasado, mi hermana ______________ a un chico que ______________ las vacaciones en la Costa Brava.
4. (ir / oir)
   Arturo ______________ al cine cuando ______________ una explosión tremenda.
5. (tener / vivir)
   En el colegio, yo ______________ un amigo que ______________ en París.
6. (llegar / enviar)
   Cuando Catalina ______________ a Madrid, le ______________ un telegrama a su novio.
7. (saber / poder)
   Porque yo no ______________ tu dirección, no ______________ ir a tu fiesta.
8. (ver / llevarse)
   Yo no ______________ al ladrón que ______________ tu cámara.
9. (vivir / hablar)
   Cuando nosotros ______________ en Puerto Rico, ______________ español todos los días.
10. (escribir / ganarse)
    Carlota les ______________ a sus padres que ______________ bien la vida.

7 Un espectáculo en la calle

Mientras regresaba a casa con su amiga Teresa, Marisol vio algo insólito *(unusual)* en la calle. Complete su descripción del suceso usando el imperfecto o el pretérito según el caso.

1. (ser)	__________ las cinco de la tarde
(regresar)	cuando yo __________ del colegio.
2. (caminar)	__________ con Teresa, mi mejor amiga,
(contar)	quien me __________ de su cita con su novio.
3. (llegar)	Cuando nosotros __________ a la Calle San Fermín,
(ver)	__________ un gran gentío *(crowd)*
(mirar)	que __________ hacia arriba.
4. (mirar)	Entonces, nosotros también __________ hacia arriba
(darse cuenta)	y de pronto __________
(ocurrir)	de lo que __________.
5. (ver)	Yo __________ a un joven
(escalar)	que __________ la fachada *(facade)* de un rascacielos.
6. (hay)	En el techo *(roof)* __________ dos policías
(esperar)	que lo __________.
7. (detener: *arrest*)	Finalmente, los policías __________ al joven
(llegar)	cuando __________ al techo.
8. (poner)	Al día siguiente, un juez *(judge)* le __________ una multa *(fine)* al pobre joven de 100.000 pesetas.
9. (ser)	Pero, en seguida, el joven __________ empleado *(hired)* por el circo *(circus)* TRAMAR como acróbata.
10. (sacar)	En la conferencia de prensa que dio el joven, los fotógrafos __________
(aplaudir)	fotos y todo el mundo __________ al joven
(sonreír)	que __________.

Nombre: Fecha:

Lecturas literarias

Una carta a Dios

Palabras claves

1 Complete las siguientes oraciones con las palabras apropiadas de los vocabularios en las páginas 176 y 179 de su texto. Haga los cambios que sean necesarios.

[I]

1. En aquella ________________ hay muchas legumbres y verduras.
2. El ________________ es uno de los ingredientes básicos de la comida mexicana.
3. Esos tomates no están verdes. Están ________________.
4. ¡Cuidado! Sus padres no quieren que Ud. ________________ al sol por mucho tiempo.
5. Ud. no debe ________________ por esos problemas románticos.
6. Por falta de lluvia la ________________ fue escasa.

[II]

7. ¿Vas a ________________ esa carta al correo?
8. No te olvides de ________________ bien el sello antes de ponerlo en el sobre.
9. ¿Puedes ________________le este paquete personalmente a la profesora?
10. La ________________ en Dios de parte de Lencho es admirable, ¿verdad?
11. Te aconsejo que ayudes a otros. Haz muchas ________________.
12. Enfrente de la oficina de correos hay tres ________________.

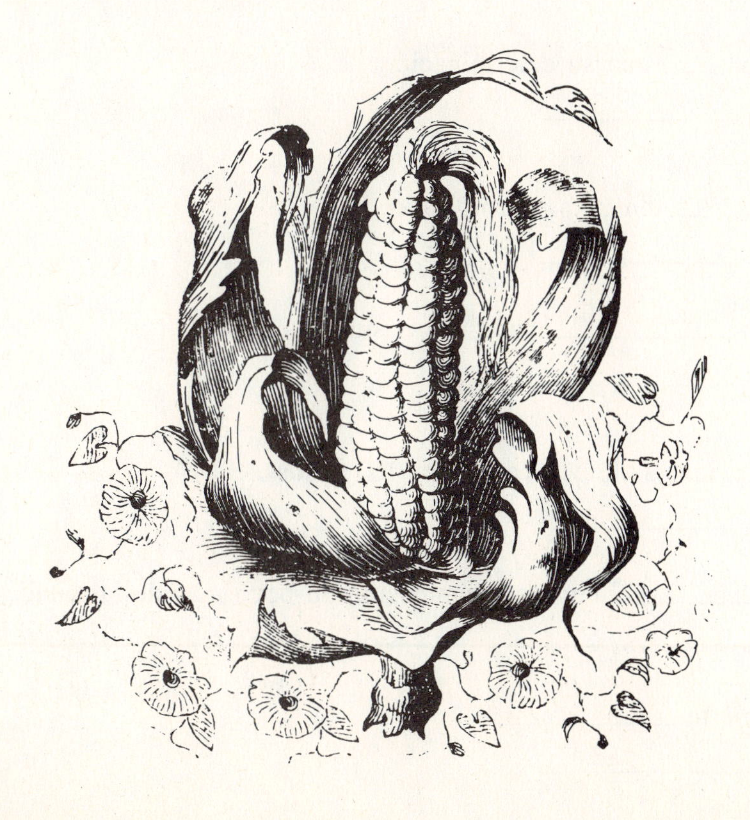

6

Estructuras gramaticales

2 Repaso: formas irregulares del pretérito y del imperfecto

Complete las siguientes frases según el texto. Luego, escriba el infinitivo de cada verbo.

MODELO: I, línea 5: Lo único que necesitaba la tierra ___era___ una lluvia . . .

infinitivo: ___ser___

1. I, línea 2:
   Desde allí se ____________ el río y . . . el campo de maíz . . .
   infinitivo: ____________
2. I, línea 32:
   Durante una hora ____________ el granizo . . .
   infinitivo: ____________
3. I, línea 36:
   [Lencho] ____________ a sus hijos: . . .
   infinitivo: ____________
4. II, línea 15:
   . . . todavía preocupado, ____________ al pueblo.
   infinitivo: ____________
5. II, línea 15:
   . . . le ____________ un sello a la carta . . .
   infinitivo: ____________
6. II, línea 27:
   . . . el jefe de la oficina ____________ una idea . . .
   infinitivo: ____________
7. II, línea 30:
   Pero ____________ con su determinación . . .
   infinitivo: ____________
8. II, línea 30:
   . . . ____________ dinero a su empleado . . .
   infinitivo: ____________
9. II, línea 31:
   . . . él mismo ____________ parte de su sueldo . . .
   infinitivo: ____________
10. II, línea 33:
    ____________ imposible . . . reunir los 100 pesos . . .
    infinitivo: ____________
11. II, línea 34:
    . . . sólo ____________ enviar al campesino un poco más de la mitad.
    infinitivo: ____________
12. II, línea 53:
    Del dinero que te ____________ . . .
    infinitivo: ____________

Nombre: Fecha:

3 El uso del pretérito y del imperfecto

Este cuento tiene muchos ejemplos del uso del pretérito y del imperfecto. Busque tres ejemplos para cada categoría.

Imperfecto *(background)*

MODELO: I, línea 6: Lencho... que conocía muy bien el campo...

1. ________, línea ________: ________
2. ________, línea ________: ________
3. ________, línea ________: ________

Pretérito *(main action or event)*

MODELO: I, línea 26: ... comenzó a soplar un fuerte viento...

4. ________, línea ________: ________
5. ________, línea ________: ________
6. ________, línea ________: ________

Imperfecto *(ongoing action)* y pretérito *(action at specific point in time)* en la misma oración

MODELO: I, línea 10: Y la vieja, que preparaba la comida, le respondió: ...

7. ________, línea ________: ________
8. ________, línea ________: ________
9. ________, línea ________: ________

Mejore su español

4 Complete las siguientes oraciones con las expresiones que convengan.

1. La mujer sintió mucha ________ por la pérdida de su campo. (triste / tristeza)
2. Estaba tan ________ que la ________ se reflejaba en su cara. (alegre / alegría)
3. Necesito toda la ________ que puedas darme. (ayudar / ayuda)
4. Tengo ________ de que llegue hoy. (esperan / esperanzas)
5. ¡Qué ________! Parecía que el ________ nunca iba a parar. (agua / aguacero)
6. Sin duda, ella lo hará con ________. (gusta / gusto)

6

Expansión: Modismos, expresiones y otras palabras

(I) **a lo menos** *at least*

en medio de *in the middle of, in the midst of*

sí que *really, certainly* (emphasis)

a causa de *because of*

(II) *only*

solamente, sólo *only* (general term), *solely* (adverb)

Salió **solamente** para sentir la lluvia en el cuerpo.	*He went out* ***only*** *to feel the rain on his body.*
Sólo llegaron a mis manos sesenta pesos.	*I* ***only*** *received sixty pesos.*

único *only* (one) (adjective)

la **única** casa en todo el valle	*the* ***only*** *house in the whole valley*

solo *only, single* (adjective)

. . . su **sola** esperanza: la ayuda de Dios.	*. . . his* ***only*** *hope: the help of God.*

5 Llene con la expresión que convenga.

1. El accidente ocurrió ________________________ la calle.
2. Pero claro, Federico, ________________________ lo va a hacer inmediatamente.
3. Se encuentra en el hospital ________________________ ese terrible accidente.
4. Había ________________________ cien personas en la fiesta de cumpleaños de Margarita.

6 Dé el equivalente en español de las siguientes frases.

1. *I only want to see you one more time.*

   Quiero verte ________________________ una vez más.
2. *She is the only daughter.*

   Es la ________________________ hija.
3. *His only thought was his harvest.*

   Su ________________________ pensamiento era su cosecha.

Nombre: Fecha:

Unidad 7

Escenas de la vida

La especialidad de la casa

1 Comprensión del texto e interpretación personal

Lea otra vez el texto en las páginas 184–186 de su libro y conteste las siguientes preguntas.

1. Para Linda, ¿qué quiere decir "especialidades turísticas"? ¿Por qué?

____

____

____

2. Para el camarero, ¿qué quiere decir "especialidades turísticas"? ¿Por qué?

____

____

____

3. ¿Qué tipo de comida espera probar Linda? ¿Qué platos típicos pide?

____

____

____

4. ¿Cómo imagina Ud. al camarero? ¿Cuál es su actitud?

____

____

____

____

5. Por fin, ¿qué come Linda? ¿Por qué?

____

____

____

____

6. Cuando Ud. va a un restaurante, ¿qué tipo de comida pide? ¿platos norteamericanos o platos de otros países? ¿Por qué?

____

____

____

____

7

2 El cliente es rey, pero . . .

Este episodio ocurre en dos escenas.

En la primera escena, un turista entra en un restaurante. Se sienta en una mesa y le pide el menú al camarero. No puede decidir lo que quiere y le pide al camarero que le recomiende algo. El camarero le dice que todos los platos son muy sabrosos, añadiendo *(adding)* que la especialidad del cocinero es la paella valenciana. Es una verdadera delicia. El turista pide la paella con un vaso de vino tinto.

En la segunda escena, el camarero le pregunta al turista qué le pareció la paella. El turista le contesta que nunca en su vida había comido plato tan malo. Dice que el arroz no estaba cocido *(cooked)*, los guisantes *(peas)* estaban muy duros y los mariscos no estaban frescos. Le informa al camarero que no va a pagar la cuenta . . .

Imagínese las dos escenas. Para cada escena, escriba el diálogo entre el turista y el camarero. Use su imaginación e incluya todos los detalles posibles.

Escena 1

Escena 2

Nombre: Fecha:

El español práctico

1 El intruso

En cada serie hay una palabra que no pertenece al grupo. Búsquela y márquela con un círculo.

MODELO: almuerzo (naranja) desayuno cena

1. lata	botella	libra	bolsa
2. paquete	pedazo	caja	lata
3. propina	posada	mesón	fonda
4. carnicería	cafetería	lechería	pastelería
5. almejas	mejillones	aceitunas	ostras
6. langosta	bacalao	atún	pez espada
7. chuletas	filetes	asado	aguacate
8. guisantes	frijoles	zanahorias	galletas
9. cordero	postre	cerdo	ternera
10. papas	uvas	melocotones	manzanas
11. sandía	piña	pepino	toronja
12. flan	pato	torta	tarta

DESCUBRA LA RIQUEZA GASTRONOMICA DE ESPAÑA

2 ¿En qué cantidades?

Ud. hace un inventario de lo que hay en la cocina. Complete la lista con las cantidades o los recipientes *(containers)* apropiados.

MODELO: un kilo (una caja) ________ de azúcar

1. ________________________ de mayonesa
2. ________________________ de espaguetis
3. ________________________ de huevos
4. ________________________ de queso
5. ________________________ de vinagre
6. ________________________ de galletas de chocolate
7. ________________________ de sardinas
8. ________________________ de cerdo

COCINA REGIONAL ESPAÑOLA

7

3 En la cocina del restaurante

Ud. es el(la) cocinero(a) de un restaurante hispano. Prepare 3 menús diferentes.

MENÚ

menú vegetariano

Entremeses: ____________________

Plato principal: ____________________

Postre: ____________________

Bebida: ____________________

menú de fiesta

Entremeses: ____________________

Plato principal: ____________________

Postre: ____________________

Bebida: ____________________

mi menú favorito

Entremeses: ____________________

Plato principal: ____________________

Postre: ____________________

Bebida: ____________________

4 Escenas de la vida

Conteste las siguientes preguntas según los dibujos.

A.

1. ¿En qué tipo de tienda tiene lugar la escena?

2. ¿Qué tipo de frutas se venden?

3. ¿Qué quiere comprar el señor?

4. ¿Cuánto cuestan?

7

B.

1. ¿Cómo se llama el restaurante?

2. Según Ud., ¿cuáles son las especialidades de la casa?

3. ¿Qué comió el cliente sentado a la izquierda? ¿Qué bebió?

4. ¿Por qué llama al camarero?

5. ¿Cómo se puede pagar?

6. ¿Qué hay en la mesa a la derecha?

7. ¿Qué pide el señor?

8. ¿Qué pide la señorita? ¿Pide la especialidad de la casa?

9. ¿Le gustaría a Ud. comer en este restaurante? Explique su respuesta.

Nombre: Fecha:

5 Diálogos

Complete los siguientes diálogos lógicamente.

A. En la carnicería

La carnicera: ¡Buenos días! ¿____________________?

El cliente: ____________________ cuatro chuletas de cerdo.

La carnicera: ¡Aquí están! ¿____________________?

El cliente: Sí, ____________________ también una pierna de cordero. ¿____________________ ésa?

La carnicera: 400 pesos la libra.

El cliente: Muy bien. Démela. ¿____________________?

La carnicera: En total, 5.680 pesos. Puede pagar en la caja.

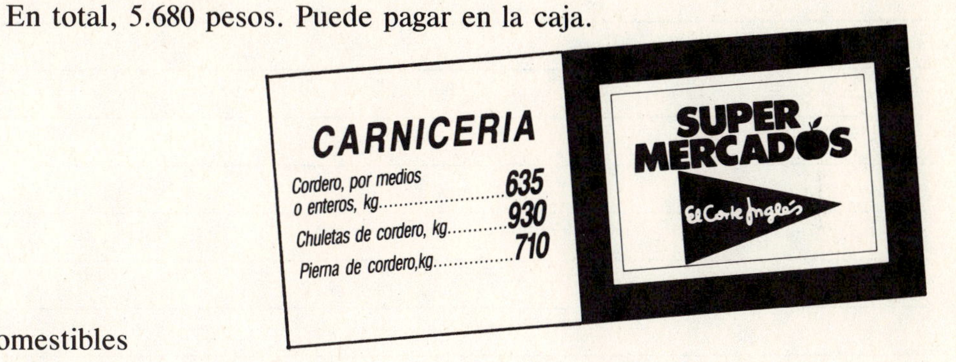

B. En la tienda de comestibles

La comerciante: Buenos días, señor. ¿En qué ____________________?

El cliente: ____________________.

La comerciante: ¿Necesita algo más?

El cliente: Sí, ____________________.

La comerciante: ¿Eso es todo?

El cliente: ¡Sí, gracias! ¿Dónde puedo pagar?

La comerciante: ____________________, por favor.

C. En el restaurante

La cliente: Hola, camarero, ¿____________________?

El camarero: En seguida, señorita. Aquí está. ¿Necesita la carta de vinos también?

La cliente: No, gracias. ¿____________________?

El camarero: Le recomiendo la paella valenciana. Es la especialidad del cocinero.

La cliente: Y, ¿____________________?

El camarero: La tarta de fresa. ¡Es muy sabrosa!

La cliente: ¿____________________?

El camarero: Lo siento, pero solamente aceptamos cheques de viaje.

7

6 En el restaurante

Describa una comida en un restaurante. Éstas son algunas sugerencias:

¿Cuándo fue al restaurante? ¿Con quién? ¿Cuál era la ocasión? ¿Cómo se llamaba el restaurante? ¿Qué tipo de restaurante era? ¿Cuáles eran las especialidades? ¿Le sugirió algo el(la) camarero(a)? ¿Qué entremeses pidió? ¿Qué pidió de plato principal? ¿Qué pidió de postre? ¿Qué bebió? ¿Cómo estaba la comida? ¿Cómo fue el servicio? ¿Cómo pagó la cuenta? ¿Le dejó una buena propina al(a la) camarero(a)?

NUESTRO CHEF RECOMIENDA
Plato del día

TEMPORADA DE VERANO

Lunes
ENSALADA ESPAÑOLA

Martes
SALMÓN FRESCO
BELLA VISTA

Miércoles
VICHYCHOISSE

Jueves
PIMIENTOS DEL PIQUILLO

Viernes
MELÓN AL OPORTO

Sábado
MARISCADA

Nombre: Fecha:

Estructuras gramaticales

A. El participio pasado y el presente perfecto del indicativo

1 En el restaurante

Complete las oraciones con el presente perfecto de los verbos entre paréntesis para describir lo que han hecho las siguientes personas.

1. (sentarse) Nosotros ______________ en una mesa en el patio.
2. (leer) Ud. ______________ el menú.
3. (escoger) Yo ______________ el cóctel de mariscos.
4. (traer) El camarero ______________ una botella de agua mineral.
5. (tomar) Tú ______________ una copita de jérez *(glass of sherry)*.
6. (ser) El servicio ______________ excelente.
7. (estar) Todos ______________ satisfechos con la comida.
8. (dar) Yo le ______________ una buena propina a la camarera.

2 ¿Sí o no?

Lea las siguientes oraciones y complételas con el presente perfecto de los verbos entre paréntesis en la forma afirmativa o negativa. ¡Sea lógico(a)!

MODELO: ¡Qué hambre tienes! ¿No has almorzado hoy? (almorzar)

1. Nacho duerme todavía. ______________ el despertador. (oír)
2. Estoy muy enojado conmigo mismo. ______________ mis nuevas gafas de sol. (romper)
3. No, mi hermana no está en casa. Todavía ______________ de la oficina. (volver)
4. ¡Cómo! ¡No sabes las noticias! ¿______________ el periódico? (leer)
5. Sí, sí, podemos salir contigo después de la una. ______________ la tarea. (hacer)
6. ¿Por qué tienen Uds. vergüenza *(shame)*? ¿Es que ______________ la verdad? (decir)
7. ¡Qué elegante está Beatriz! ______________ un vestido muy bonito. (ponerse)
8. La ingeniera está muy contenta. ______________ una solución al problema. (descubrir)

7

B. *Los pronombres sujetos y preposicionales*

3 Entre amigos

Complete las siguientes oraciones con la preposición entre paréntesis y el pronombre apropiado.

MODELO: Adela cree que Ramón es muy inteligente. Quiere salir con él. (con)

1. Creo que mi primo está enamorado de Carmen. Siempre piensa ______________. (en)
2. Tengo dos entradas para el concierto. Lucía, ¿quieres ir ______________? (con)
3. Felipe y Enrique, necesito hablar ______________. (con)
4. Diego, ¿por qué tomaste mi nueva cámara? Estoy muy enfadado ______________. (con)
5. Andrés espera a sus amigos. No va a salir ______________. (sin)
6. ¿Dónde está Laura? Acaba de llegar un paquete ______________. (para)
7. Sé que siempre dices la verdad. Tengo mucha confianza *(trust)* ______________. (en)
8. Señora Montes, esa carta es ______________. (para)

C. *Los pronombres de complemento directo e indirecto*

4 ¿Cuál pronombre?

Complete las siguientes oraciones con el pronombre de complemento directo o indirecto que represente a las personas entre paréntesis.

1. (Ud.) El mozo __________ trae una botella de agua mineral.
2. (nosotros) Uds. __________ sirven bien.
3. (la camarera) La Sra. Prado __________ da una buena propina.
4. (Clara y Anita) Yo __________ invité a cenar conmigo.
5. (tu abuela) ¿__________ escribiste para su cumpleaños?
6. (su hermana) ¿Qué __________ regaló Felipe por la Navidad?
7. (tus padres) ¿__________ ayudas con los quehaceres domésticos?
8. (el vecino) __________ prestamos la cortadora de césped.
9. (Uds.) No sé por qué sus amigos __________ critican tanto.
10. (la profesora) ¡Claro! Los estudiantes __________ admiran mucho.
11. (mis amigas) Por supuesto, ¡__________ quiero mucho!
12. (Uds.) Su jefe __________ paga un buen sueldo *(salary)*.
13. (tú) El profesor __________ da mucha tarea para el fin de semana.
14. (los actores) Yo __________ hago muchas preguntas.

Nombre: Fecha:

5 Relaciones personales

Lea las oraciones y diga lo que hacen o no hacen las siguientes personas para las personas indicadas en cursiva. Use los verbos entre paréntesis y el pronombre de complemento directo o indirecto en oraciones afirmativas o negativas.

MODELO: Felipe respeta a *sus amigos*.
(criticar) No los critica.

1. El camarero espera una buena propina de *Uds*.
   (servir) ______________ bien.
   (traer) ______________ el menú.
   (sugerir) ______________ los platos más caros.

2. Antonio está enamorado de *Alicia*.
   (llamar) ______________ por teléfono a menudo.
   (escribir) ______________ cartas de amor.
   (dejar) ______________ por otra chica.

3. Silvia desconfía *(mistrusts)* de *Ud*.
   (prestar) ______________ dinero.
   (decir) ______________ todo.
   (pedir) ______________ consejos.

4. Al público le encanta la actuación de *esas actrices*.
   (chiflar) ______________.
   (aplaudir) ______________.
   (criticar) ______________.

5. Me llevo bien con *mis padres*.
   (ayudar) ______________ con los quehaceres domésticos.
   (respetar) ______________.
   (enviar) ______________ cartas cuando estoy de vacaciones.

6. La Sra. Álvarez está muy satisfecha con *su nuevo asistente*.
   (pagar) ______________ un buen sueldo *(salary)*.
   (invitar) ______________ al restaurante de vez en cuando.
   (dar) ______________ trabajo aburrido.

7

6 ¿Por qué no?

Conteste las siguientes preguntas usando las expresiones entre paréntesis y la construcción infinitiva en oraciones afirmativas o negativas.

MODELO: ¿Por qué no arreglas tu cuarto?
(querer) Porque no quiero arreglarlo ahora.

1. ¿Por qué no invitas a Alicia el viernes?
(ir) ______ el sábado.
2. ¿Por qué no les escribes a tus tíos?
(acabar de) ______.
3. ¿Por qué no haces la tarea?
(tener tiempo para) ______.
4. ¿Por qué no reparas tu coche?
(poder) ______ con esas herramientas *(tools)*.
5. ¿Por qué no me visitas esta tarde?
(pensar) ______ mañana.
6. ¿Por qué no devuelves esos libros hoy?
(tener que) ______ antes del sábado.

7 En el restaurante

Ud. es el(la) dueño(a) de un restaurante. Sus auxiliares le preguntan lo que tienen que hacer. Contésteles usando el imperativo afirmativo y el pronombre de complemento apropiado.

MODELO: ¿Con qué lavo las legumbres?
Lávelas con agua fría.

1. ¿Dónde pongo la cerveza?
______ en la jarra.
2. ¿Cuándo sirvo el café?
______ después de los postres.
3. ¿Qué le traigo a la señora?
______ una botella de agua mineral.
4. ¿Dónde siento a esas señoritas?
______ en una mesa cerca de la ventana.
5. ¿Qué le sirvo a ese señor?
______ el aperitivo de la casa.
6. ¿Qué les recomiendo a esos turistas?
______ la paella valenciana.
7. ¿A qué temperatura sirvo el vino blanco?
______ bien frío.

Nombre: Fecha:

8 ¿Sí o no?

Lea las siguientes oraciones y dígale a un amigo español si tiene que hacer ciertas cosas o no. Use el imperativo afirmativo o negativo del verbo entre paréntesis y el pronombre de complemento apropiado.

MODELO: Estamos en dieta.
(servir) No nos sirvas espaguetis.

1. Tengo sed.
(traer) ______ un vaso de agua fresca.
2. Clara es vegetariana.
(comprar) ______ una hamburguesa.
3. Paco y Ernesto no entienden la tarea.
(ayudar) ______.
4. Felipe dice mentiras.
(contar) ______ tus secretos.
5. El tocadiscos no funciona.
(arreglar) ______.
6. Los platos están limpios.
(lavar) ______.

D. La posición de dos pronombres

9 ¿A quién?

Las siguientes personas hacen ciertas cosas para otras (indicadas entre paréntesis). Exprese esto usando dos pronombres de complemento.

MODELO: Carlos vende su moto. (a Antonio) Se la vende.

1. El camarero trae el menú. (a la señorita) ______
2. El peluquero corta el pelo. (a Ud.) ______
3. El profesor explica los verbos. (a nosotros) ______
4. La guía enseña los monumentos. (a los turistas) ______
5. Arturo cuenta el chiste. (a mí) ______
6. La Sra. Ordóñez va a regalar la bicicleta. (a su nieto) ______
7. Felipe quiere mostrar sus fotos. (a nosotros) ______
8. Los estudiantes tienen que devolver la tarea. (a la profesora) ______
9. Ud. debe pagar la cuenta. (al camarero) ______
10. La recepcionista acaba de entregar las llaves de la habitación. (a la Sra. Fernández) ______

7

10 Sí y no

Un amigo le pregunta a Ud. lo que tiene que hacer. Contéstele afirmativa o negativamente. Use el imperativo en la forma de **tú** y dos pronombres.

MODELO: ¿Les explico el problema de matemáticas a los niños?

Sí, explícaselo.

1. ¿Les digo la verdad a mis padres?
   Sí, ______.
2. ¿Le presto mi coche a Carlos?
   No, ______.
3. ¿Les regalo los juguetes *(toys)* a mis sobrinas *(nieces)*?
   Sí, ______.
4. ¿Les cuento los chistes a mis amigos?
   No, ______.
5. ¿Le pido la cuenta al camarero?
   Sí, ______.
6. ¿Le muestro mis dibujos al profesor?
   Sí, ______.
7. ¿Les devuelvo los libros de arte a mis tíos?
   Sí, ______.
8. ¿Le sirvo la cerveza a Carolina?
   No, ______.

11 ¡Por favor!

Lea las siguientes oraciones y dígale a una amiga mexicana lo que ella puede hacer por estas personas.

MODELO: Yo necesito el libro.

(devolver) Devuélvemelo, por favor.

1. Gloria quiere usar tu bicicleta.
   (prestar) ______
2. Queremos ver tus fotos.
   (mostrar) ______
3. Felipe y Emilio no entienden la tarea.
   (explicar) ______
4. Necesito saber la verdad.
   (decir) ______
5. Tus hermanas quieren leer los periódicos.
   (traer) ______
6. Necesitamos las cartas.
   (mandar) ______

Nombre: Fecha:

E. La construcción me gusta

12 ¿Por qué?

Complete las siguientes oraciones con los verbos entre paréntesis para explicar por qué las siguientes personas hacen ciertas cosas. ¡Ojo! Las oraciones pueden ser afirmativas o negativas.

MODELO: Juanita pide solamente legumbres. (gustar)
A ella no le gustan los platos de carne.

1. El Sr. Domínguez cierra la ventana. (molestar)
   ______________________ los ruidos de la calle.
2. Apago la televisión. (interesar)
   ______________________ las noticias.
3. No compras la máquina de escribir. (faltar)
   ______________________ cincuenta dólares.
4. Mis amigos van al doctor. (doler)
   ______________________ el estómago.
5. Vamos a la ópera. (encantar)
   ______________________ la música clásica.
6. Puedes caminar unos diez kilómetros más, ¿verdad? (doler)
   ______________________ los pies.
7. La Sra. Madrigal tiene dinero, fama y cultura. (faltar)
   ______________________ nada.
8. Uds. prefieren ir a un restaurante mexicano. (gustar)
   ______________________ los platos picantes.

El cuadro mejor vendido

Palabras claves

1 Complete las siguientes oraciones con las palabras apropiadas del vocabulario en la página 211 de su texto. Haga los cambios que sean necesarios.

1. El artista fue a comprar más pintura y más ________________ para continuar su trabajo.
2. La señora guardaba todo en un ________________.
3. Piensa ________________ todo su dinero para comprar el cuadro.
4. Estoy cansada de ________________ pero no hay asientos libres.
5. Ya es de noche. La mujer va a encender las ________________.
6. El ________________ es cosa del pasado. Ahora los precios son fijos.
7. ¡Qué ________________ más bello! Los volcanes que se ven a la distancia son espectaculares.
8. El estudiante no está preparado y ahora ________________ por solucionar el problema de matemáticas.

Estructuras gramaticales

2 El presente perfecto y el participio pasado

El participio pasado puede usarse como adjetivo o puede usarse con el verbo **haber** para formar el presente perfecto. Busque los siguientes participios pasados y escriba el infinitivo que les corresponda. Luego, indique el uso.

Uso: **A.** adjetivo
B. con **haber** (presente perfecto)

MODELO:

el título: *vendido* infinitivo: *vender* uso: *a*

1. línea 2: ________________ infinitivo: ________________ uso: ________
2. línea 4: ________________ infinitivo: ________________ uso: ________
3. línea 9: ________________ infinitivo: ________________ uso: ________
4. línea 17: ________________ infinitivo: ________________ uso: ________
5. línea 28: ________________ infinitivo: ________________ uso: ________
6. línea 37: ________________ infinitivo: ________________ uso: ________
7. línea 43: ________________ infinitivo: ________________ uso: ________

3 Los pronombres

Busque los siguientes ejemplos en el texto de la lectura y escriba los antecedentes de los pronombres.

MODELO: líneas 9–10: se le acercó — se: reflexive (= la dueña) — le: al cuadro

1. línea 11: ¿Puedo mirarlo? — lo: ________
2. línea 13: comparándolo con el paisaje — lo: ________
3. línea 16: donde lo hizo Dios — lo: ________
4. línea 17: usted ha puesto en ella — ella: ________
5. línea 17: que Él le dio. — le: ________
6. línea 18: ¿Le gusta? — le: ________
7. línea 20: ¿Por qué no me lo compra? — lo: ________
8. línea 22: yo se lo doy por cinco pesos. — se: ________ lo: ________
9. líneas 26–27: Tanto trabajo que le ha costado; — le: ________
10. línea 29: yo le doy a usted el dinero, — le: ________
11. línea 31: se lo vendo por cinco pesos. — se: ________ lo: ________
12. línea 36: se puso a contarlas — se: ________ las: ________
13. líneas 37–38: Mucho me ha costado juntarlos. — los: ________
14. líneas 39–40: nunca me cansaré de verlo. — lo: ________

Mejore su español

4 Complete las siguientes frases con las expresiones que correspondan a las definiciones entre paréntesis.

1. Me gusta este camino ________. (donde hay mucha piedra)
2. Laurita llora porque está ________. (sintiendo mucha emoción)
3. Esa pulsera brilla porque es ________. (de color de plata)
4. La princesa ________ es la Bella Durmiente. (que está dormida)
5. Me parece que tu triunfo ________ mucho esfuerzo. (requiere)
6. Te ________ diez dólares de tus gastos. (quedan)
7. ________ que iremos juntas a España. (Imagínate)
8. Por primera vez, ayer ________ pensar en mi futuro. (empecé a)

7

Expansión: Modismos, expresiones y otras palabras

(I) la preposición **de**

of	la dueña **de** la casita	*the owner **of** the house (the house's owner)*
with	las lomas cubiertas **de** cactus	*hills covered **with** cactus*
	los volcanes **de** conos plateados	*volcanoes **with** silvery cones*
by (during)	**de** día y **de** noche	***by** day and **by** night*
than (+ number)	más **de** cinco pesos	*more **than** five pesos*
in (superlative)	más famoso **del** mundo	*most famous **in** the world*

la preposición **en**

in	Los puso **en** el bolsillo.	*He put them **in** his pocket.*
on	Lo colgó **en** la pared.	*She hung it **on** the wall.*

(II) *free*

libre *free, open, independent* (adjetivo)
Pintaron al aire **libre**. *They painted in the **open** air.*

gratuito *free (of charge)* (adjetivo)
Recibí dos entradas **gratuitas**. *I got two **free** tickets.*

gratis *(for) free, without asking for money* (adverbio)
No se lo dio **gratis**. *He did not give it to her **free**.*

5 Complete en español las traducciones de las siguientes oraciones.

1. *I just met Rodrigo, Ernesto's cousin.*
   Acabo de conocer a Rodrigo, ______________________________.
2. *He does not want anyone to see him and therefore he is leaving by night.*
   No quiere que nadie lo vea y por eso se va ______________________________.
3. *If I count all the change, I have more than ten dollars.*
   Si cuento todas las monedas, tengo ______________________________.
4. *I don't know which is the tallest building in the world.*
   No sé cuál es el edificio más alto ______________________________.
5. *They won the lottery and are now filled with happiness.*
   Se ganaron la lotería y ahora están llenos ______________________________.
6. *The child was seated on the floor.*
   El niño estaba sentado ______________________________.

6 Complete con la forma apropiada de **libre**, **gratuito** o **gratis**.

1. Me dijeron que los niños no entraban ____________________ y que tenían que pagar media entrada.
2. Por ser reportero pudo conseguir billetes ____________________ para el ballet.
3. ¿Podría decirme si este asiento está ____________________?

Nombre: Fecha:

Unidad 8

Escenas de la vida

En un consultorio

1 Comprensión del texto e interpretación personal

Lea otra vez el texto en las páginas 218–219 de su libro y conteste las siguientes preguntas.

1. ¿Qué trata de comunicarle al médico la señora?

2. ¿Por qué no puede hacerlo?

3. ¿Por qué examina a la señora el médico?

4. ¿Qué le ocurrió al marido de la señora?

5. Según Ud., ¿qué le va a hacer el médico al esposo? ¿Qué tipo de tratamiento le va a dar o recomendar?

6. ¿Qué piensa Ud. del médico?

2 Un caso particular

Un joven de unos doce años entra en el consultorio de una médica. Le explica a ella que no se siente bien y que sufre de un dolor de estómago tremendo. La médica le pregunta al joven cuáles enfermedades infantiles tuvo. Después lo examina cuidadosamente. Le toma la temperatura, lo ausculta, le toma una radiografía, pero no encuentra nada anormal.

Al final del examen el joven le dice a la médica que se siente un poco mejor y que no le duele tanto el estómago. Le dice también que solamente necesita un certificado médico para quedarse unos días en casa. Sospechando algo, la médica le pregunta al joven por qué necesita el certificado. Él admite que no ha estudiado para un examen muy importante y por eso no quiere ir a la escuela. Naturalmente la médica se enfada con él.

Imagínese el diálogo entre la médica y el joven.

Nombre: Fecha:

El español práctico

1 ¡La palabra lógica!

Complete las siguientes oraciones con la palabra que convenga lógicamente.

1. A Juan le duelen mucho los oídos. Es posible que tenga ______________________.
   (sarampión / paperas / jarabe)
2. El médico me recetó gotas para ______________________.
   (los ojos / el dolor de cabeza / la rubeola)
3. Ricardo tiene bronquitis. El pobre ______________________ mucho.
   (estornuda / tose / se marea)
4. Aquí tienes un pañuelo para ______________________te la nariz.
   (soñar / sonar / sacar)
5. Tengo dolor de garganta y no puedo ______________________.
   (respirar / tragar / vomitar)
6. El enfermo estaba tan débil que ______________________.
   (se desmayó / se mejoró / sacó la lengua)
7. Alicia salió sin impermeable y ahora está ______________________.
   (resfriada / deprimida / cansada)
8. Roberto se rompió el brazo y ahora lleva ______________________.
   (una curita / un yeso / una venda)
9. El ______________________ le sacó una muela del juicio a la Sra. Iturbe.
   (dentista / cirujano / enfermero)
10. La enfermera me puso ______________________ porque me corté el pie.
    (píldoras / puntos / radiografía)
11. La doctora lo va a ______________________. Ud. tiene que respirar profundamente.
    (vendar / cuidar / auscultar)
12. Si Ud. no ______________________, tendrá que *(you will have to)* pedirle otra cita.
    (se mejora / se desmaya / se siente débil)
13. En el accidente, te ______________________ la cabeza contra el parabrisas *(windshield)*.
    (quemaste / torciste / golpeaste)
14. Felipe se cayó de bicicleta y se ______________________ la rodilla.
    (enyesó / hirió / vendó)
15. No es grave. Ud. tiene solamente ______________________.
    (un resfriado / una bronquitis / la mononucleosis)

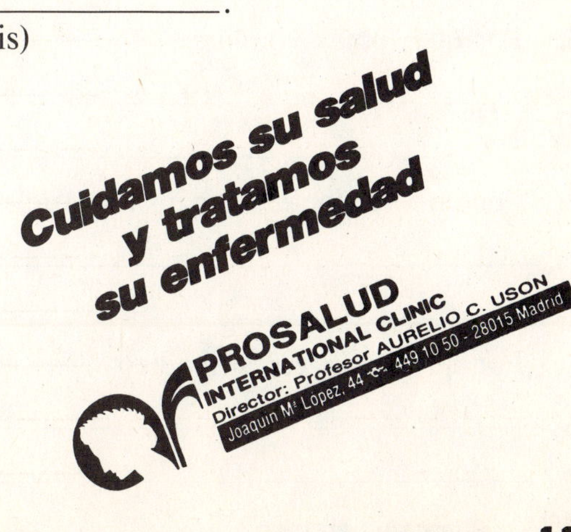

2 ¿Por qué?

Conteste las siguientes preguntas con una respuesta lógica. (¡Hay muchas respuestas posibles!)

MODELO: ¿Por qué tomas aspirina?
Tengo un terrible dolor de cabeza.

1. ¿Por qué te recetó pastillas el doctor?
2. ¿Por qué el dentista le pone una inyección de novocaína al paciente?
3. ¿Por qué tose tanto Rafael?
4. ¿Por qué te tomó la temperatura la enfermera?
5. ¿Por qué auscultó al enfermo el doctor Sánchez?
6. ¿Por qué lleva una curita en la frente Luisa?
7. ¿Por qué anda con muletas Rodolfo?
8. ¿Por qué te puso puntos el doctor?
9. ¿Por qué llevas un yeso?
10. ¿Por qué tomas vitaminas?
11. ¿Por qué se siente tan cansada Adela?
12. ¿Por qué vas a ver al médico?

Nombre: Fecha:

3 En el consultorio de la doctora Campos

A. Eduardo tiene los síntomas de una fuerte gripe. Se presenta en el consultorio de la doctora Campos. Complete el diálogo.

La doctora: ¿Cómo se siente?

Eduardo: ______________________________.

La doctora: ¿Se tomó la temperatura?

Eduardo: Sí, y ______________________________.

La doctora: ¿Dónde le duele?

Eduardo: ______________________________.

La doctora: ¿Tiene otros síntomas?

Eduardo: Sí, ______________________________

y no puedo ______________________ cuando como.

La doctora: ¿Cuáles enfermedades infantiles tuvo?

Eduardo: ______________ y ______________.

La doctora: ¡Está bien! Voy a examinarlo. Por favor, ¿puede ______________?

Bien. Y ahora ______________________________.

Eduardo: ¿Es serio?

La doctora: ¡No! Tiene solamente una fuerte gripe. Voy a recetarle medicina y también

______________________ para la garganta.

Ud. tiene que ______________________________.

B. Otra paciente se presenta en el consultorio de la doctora. Es Aurelia, una jugadora del equipo femenino universitario de básquetbol. Durante el entrenamiento *(training)* se resbaló y se cayó. Ahora la pierna le duele muchísimo y la pobre chica no puede caminar sin la ayuda de sus compañeras.

La doctora: ¿Qué le pasó?

Aurelia: ______________________________.

La doctora: ¿Cómo se hirió la pierna?

Aurelia: ______________________________.

La doctora: Voy a ______________________________

para saber si Ud. se la ha roto. ¡Pase por aquí por favor!

(unos minutos después)

La doctora: Ud. tiene suerte. ¡No hay fractura! Pero se ______________________

el tobillo.

Aurelia: ¿Va ______________________________melo?

La doctora: No, no necesita yeso, pero voy a ponerle una venda.

Aurelia: ¿ ______________________________?

La doctora: Sí, Ud. las necesita para caminar. Tiene que usarlas por unas dos semanas.

4 Escenas de la vida

Conteste las siguientes preguntas según los dibujos.

1. ¿Dónde ocurre la escena?

____

____

2. ¿Qué le duele al señor?

____

____

3. ¿Qué va a hacerle la dentista?

____

____

4. ¿Qué va a hacerle después?

____

____

5. Según Ud., ¿cómo se siente el paciente? ¿Por qué?

____

____

Nombre: Fecha:

6. ¿Dónde ocurre la escena?

7. ¿Con quién tienen cita los pacientes?

8. ¿Qué le duele a Pablo? ¿Qué lleva?

9. Según Ud., ¿qué le ocurrió a Pablo?

10. ¿Qué le duele a Antonio? ¿Qué lleva?

11. ¿Qué necesita Antonio para caminar?

12. Según Ud., ¿qué le ocurrió a Antonio?

13. Según Ud., ¿qué les va a hacer la doctora a los dos pacientes?

Estructuras gramaticales

A. *El uso del subjuntivo: emociones y sentimientos*

1 Actitudes

Describa las reacciones de las siguientes personas. ¡Ojo! Los verbos que van en el subjuntivo pueden ser afirmativos o negativos.

MODELO: el médico / temer // la paciente / mejorarse pronto
El médico teme que la paciente no se mejore pronto.

1. yo / alegrarse de que // Uds. / recuperarse del accidente de moto
2. Antonio / sentir // sus padres / ser más generosos con él
3. nosotros / lamentar // tú / poder salir con nosotros mañana
4. el Sr. Ojeda / estar orgulloso de que // su hija / ganarse bien la vida
5. yo / estar encantado(a) de que // Ud. / gozar de buena salud

2 Emociones

Complete las siguientes oraciones con una expresión personal.

MODELO: Al médico, le molesta que los pacientes *coman demasiado (no se sientan mejor . . .).*

1. A los clientes les irrita que el camarero ______
2. A la profesora le enoja que nosotros ______
3. A Margarita le encanta que su novio ______
4. A mis padres les desilusiona que yo ______
5. A la jefa le enfada que los empleados ______
6. A mí me gusta que mis amigos ______
7. A mí me enoja que mi hermano menor ______

Nombre: Fecha:

B. *El uso del subjuntivo con expresiones de duda*

3 Opiniones diferentes

Las siguientes personas tienen opiniones sobre ciertos temas. Exprese sus opiniones completando las oraciones con el indicativo o el subjuntivo. Justifique sus opiniones.

1. ¿Son idealistas los jóvenes?
   Yo pienso que ______

   Mis padres dudan que ______

2. ¿Se mejora el paciente?
   La médica no está segura de que ______

   Las enfermeras creen que ______

3. ¿Tienen las mujeres más responsabilidades que antes?
   La Sra. de Castro niega que ______

   El Sr. Castro opina que ______

4. ¿Dicen siempre la verdad los políticos?
   Según el público, es improbable que ______

   Según los periodistas, es dudoso que ______

5. ¿Hay mucha desigualdad *(inequality)* en la sociedad moderna?
   Según los conservadores, no es verdad que ______

   Según los liberales, es cierto que ______

8

C. El uso del subjuntivo después de un pronombre relativo

4 ¿Indicativo o subjuntivo?

Complete las siguientes oraciones con el presente del indicativo o del subjuntivo de los verbos entre paréntesis.

1. ¿Hay alguna enfermera que ______________ español? (hablar)
2. Buscamos a la enfermera que ______________ francés. (hablar)
3. ¿Puedes darme el número de teléfono de la dentista que te ______________ los dientes? (limpiar)
4. ¿Conoce Ud. un médico que ______________ especialista en enfermedades infantiles? (ser)
5. El hospital busca enfermeros que ______________ poner puntos. (saber)
6. El médico va a recetarle a Ud. unas pastillas que ______________ muy buenas para la tos. (ser)
7. ¿Puede Ud. enseñarme el diente que le ______________? (doler)
8. La doctora va a mostrarle las radiografías que ______________ de tomar. (acabar)
9. No conozco otra medicina que ______________ más eficaz contra la gripe. (ser)
10. ¿Dónde para el tranvía que ______________ al hospital? (ir)
11. Los científicos esperan descubrir una medicina que ______________ el cáncer. (curar)
12. ¿Sabe dónde hay una farmacia que ______________ muletas? (vender)

5 Expresión personal

Complete las oraciones con una expresión personal.

1. Tengo un amigo que ____
____
____
2. Busco un trabajo que ____
____
____
3. Quiero vivir en un apartamento que ____
____
____
4. No me gusta la gente que ____
____
____
5. Espero casarme con alguien que ____
____
____

Nombre: Fecha:

D. El presente perfecto del subjuntivo

6 Sentimientos

Exprese con oraciones lógicas lo que sienten las siguientes personas por lo que han hecho o sentido las personas de la columna B. Use los verbos y expresiones de las columnas A y C. ¡Ojo! Los verbos de la columna C pueden ser afirmativos o negativos.

A	B	C
alegrarse de que	tú	divertirse
sentir que	Ud.	venir a la fiesta
deplorar que	Uds.	aburrirse
temer que	los pacientes	mejorarse
dudar que	nosotros	tener gripe
	los estudiantes	torcerse el tobillo
		romperse la pierna
		hacer la tarea
		comprender la pregunta

MODELO: El profesor deplora que los estudiantes no hayan hecho la tarea.

1. Yo ______
2. Elena ______
3. El cirujano ______
4. El enfermero ______
5. Mis amigos ______
6. El profesor ______

7 Dudas

Exprese las dudas de las siguientes personas.

MODELO: la víctima / ¿morir de un ataque de corazón?
El médico duda que la víctima haya muerto de un ataque de corazón.

1. tú / ¿devolver los libros?
   La bibliotecaria *(librarian)* ______
2. los chicos / ¿ver marcianos *(Martians)*?
   La policía ______
3. nosotros / ¿decir la verdad?
   Los periodistas ______
4. Shakespeare / ¿escribir estos poemas?
   Los críticos literarios ______
5. el pájaro / ¿abrir la puerta de la jaula *(cage)* por sí mismo?
   Yo ______
6. yo / ¿poner la mesa?
   Mi hermano ______

El zorro que se hizo el muerto

Palabras claves

1 Complete las siguientes oraciones con las palabras apropiadas del vocabulario en la página 238 de su texto. Haga los cambios que sean necesarios.

1. El Sr. Ramos no enseña inglés. Él es el ____________________ estudiantil de este colegio.
2. Dudo que tengas ____________________ en cada uno de los países latinoamericanos. Pero creo que tienes una familia enorme.
3. ¡Tócale la ____________________ al niño! Tiene una temperatura muy alta.
4. Según una vieja superstición, dicen que el pelo de la ____________________ del zorro cura resfriados.
5. Marisol, no llores. El actor del drama no está muerto. Simplemente, ____________________.
6. La enfermera le pide al paciente que se quede ____________________ para poder tomarle las radiografías.
7. El bombero ____________________ su vida para salvar del fuego a la señora que está en silla de ruedas.
8. ¡Qué horror! ¿Por qué te cortaron tanto el pelo? Estás ____________________.
9. El perro le ____________________ el dulce al niño ayer.
10. ¡Nunca hagas ____________________ a otro!

Nombre: Fecha:

Estructuras gramaticales

2 ¿Indicativo o subjuntivo?

Complete las siguientes oraciones según el texto. Indique si el verbo está en el indicativo o en el subjuntivo y por qué. Luego, dé el infinitivo.

A. *indicativo:* expresión de certeza
B. *indicativo:* después de un pronombre relativo: existencia cierta
C. *subjuntivo:* expresión de emoción o sentimiento
D. *subjuntivo:* expresión de duda
E. *subjuntivo:* después de un pronombre relativo: existencia dudosa

MODELO: líneas 51–52: despojándole . . . de las tierras que ___cultiva___ . . .
uso: ___B___ infinitivo: ___cultivar___

8

1. líneas 5–6: tiene miedo de que sus vecinos poderosos le ______________ sus tierras . . .
uso: ________ infinitivo: ______________

2. líneas 6–7: Él se enoja de que lo ______________ y lo ______________ . . .
uso: ________ infinitivos: ______________, ______________

3. líneas 10–11: Lamento que su hermano ______________ que sufrir estos problemas.
uso: ________ infinitivo: ______________

4. línea 12: Creo que ______________ un buen ejemplo . . .
uso: ________ infinitivo: ______________

5. línea 39: vino un hombre que ______________ . . .
uso: ________ infinitivo: ______________

6. línea 48: A las personas que ______________ hacerle daño . . .
uso: ________ infinitivo: ______________

Mejore su español

3 Complete con las expresiones apropiadas de la lista que está en la página 244 de su texto, haciendo los cambios que sean necesarios. Preste atención a los tiempos de los verbos.

1. Yo ______________________________ ir al mercado todos los sábados.
2. Hoy vamos a ______________________________ ese letrero.
3. El enfermo ______________________________ lentamente para comer.
4. Creo que tú ______________________________ de lo que pasa.
5. Isabel ______________________________ los celos de su novio.
6. Uds. ______________________________ salvarse del naufragio el año pasado.
7. ______________________________ llover. ¡Mira qué nublado está el cielo! ¡Y qué viento hace!

Expansión: Modismos, expresiones y otras palabras

(I) **de tanto** (+ infinitivo) *because of so much (+ . . . ing)*
por esto *because of this*
todo el mundo *everybody*

(II) *to save*

salvar *to save, rescue*
Debe luchar para **salvar** su honor. — *He must fight **to save** his honor.*

salvarse la vida *to save one's life*
Logró **salvarse la vida**. — *He managed **to save his** (own) **life**.*

ahorrar *to save* (money), *put aside*
Ahorró sus fuerzas. — *He **saved** his strength.*

to move

moverse *to move* (one's body), *move around*
El zorro no **se movía**. — *The fox **did** not **move**.*

mudarse *to move* (to a new residence)
¿Por qué van a **mudarse**? — *Why are they going **to move**?*

4 Complete las siguientes oraciones con las expresiones apropiadas.

1. Estábamos muertos de cansancio ______________________________ caminar.
2. En la fiesta ______________________________ se divirtió muchísimo.
3. No iré al concierto ______________________________ que te acabo de contar.

5 Escoja y escriba la palabra que convenga en cada oración.

1. Yo siempre ____________________ diez dólares por semana. (ahorro / salvo)
2. Ellos ______________________________ a los niños del fuego. (ahorraron / salvaron)
3. Juan pudo ____________________ la vida en el desastre aéreo. (salvarse / ahorrar)
4. Piensan ______________________________ a otro apartamento. (moverse / mudarse)
5. El ______________________________ es un hábito muy bueno. (salvar / ahorrar)
6. La manecilla *(hand)* del reloj ____________________ lentamente. (se movió / se mudó)

Nombre: Fecha:

Unidad 9

Escenas de la vida

El corbatín

1 Comprensión del texto e interpretación personal

Lea otra vez el texto en las páginas 246–249 de su libro y conteste las siguientes preguntas.

1. ¿Qué piensa Ud. del dependiente? ¿Es hábil? ¿Es honesto? Explique.

2. Al regresar a casa, Óscar Áviles se da cuenta de que se ha olvidado de comprar el corbatín y ahora las tiendas están cerradas. Según Ud., ¿qué va a hacer Óscar Áviles para ir a la fiesta de gala?

3. ¿Cómo imagina Ud. la fiesta de gala? ¿Cómo es el Club Atlántico? ¿Qué llevan las personas que asisten a la fiesta?

4. Según Ud., ¿cuándo va a ponerse Óscar la ropa que acaba de comprar? ¿Cómo van a reaccionar las personas que lo vean?

2 El vestido

Mariluz, una chica de 17 años, ha recibido dinero de sus tíos para su cumpleaños. Con el dinero decide comprarse un vestido de moda. Va a un gran almacén pero no encuentra ningún vestido del estilo que le gusta.

Al verla decepcionada *(disappointed)*, una dependiente muy amable se acerca a Mariluz y le muestra otros estilos de ropa y artículos personales (faldas, blusas, pantalones, guantes, cinturones, etc.). Le explica que están de moda, insistiendo en el estilo, los colores y sobre todo, el precio ("¡Ay! pero estos precios, son verdaderas gangas, y para Ud., señorita, voy a rebajarlos un poco más.").

Pero Mariluz sabe exactamente lo que necesita y no se deja convencer con los argumentos de la amable dependiente.

Imagínese el diálogo entre la dependiente y Mariluz.

Nombre: Fecha:

El español práctico

1 El intruso

En cada serie hay una palabra que no pertenece al grupo. Búsquela y márquela con un círculo.

1. chaleco	cuello	abrigo	chaqueta
2. vestido	blusa	bufanda	traje sastre
3. gorra	boina	falda	sombrero
4. pantuflas	paraguas	botas	sandalias
5. tacón	bolsillo	cordones	suela
6. llavero	corbatín	bufanda	pañuelo
7. billetera	monedero	anillo	portamonedas
8. aretes	pendientes	guantes	pulsera
9. terciopelo	piel	pana	algodón
10. estampado	anaranjado	morado	pardo
11. lana	poliéster	seda	lino
12. mostrador	escaparate	ganga	vitrina

9

2 El sustantivo apropiado

Complete las oraciones con el sustantivo apropiado.

1. En el verano, prefiero llevar camisas de ________________ corta.
2. No puedo abrocharme *(to button)* el cuello de la camisa. Le falta un ________________.
3. ¿Es de oro el ________________ que le regaló su novio?
4. Aquí tienes un ________________ para sonarte la nariz.
5. El vaquero *(cowboy)* lleva un cinturón con una hermosa ________________ de plata.
6. Si tienes frío en las manos, tienes que comprarte ________________.
7. El Sr. Rojas saca su ________________ para pagar la cuenta.
8. ¡No tienes impermeable! Entonces, tienes que usar un ________________.
9. Al regresar a casa, la Sra. León se quita los zapatos y se pone las ________________.
10. Los zapatos deportivos tienen suelas de ________________.
11. ¡Vamos a las Galerías Modernas! Esta semana hay una gran ________________ y toda la ropa está rebajada un 30 por ciento.
12. Este suéter cuesta solamente diez dólares. ¡Es una verdadera ________________!

3 De compras

Conteste las siguientes preguntas según los dibujos.

1. ¿En qué sección del gran almacén ocurre la escena?

____

____

2. ¿Qué ropa lleva el señor?

____

____

____

3. ¿Qué tipo de joyas *(jewelry)* lleva la dependiente?

____

____

____

4. ¿Qué quiere comprar el señor? En su opinión, ¿para quién quiere comprar este artículo?

____

____

____

5. ¿Qué artículos hay en el mostrador?

____

____

____

Nombre: Fecha:

6. ¿En qué sección ocurre la escena?

7. ¿Qué se prueba el señor?

8. ¿Cuál es el diseño de la chaqueta? ¿y del pantalón?

9. ¿Cómo le queda la chaqueta al señor? ¿y el pantalón?

10. ¿Cuánto cuestan las chaquetas y los pantalones? ¿Cuánto costaban antes?

11. Según Ud., ¿qué va a hacer el señor? ¿Por qué?

4 Diálogos

Complete los diálogos entre un(a) dependiente y un(a) cliente, de una manera lógica.

A. *En la camisería*

Dependiente: ¿____?

Cliente: Quisiera comprar una camisa.

Dependiente: ¿____?

Cliente: Uso talla 37.

Dependiente: ¿____?

Cliente: No, prefiero una de un solo color.

B. *En la tienda de ropa para damas*

Cliente: ¿____?

Dependiente: No, señora. Es de seda.

Cliente: ¿____?

Dependiente: Solamente 10.000 pesetas. A ese precio, es una ganga.

Cliente: ¿____?

Dependiente: Sí, cómo no. El probador *(dressing room)* está al fondo del pasillo.

C. *En la zapatería*

Dependiente: ¿____, señor?

Cliente: ____ de zapatos pardos.

Dependiente: ¿____?

Cliente: Treinta y nueve.

Dependiente: ¿____?

Cliente: Sí, quisiera probármelos.

Dependiente: ¿____?

Cliente: ¡Ay, no! Me aprietan mucho. ¿Puede ____
____?

Dependiente: Lo siento mucho, pero en este estilo no nos quedan números más grandes.

5 A Ud. le toca

Imagínese que Ud. está en las siguientes situaciones. Exprésese en español.

1. *You want to buy a shirt. Give the clerk your size and tell him/her what color, what design and what style you prefer.*

____

____

2. *You have been trying on a jacket. Tell the clerk that it fits you well but that it is too expensive. Ask him/her when there is going to be a sale.*

____

____

Nombre: Fecha:

Estructuras gramaticales

A. El uso del artículo como sustantivo

1 En el almacén

Complete las oraciones en el pretérito usando el artículo definido y **de** o **que** (¡solamente cuando sea necesario!).

MODELO: Elena compró el abrigo de cuero.

Tú *compraste el de* piel.

1. Felipe se probó los pantalones azules.
   Yo ______ grises.
2. Ernesto escogió la corbata de bolitas.
   Tú ______ florecitas.
3. Carmen pasó por la tienda que vende zapatos deportivos.
   Nosotros ______ vende sandalias.
4. Fernando habló con los dependientes que hablan inglés.
   Yo ______ hablan español.
5. Yo escuché el disco de Julio Iglesias.
   Ud. ______ Plácido Domingo.
6. Nosotros compramos los zapatos italianos.
   Uds. ______ franceses.
7. Rosario vendió el traje de lana.
   Tú ______ lino.
8. Eduardo y Pablo miraron los cinturones caros.
   Nosotros ______ baratos.

2 Por favor

Pídale a un amigo que haga ciertas cosas para Ud.

MODELO: ¿Compraste algo? (mostrar) *Muéstrame lo que compraste.*

1. ¿Dijiste algo? (repetir) ______
2. ¿Hiciste algo? (contar) ______
3. ¿Viste algo? (describir) ______
4. ¿Trajiste algo? (dar) ______
5. ¿Leíste algo? (explicar) ______
6. ¿Te probaste algo? (enseñar) ______
7. ¿Decidiste algo? (decir) ______
8. ¿Reconociste algo? (dibujar) ______

B. *El adjetivo y pronombre interrogativo ¿cuál?*
C. *Los adjetivos y pronombres demostrativos*

3 Minidiálogos

Complete los diálogos según los modelos.

MODELOS:

¿Te gustan los zapatos?
¿Cuáles?
Aquéllos allá en la vitrina.

¿Vas a comprar el vestido?
¿Cuál?
Éste de aquí.

1. ¿Te gustan las cadenas?
¿_______________?
_______________ allí en el escaparate.
2. ¿Has visto los pendientes que quiero comprar?
¿_______________?
_______________ en la vitrina.
3. ¿Quiere Ud. probarse el suéter?
¿_______________?
_______________ allí en el mostrador.
4. ¿Necesitas los libros?
¿_______________?
_______________ de tu estante.
5. ¿Te gusta la cartera?
¿_______________?
_______________ que estás mirando.
6. ¿Te gusta el anillo?
¿_______________?
_______________ que acabo de comprar.

D. *Los adjetivos y pronombres posesivos*

4 Cada uno a su gusto

Complete las siguientes oraciones.

MODELO: Jorge compra sus camisetas en una tienda de lujo.
Yo compro las mías en un gran almacén.

1. Marta lava sus suéteres a mano.
Tú _______________ en la lavadora.
2. Tú haces tus ejercicios aeróbicos antes del desayuno.
Yo _______________ después de la cena.
3. Yo escribo mis cartas a máquina.
La Sra. Fonseca _______________ con un procesador de textos *(word processor)*.
4. Nosotros pasamos nuestras vacaciones en México.
Mis primos _______________ en el Perú.
5. Yo decoré mi cuarto con carteles *(posters)*.
Uds. _______________ con retratos de actores famosos.
6. Los vecinos pintaron su casa de gris.
Nosotros _______________ de blanco.

Nombre: Fecha:

5 ¿De quién es?

Complete los diálogos con los adjetivos y pronombres posesivos apropiados.

MODELO: — ¡Hola, Carlos! ¿Son tuyos los zapatos?
— No, los míos son negros.

1. — ¡Hola, Clara! ¿Es ________ el suéter amarillo?
   — No, ________ es morado.
2. — ¡Disculpe, señora Vásquez! ¿Son ________ los guantes?
   — No, ________ son de piel.
3. — ¡Disculpe, señor Cataldo! ¿Es ________ la bufanda?
   — No, ________ está en el armario.
4. — ¡Hola, Ernesto y Roberto! ¿Son ________ los zapatos deportivos?
   — No, ________ son más grandes.
5. — ¡Hola, Esteban! ¿Es ________ la bicicleta?
   — No, ________ está en el garaje.
6. — ¡Perdóneme, profesora Hidalgo! ¿Son ________ los libros?
   — No, ________ están en el estante.

9

E. Las comparaciones

F. El superlativo

6 Comparaciones

Haga comparaciones con los adjetivos entre paréntesis. Las oraciones pueden ser afirmativas o negativas.

MODELO: El azul es menos (no es tan) vistoso que (como) el rojo. (vistoso)

1. Las corbatas a rayas ________
   las de florecitas. (elegante)
2. El abrigo de piel ________
   el de lana. (caro)
3. Las zapatillas de tela ________
   las de cuero. (durable)
4. En el verano, las camisas de manga larga ________
   las de manga corta. (cómodo)
5. Los productos electrónicos norteamericanos ________
   los japoneses. (económico)
6. En el invierno, el clima de Nuevo México ________
   el de Alaska. (bueno)
7. La comida mexicana ________
   la comida china. (bueno)

7 En su opinión

Conteste las siguientes preguntas según el modelo.

MODELO: ¿Es Nueva York una ciudad grande? (el mundo)

Sí, es la más grande del mundo.

Sí, pero no es la más grande del mundo.

1. ¿Es marzo un mes frío? (el año)

2. ¿Es California un estado bonito? (los Estados Unidos)

3. ¿Es Meryl Streep una actriz brillante? (el cine norteamericano)

4. ¿Es Mark Twain un autor famoso? (la literatura norteamericana)

5. ¿Es un buen equipo los Mets? (la Liga Nacional)

6. ¿Es Ud. un(a) buen(a) estudiante? (la clase)

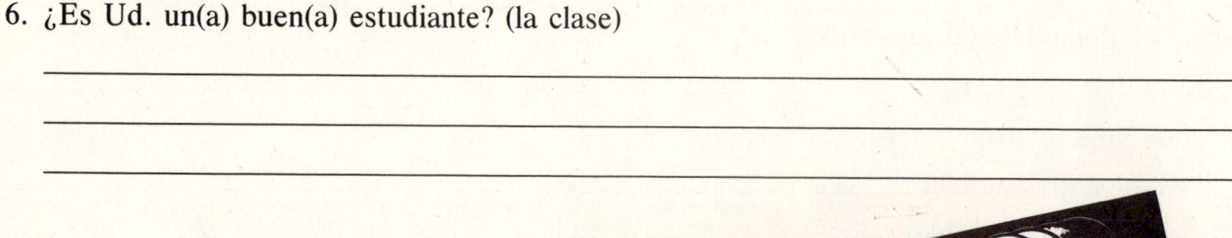

Nombre: Fecha:

8 Comparaciones

Compare las personas a la derecha según el modelo.

personas	edad	profesión	sueldo mensual (*pesetas*)	situación familiar
la Srta. Otero	25 años	abogada	150.000	soltera
el Sr. Pascual	32 años	pintor	80.000	2 hijos
la Sra. Iturbe	26 años	programadora	100.000	1 hija
el Sr. Ruiz	43 años	mecánico	70.000	5 hijos

MODELO: tener una profesión interesante

(el Sr. Ruiz / la Sra. Iturbe) *El Sr. Ruiz tiene una profesión más (menos) interesante que la de la Sra. Iturbe.*

(de las cuatro personas) *El Sr. Pascual es el que tiene la profesión más interesante. La Sra. Iturbe es la que tiene la profesión menos interesante.*

1. tener un trabajo difícil

(el Sr. Pascual / la Srta. Otero) ______

(de las cuatro personas) ______

2. ganar un buen sueldo

(la Sra. Iturbe / el Sr. Pascual) ______

(de las cuatro personas) ______

3. tener una familia grande

(el Sr. Pascual / el Sr. Ruiz ______

(de las cuatro personas) ______

4. ser joven

(la Srta. Otero / la Sra. Iturbe) ______

(de las cuatro personas) ______

9

Lecturas literarias

El ratoncito

Palabras claves

1 Complete las siguientes oraciones con las palabras apropiadas del vocabulario en la página 272 de su texto. Haga los cambios que sean necesarios.

1. Los padres se sentían felices el día del ________________ de su hija.
2. Mi ________________ Gustavo es el marido de mi hija Clotilde.
3. La señora Menoscal quiere que sus dos hijas busquen ________________ inteligentes y de buena familia.
4. Cuando está enojado, el gato ________________.
5. Los prisioneros ________________ un túnel para escaparse de la cárcel *(jail)*.
6. Manuel tiene mucho sueño y por eso ________________.
7. A los ________________ les gusta el queso.
8. Los parientes vinieron de todas partes para asistir a la ________________ de Ana y Rafael.

Estructuras gramaticales

2 Los adjetivos y pronombres demostrativos

Complete las siguientes oraciones según el texto. Luego identifique la palabra escrita.

A. adjetivo demostrativo: precede un sustantivo
B. pronombre demostrativo: con antecedente
C. pronombre demostrativo neutro: no tiene antecedente específico

1. línea 1: ________________ que le voy a contar . . . **A B C**
2. línea 8: Bueno, cuéntame ________________ historia. **A B C**
3. línea 15: A ________________ le faltaba cola . . . **A B C**
4. línea 27: Oyeron ________________ . . . **A B C**
5. línea 44: De ahí viene ________________ de las tapias . . . **A B C**

3 El superlativo

Lea otra vez el cuento y busque las palabras que completen las siguientes oraciones. Luego indique qué tipo de superlativo es.

A. superlativo regular **B.** superlativo absoluto

1. línea 11: . . . era la ratita ________________ del mundo. **A B**
2. línea 17: . . . para el ________________ oficio de marido. **A B**
3. líneas 21–22: . . . tenemos una hija ________________. **A B**
4. línea 22: Es la ratita ________________ que ha nacido . . . **A B**
5. línea 53: . . . era el ser ________________ del mundo. **A B**

Nombre: Fecha:

Mejore su español

4 Dé una definición en español de las palabras en cursiva. ¿Qué significado añade *(adds)* la terminación diminutiva o aumentiva?

1. El *chiquillo* se sentía feliz con sus amigos. ______
2. La cocinera nos dijo que prepararía unos *panecitos* muy sabrosos. ______
3. De esas *florecitas* hacen un perfume muy costoso *(costly)*. ______
4. Ha perdido un *botoncito* de la camisa. ______
5. Me escribió una *cartota* de diez páginas. ______
6. Todos se reían de la *narizota* del payaso *(clown)*. ______
7. Ernestito me miraba con esos *ojotes* bellos. ______
8. Cuando la niña habló, se notó que tenía una *vocecita* muy suave. ______
9. El *pajarillo* regresaba a su nido *(nest)* al anochecer. ______

9

Expansión: Modismos, expresiones y otras palabras

(I) unas expresiones con **por**

por allí *over there*
por encima de *above*
por viejo *because of (old) age*
por desgracia *unfortunately*
por lo común *generally*
por lo visto *apparently*

(II) *to tell*

decir *to tell* (general term)
¡No me **digas** mentiras! *Don't **tell** me lies!*

contar *to tell* (a story, a joke)
¡**Cuéntame** esa historia! ***Tell** me that story!*

divulgar *to tell* (a secret), *reveal*
¿**Divulgaste** el secreto? ***Did you tell** the secret?*

about

sobre *about, concerning*
Es un libro **sobre** gatos. *It is a book **about** cats.*

de *about, concerning*
Doña Rata habla **de** su hija. *Doña Rata talks **about** her daughter.*

unos, unas *about, approximately* (with numbers)
Leí **unas** veinte páginas. *I read **about** twenty pages.*

to be about

tratarse de *to be about, deal with*
Se trata de la historia de un casamiento. ***It is about** the story of a wedding.*

5 Escoja la expresión que mejor convenga y márquela con un círculo.

1. Por desgracia / Por lo común / Por encima de
   . . . perdí mi billetera con todo mi dinero y no tengo ni un centavo.
2. Por lo visto / Por desgracia / Por encima de
   . . . todo Julián ganará la elección.
3. Por allí / Por lo visto / Por vieja
   . . . Marisol va a graduarse este año con honores.
4. Por allí / Por viejo / Por encima de
   . . . el pobre perro no tiene energía.

6 Dé el equivalente en español de las siguientes frases.

1. *You're not going to tell the end of the story!*
   ¡No vas a ________________ el final del cuento!
2. *Do you want to tell us a joke?*
   ¿Quieres ________________nos un chiste?
3. *Tell the doctor how sick you are.*
   ________________le al médico lo enfermo que estás.
4. *It is about the story of her life.*
   ________________ la historia de su vida.
5. *It's a magazine about sports.*
   Es una revista ________________ deportes.
6. *I walked about five miles.*
   Caminé ________________ cinco millas.
7. *She is talking about her success.*
   Habla ________________ su éxito.
8. *We will talk about that issue later.*
   Hablaremos ________________ ese asunto más tarde.

Nombre: Fecha:

Unidad 10

Escenas de la vida

Con destino a Santiago

1 Comprensión del texto e interpretación personal

Lea otra vez el texto en las páginas 280–283 de su libro y conteste las siguientes preguntas.

1. ¿Qué tipo de trabajo tiene el Sr. Buendía?

2. ¿Qué recado *(message)* le da el Sr. Buendía a la enfermera para su esposa?

3. ¿Por qué decide regresar a casa por avión el Sr. Buendía?

4. Según el Sr. Buendía, ¿por qué le pide el pasaporte la empleada de Iberia?

5. En realidad, ¿por qué le pide el pasaporte al Sr. Buendía la empleada de Iberia?

6. ¿Por qué se sorprende el Sr. Buendía al ver los picos nevados?

7. ¿Cómo le explica a su esposa su presencia en Chile el Sr. Buendía?

8. Según Ud., ¿qué tipo de persona es el Sr. Buendía? ¿Y la Sra. de Buendía?

2 Otra equivocación

Rafael Robles es un joven argentino que va a pasar unos meses en la Universidad de Boston en un programa de intercambio. Al llegar a Nueva York, Rafael va a la estación de autobuses y pide un boleto para Boston. Por desgracia el empleado, que es un poco sordo *(hard of hearing)*, no lo entiende bien. En vez de venderle un boleto para Boston, Massachusetts, le vende uno para Houston, Texas.

Rafael sube al autobús que le ha indicado el empleado, pensando que estará en Boston dentro de cuatro o cinco horas. Rendido de su viaje largo, escoge un asiento, se sienta y muy pronto se queda profundamente dormido. Al despertar unas doce horas más tarde, se sorprende de que el autobús siga en marcha *(moving along)*. Abre los ojos y por la ventanilla ve una serie de colinas *(hills)* elevadas, un paisaje que no se parece nada al de Massachusetts. El pobre joven le pregunta a la pasajera que está a su lado dónde están. Ella le explica que están cruzando el estado de Tennessee y que pronto llegarán a Chattanooga. Rafael saca su boleto de autobús de su billetera y comprende la equivocación.

Al día siguiente, le escribe una carta a su novia Carmen explicándole lo que ocurrió. Escriba esta carta, usando su imaginación.

Querida Carmen,

¡No vas a creer lo que me ha ocurrido!

Nombre: Fecha:

El español práctico

1 El verbo apropiado

Complete las siguientes oraciones con los verbos apropiados del ***Vocabulario temático*** en las páginas 285–288 de su libro.

1. El tren de Córdoba ______________________ media hora de retraso.
2. No, el tren para Bogotá no es directo. Ud. tiene que ______________________ en Medellín.
3. Lo siento, pero Ud. no puede llevar sus maletas en el avión. Tiene que ______________________las.
4. Aquí tiene sus comprobantes. Los necesitará para ______________________ su equipaje.
5. Los pasajeros van a ______________________ el avión por la puerta 8.
6. ¡Qué ruido hacen los motores! El avión está a punto de ______________________.
7. Durante el despegue, los viajeros deben ______________________ el cinturón de seguridad.
8. Durante el viaje, vamos a ______________________ el Océano Atlántico.
9. El avión de Buenos Aires va a ______________________ en la pista *(runway)* 24 dentro de diez minutos.
10. Después del ______________________, los pasajeros deben pasar por la aduana.

10

2 Lo que hacen

Explique lo que hacen las siguientes personas usando su imaginación.

MODELO: En el andén número 5, nosotros *esperamos el tren para Barcelona.*

1. En la oficina de información, Gloria ______________________
2. En la consigna, Uds. ______________________
3. En el mostrador de AeroMéxico, yo ______________________
4. En la sala de reclamación de equipaje, la Sra. Pineda ______________________
5. En la puerta 18, la agente de Iberia ______________________

   Los pasajeros ______________________
6. En el avión, la azafata ______________________

   Nosotros ______________________

3 De viaje

Conteste las siguientes preguntas según los dibujos.

1. ¿Dónde ocurre la escena? ¿Cómo se llama la compañía aérea?

2. ¿Qué le pide al viajero la agente?

3. ¿Adónde va el viajero? Según el horario, ¿cuándo va a despegar su avión? ¿Cuánto tiempo tiene que esperar en la sala de espera?

4. ¿En qué consiste el equipaje del viajero? ¿Va a facturarlo?

5. Según el horario, ¿a qué hora debía llegar el avión de Nueva Orleáns? ¿Cuántos minutos de retraso lleva ahora?

6. ¿Qué avión va a despegar a las diez? ¿Qué avión va a aterrizar a la misma hora?

Nombre: Fecha:

7. ¿Dónde ocurre la escena?

8. ¿Por qué hacen cola los viajeros?

9. ¿Qué hacen los viajeros del andén A? ¿Adónde van? ¿Cuándo va a salir su tren?

10. ¿Qué quiere hacer Luis? ¿Adónde va? ¿De qué andén sale su tren? Según Ud., ¿va a perderlo o no? ¿Por qué? ¿Qué va a hacer?

11. ¿Qué hacen los viajeros del andén B? ¿Cuántos minutos de retraso lleva su tren?

4 ¡Buen viaje!

Un empleado contesta las preguntas que le hacen varios viajeros. Lea las respuestas del empleado atentamente y escriba las preguntas de los viajeros. Use su imaginación.

MODELO: Viajero: ¿Puede decirme de dónde sale el tren para Bogotá?
Empleado: Sale del andén C.

1. Viajero A: ______________________________

Empleado: Puede depositarlas en la consigna.

2. Viajero B: ______________________________

Empleado: 28.000 pesetas en primera clase y solamente 20.000 pesetas en clase turista.

3. Viajero C: ______________________________

Empleado: Se venden en la ventanilla 12.

4. Viajero D: ______________________________

Empleado: A las diez y media por la puerta 4.

5. Viajero E: ______________________________

Empleado: Sí, Ud. tiene que reservarlo con dos semanas de anticipación *(in advance)* para obtener la tarifa *(fare)* reducida.

6. Viajero F: ______________________________

Empleado: Tiene que presentársela al agente al abordar el avión.

7. Viajero G: ______________________________

Empleado: Ud. los necesitará al recoger sus maletas.

8. Viajero H: ______________________________

Empleado: No, hace escala en Quito.

Nombre: Fecha:

5 A Ud. le toca

Imagínese que Ud. se encuentra en las siguientes situaciones. Exprésese en español.

1. *You are at the Chamartín station in Madrid. Ask for a one-way train ticket, second-class, to Sevilla. Ask when the next train leaves and from which platform.*

2. *You are in a travel agency. Reserve a round-trip plane ticket to Guayaquil. Ask how long the flight is and say that you would like to have a seat next to the window in the non-smoking section.*

3. *You are working at the counter of Avianca, the Colombian national airline. Tell a passenger that her flight to Buenos Aires leaves at 11:35 from Gate 15. Tell her also that there is a stop in La Paz. Give her her boarding pass and her baggage claim checks.*

4. *You are the captain of AeroMéxico flight 26 which flies from Mexico City to Santiago, Chile. Welcome your passengers aboard. Tell them that the flight will last 6 hours and that you will be flying over the Andes. Ask the passengers to fasten their seatbelts and to refrain from smoking.*

10

Estructuras gramaticales

A. El futuro

1 ¿Lo harán o no?

Diga si las siguientes personas harán o no lo que está indicado entre paréntesis.

MODELO: Marcos se da prisa.
(perder) No perderá el tren.

1. Uds. toman demasiado café.
   (tener) ____________________ sueño.
   (dormir) ____________________ bien.

2. Tengo un dolor de cabeza tremendo.
   (quedarse) ____________________ en casa esta noche.
   (salir) ____________________.

3. Mis amigos salen de viaje mañana por la mañana.
   (reservar) ____________________ sus asientos esta tarde.
   (hacer) ____________________ las maletas esta noche.

4. Llamas a la oficina de información.
   (saber) ____________________ a qué hora sale el tren.
   (llegar) ____________________ con retraso a la estación.

5. Vamos a aterrizar dentro de cinco minutos.
   (poner) ____________________ el equipaje de mano debajo de nuestros asientos.
   (dar) ____________________ un paseo por el pasillo.

6. Mi prima está enferma.
   (venir) ____________________ a mi fiesta de cumpleaños mañana.
   (ir) ____________________ de viaje este fin de semana.

7. Soy muy franco.
   (decir) Te ____________________ la verdad.
   (explicar) Te ____________________ lo que ocurrió.

8. Los turistas están cansados.
   (poder) ____________________ descansar en el hotel.
   (querer) ____________________ visitar el museo por la tarde.

Nombre: Fecha:

2 Consecuencias

Diga lo que ocurrirá si las siguientes personas hacen ciertas cosas.

MODELO: Ud. / tomar dramamina / ¿marearse?

Si Ud. toma dramamina, no se mareará.

1. tú / llegar a la estación adelantado / ¿perder el tren?

2. Uds. / facturar sus maletas / ¿tener que llevarlas consigo?

3. yo / reservar con anticipación *(in advance)* / ¿poder escoger un asiento al lado de la ventanilla?

4. la Sra. Cuevas / viajar en primera clase / ¿estar más cómoda?

5. nosotros / ir a Sevilla / ¿querer ver un espectáculo de flamenco?

6. el Sr. Ojeda / estar en la sección de no fumar / ¿poder fumar?

3 En el aeropuerto

Ud. está viajando con un compañero hispano. Conteste sus preguntas aunque *(although)* no esté absolutamente seguro(a) de las respuestas. Use el futuro de probabilidad.

MODELO: ¿Qué hora es?

Serán las dos y media.

1. ¿Dónde está el puesto de revistas?

   ____________ al lado de la oficina de información.

2. ¿Cuánto cuesta el pasaje para Asunción?

   ____________ unos 10.000 pesos.

3. ¿De dónde sale el avión?

   ____________ de la puerta 15.

4. ¿Quién es el hombre del traje azul?

   ____________ el piloto del avión.

10

B: El condicional

4 Ah, ¡si estuviéramos de vacaciones!

Describa lo que harían o no harían las siguientes personas si estuvieran de vacaciones.

MODELO: La Sra. Mendoza no iría al trabajo todos los días. (ir)

1. Nosotros ____________ despertarnos temprano para ir al colegio. (tener que)
2. Yo ____________ descansar. (poder)
3. Mis primos ____________ a mi casa para jugar al ajedrez conmigo. (venir)
4. Elena ____________ con su novio después de la cena. (salir)
5. El Sr. Carranza ____________ corbata para ir a al oficina. (ponerse)
6. Los estudiantes ____________ la tarea. (hacer)
7. Tú ____________ más tiempo libre de lo que tienes ahora. (tener)
8. Nosotros ____________ siempre que estamos cansados por tanto trabajar. (decir)
9. Ernesto y Maricarmen ____________ ir a la discoteca todas las noches. (querer)
10. ____________ mucha gente en la playa. (hay)

5 Buenas noticias

Las siguientes personas anunciaron buenas noticias. Describa éstas según el modelo. El segundo verbo puede ser afirmativo o negativo.

MODELO: el piloto / anunciar / el avión / ¿llegar con retraso?
El piloto anunció que el avión no llegaría con retraso.

1. la compañía aérea / declarar / el precio de los pasajes / ¿subir?

____

2. el profesor / prometer / el examen / ¿ser difícil?

____

3. la jefa / decir / los empleados / ¿recibir un aumento de sueldo *(raise)*?

____

4. la azafata / anunciar / nosotros / ¿poder ver la bahía *(bay)* de Río de Janeiro?

____

____

5. el aduanero *(customs officer)* / responder / los pasajeros / ¿tener que abrir las maletas?

____

____

6. el servicio de meteorología *(weather service)* / anunciar / ¿hacer buen tiempo este fin de semana?

____

____

Nombre: Fecha:

C. El pluscuamperfecto

6 ¿Por qué?

Explique las siguientes situaciones usando el pluscuamperfecto en oraciones afirmativas o negativas.

MODELO: Yo tenía un hambre fenomenal. *No me había desayunado.* (desayunarse)

1. Carlos se sentía cansado. ______ bien. (dormir)
2. Los estudiantes estaban nerviosos. ______ la tarea. (hacer)
3. Carlitos se sentía culpable *(guilty)*. ______ el disco preferido de su hermano. (romper)
4. Estábamos impacientes. ______ el tren por más de dos horas. (esperar)
5. Tenías vergüenza. ______ la verdad. (decir)
6. Tú estabas muy elegante. ______ el traje nuevo y una corbata nueva. (ponerse)
7. Yo estaba de mal humor. ______ el campeonato de tenis. (perder)
8. El periodista estaba contento. ______ un artículo excelente. (escribir)

10

7 ¡Qué lástima!

Describa lo que les ocurrió a las siguientes personas.

MODELO: los viajeros / llegar a la estación // el tren / salir

Cuando los viajeros llegaron a la estación, el tren ya había salido.

1. yo / presentarme a la entrevista // la companía / escoger a otra persona

   ______

2. nosotros / llegar a la ventanilla // el empleado / vender todos los pasajes

   ______

3. tú / despertarse // la azafata / servir la comida

   ______

4. Ud. / comprar los boletos // los precios / aumentar un 20 por ciento

   ______

5. los fotógrafos / llegar al aeropuerto // la actriz famosa / desembarcar

   ______

6. los bomberos / apagar el incendio // la casa / ser destruida

   ______

7. Gabriela / regresar a casa // su hermanito / romperle la pulsera

   ______

8. los policías / llegar a la joyería *(jewelry store)* // los ladrones / abrir todas las vitrinas

   ______

D. El futuro perfecto

8 Querer es poder *(Where there's a will, there's a way)*

Las siguientes personas quieren hacer ciertas cosas. Diga para qué momento las habrán hecho.

MODELO: Quiero terminar la tarea. La habré terminado antes de acostarme.

1. Queremos encontrar un trabajo interesante.
   Lo ________________ antes de graduarnos.
2. Diego quiere aprender a hablar francés.
   Lo ________________ a hablar antes de ir a Francia.
3. Tú quieres escribir una novela.
   La ________________ antes del fin de las vacaciones.
4. Queremos devolverle el dinero.
   Se lo ________________ para fines del mes.
5. Los científicos quieren descubrir una cura para el cáncer.
   La ________________ antes del año 2000.
6. Esa compañía norteamericana quiere abrir una oficina en México.
   La ________________ antes del verano próximo.

9 ¿Qué les habrá ocurrido?

Unos amigos habían decidido reunirse en un café. Pero el día de la cita, nadie vino. Explique lo que le habrá ocurrido a cada uno, en oraciones afirmativas o negativas.

1. Carlos ________________ el tranvía. (perder)
2. Uds. ________________ otra cita. (tener)
3. Tú ________________ de la fecha. (acordarse)
4. Ud. ________________ la dirección del café. (saber)
5. Mariluz ________________ con otras chicas. (salir)
6. Pedro y Marta ________________. (olvidarse)

Nombre: Fecha:

Lecturas literarias

El abanico

Palabras claves

1 Complete las siguientes oraciones con las palabras apropiadas de los vocabularios en las páginas 306 y 310 de su texto. Haga los cambios que sean necesarios.

[I] 1. Los amigos le aconsejan al marqués que ______________ con una mujer inteligente y linda.

2. Las chicas consideran a Juan ______________ porque es guapo, listo y millonario.

3. Todas las candidatas eran bonitas e inteligentes. Era una ______________ muy difícil para los jueces *(judges)*.

4. La generosidad se ______________ las buenas acciones.

5. La historia tradicional narra los ______________ de los hombres.

[II] 6. El ______________ cuidó de la condesita desde su infancia.

7. Ana, ¡no ______________ por ese problema! Todo se solucionará a su debido tiempo *(in due time)*.

8. La joven solía ______________ y ______________ su abanico con destreza *(dexterity)*.

9. Una gran cantidad de gente ______________ el paso de la ambulancia.

10. Nadie ______________ del desafortunado suceso. Fue un accidente.

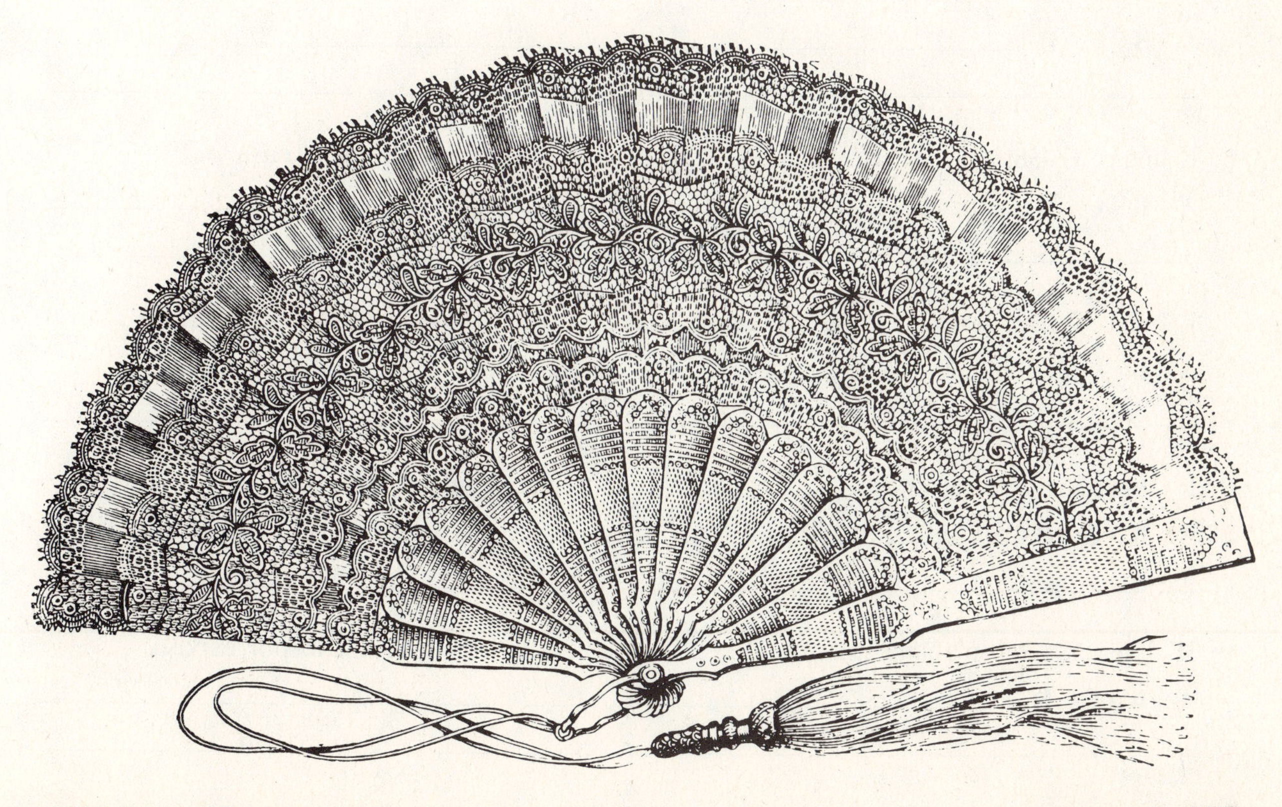

Estructuras gramaticales

2 El futuro, el condicional y el pluscuamperfecto

Complete las siguientes frases según el texto. Indique el tiempo del verbo y luego escriba el equivalente en inglés de la frase.

A. el futuro
B. el futuro de probabilidad
C. el condicional
D. el pluscuamperfecto

1. I, líneas 1–2: . . . y ______________ aquella noticia a sus amigos.
   A B C D ______________________________
   ____

2. I, línea 12: Pero ______________ de aquella vida de disipación.
   A B C D ______________________________
   ____

3. I, líneas 28–29: . . . ______________ más de un collar de perlas que de su marido, . . .
   A B C D ______________________________
   ____

4. I, líneas 29–30: y ______________ capaz de olvidar a su hijo . . .
   A B C D ______________________________
   ____

5. I, líneas 33–34: . . . el matrimonio ______________ para ella el peligro de perder su belleza, . . .
   A B C D ______________________________
   ____

6. I, líneas 37–38: . . . me ______________ moribundo en la casa . . .
   A B C D ______________________________
   ____

7. I, línea 39: . . . y no ______________ en abandonar a su hijo enfermo . . .
   A B C D ______________________________
   ____

8. II, línea 55: . . . pero no ______________ con Ud. este vals.
   A B C D ______________________________
   ____

9. II, línea 58: . . . mañana ______________ a pedirle a Ud. por esposa, . . .
   A B C D ______________________________
   ____

Nombre: Fecha:

Mejore su español

3 Escriba las oraciones otra vez, reemplazando las palabras en cursiva con una palabra o una expresión que tenga el mismo significado.

1. *El niño que acaba de perder a sus padres* va a vivir con sus familiares.

____

2. *El hijo de mi tía* asiste a la universidad en Madrid.

____

3. *La esposa de mi hijo* es gerente de un banco.

____

4. *El hijo de mi hija* es el muchacho más guapo del mundo.

____

5. *El marido de mi hermana* tiene pocas cualidades y muchos defectos.

____

6. *El padre de mi marido* es un hombre de mucha paciencia.

____

7. *La hija de mi madrastra* se hizo médica.

____

8. *Los padres de mis padres* quieren que los visitemos con frecuencia.

____

10

Expansión: Modismos, expresiones y otras palabras

(I) **al paso que** *while, at the same time as* **dentro de** *within*

(II) *to meet*

encontrar *to meet* (by appointment or chance)
¿Dónde **encontraste** a tus amigos? — *Where **did you meet** your friends?*

dar con *to meet* (by accident), *run into*
No había **dado** todavía **con** su ideal. — *He had not yet **met** his ideal [woman].*

conocer [pretérito] *met* (for the first time)
Conoció a su esposa en un baile. — ***He met** his wife at a ball.*

reunirse (con) *to meet* (and get together)
Nos reunimos una vez al mes para jugar al ajedrez. — ***We get together** once a month to play chess.*

home

la casa *home, house* (a location)
No está en **casa**. — *He is not at **home**.*

el hogar *home, hearth* (a warm, welcoming place)
Buscaba las alegrías del **hogar**. — *He was looking for the happiness of **home**.*

4 Complete las siguientes oraciones con la expresión que convenga.

1. No vas a terminar nunca ese proyecto ______________________ vas.
2. ______________________ esa caja hay otra cajita.

5 Escribe en español la forma correcta del verbo *to meet*.

1. ¿A qué hora ______________________ con tus amigos los viernes por la noche?
2. ¡Increíble! Ella ______________________ con mi mejor amiga la semana pasada en Madrid.
3. Anoche, por primera vez nosotros ______________________ a la futura esposa de mi hermano.

6 Dé el equivalente en español de las siguientes frases.

1. *On the wall there was a sign saying: Home, sweet home.*
   En la pared había un rótulo que decía: ______________, dulce ______________.
2. *Federico will build a solar home next year.*
   Federico construirá una ______________ solar el año próximo.
3. *She is never at home because she travels constantly.*
   Nunca está en ______________ porque viaja constantemente.
4. *They do not know how the thief entered the Romero's home.*
   No saben cómo el ladrón entró en la ______________ de los Romero.

Nombre: Fecha:

Unidad 11

Escenas de la vida

En el hotel

1 Comprensión del texto e interpretación personal

Lea otra vez el texto en las páginas 316–318 de su libro y conteste las siguientes preguntas.

1. ¿Cuál es el malentendido *(misunderstanding)* en el ***Cuadro A***? ¿Cómo reaccionaría Ud. en la misma situación?

2. ¿Cuál es el problema en el ***Cuadro C***? ¿Qué lo causó?

3. ¿Qué le ocurre al señor en el ***Cuadro E***? ¿Cómo reaccionaría Ud. en la misma situación?

4. ¿De qué se queja el turista en el ***Cuadro F***? Según Ud., ¿debe pagar la cuenta? Explique su respuesta.

11

2 La reservación

Para sus vacaciones, Eduardo y Margarita Flores han reservado una habitación doble con vista al mar en un hotel de lujo de la Costa del Sol en España. Pero, así como ocurre en el ***Cuadro A***, al llegar al hotel les informan que la reservación no aparece en el registro del hotel. El gerente del hotel les ofrece otra habitación más barata, pero no tan cómoda y sin vista al mar. Eduardo Flores, propietario *(owner)* de una agencia de viajes, insiste en obtener la habitación que había reservado.

Imagínese el diálogo entre el gerente y Eduardo Flores.

El gerente: ______________________________

Sr. Flores: ______________________________

El gerente: ______________________________

Sr. Flores: ______________________________

El gerente: ______________________________

Sr. Flores: ______________________________

El gerente: ______________________________

Sr. Flores: ______________________________

El gerente: ______________________________

Sr. Flores: ______________________________

El gerente: ______________________________

Sr. Flores: ______________________________

El gerente: ______________________________

Sr. Flores: ______________________________

3 ¡Ud. es el(la) cliente!

Ud. es el(la) cliente a quien le ocurrió uno de los problemas descritos en los cuadros del libro. Escoja una de estas situaciones y descríbasela a un amigo detalladamente.

¿Sabes lo que me ocurrió la última vez que fui de viaje?

Nombre: Fecha:

El español práctico

1 ¡Por favor!

Complete las siguientes oraciones con el sustantivo apropiado.

1. ¿Podría reservar una ____________________ para el dos de agosto?
2. Perdóneme, señorita. ¿Podría indicarme dónde queda el ____________________ juvenil?
3. Sí, voy a tomar las comidas en el hotel. ¿Podría decirme cuánto cuesta la ____________________ completa?
4. Quisiera colgar mi chaqueta. ¿Tiene Ud. una ____________________?
5. Hace frío en el cuarto. ¿Podría poner otra ____________________ en la cama?
6. Cuando la camarera hace la cama, siempre cambia las ____________________.
7. Voy a salir mañana por la mañana. ¿Podría decirle a la cajera que prepare mi ____________________?

2 Preguntas y respuestas

A. Estamos en la recepción de un hotel. El recepcionista le hace unas preguntas a la cliente. Complete sus preguntas.

Recepcionista: ¿____, señorita?
Cliente: Me gustaría registrarme.

Recepcionista: ¿____?
Cliente: Quisiera un cuarto sencillo con baño privado.

Recepcionista: ¿____?
Cliente: Me quedaré hasta el domingo.

Recepcionista: ¿____?
Cliente: Con cheques viajeros.

Recepcionista: ¿____?
Cliente: Gracias, no. Voy a subir mis maletas yo misma.

B. Ahora otra cliente le hace unas preguntas al recepcionista. Complete el diálogo.

Cliente: ¿____?
Recepcionista: 6.000 pesos por noche, señorita.

Cliente: ¿____?
Recepcionista: Debe desocuparla antes de las dos.

Cliente: ¿____?
Recepcionista: Lo siento mucho, señorita, pero no aceptamos cheques personales.

Cliente: ¿____?
Recepcionista: Claro, le mandaré al botones.

Cliente: ¿____?
Recepcionista: Muy bien, la prepararemos para mañana por las nueve.

3 En el hotel

Conteste las siguientes preguntas según el dibujo.

1. ¿Dónde ocurre la escena? ¿Qué clase de hotel es?

2. ¿De dónde viene la señora? ¿Qué hace en este momento? ¿A quién le habla? Según Ud., ¿qué tipo de habitación desea?

3. ¿Quién se encarga de *(is attending to)* su equipaje? ¿Qué va a hacer con el equipaje?

4. ¿Cuánto cobran por una habitación en el hotel? ¿Cuánto cobran si el desayuno está incluido?

5. ¿Cómo se puede pagar la cuenta?

6. ¿Le gustaría quedarse en este hotel? Explique su respuesta.

4 En Santa Clara del Mar

Durante las vacaciones Ud. viaja por España. Decide pasar una semana en Santa Clara del Mar, un pequeño balneario a orillas del Mar Mediterráneo.

Describa las varias clases de alojamiento *(accomodation)* que ofrece Santa Clara y las ventajas y desventajas de cada una. Escoja su alojamiento y explique por qué lo ha elegido.

5 A Ud. le toca

Imagínese que Ud. está en las siguientes situaciones. Exprésese en español.

1. *You are going to spend a week in Mexico City and you call the Hotel María Cristina. Say that you would like to reserve a single room with bath. You will arrive on July 15th. Ask how much the room is per night. Ask if the rooms are air-conditioned.*

2. *You have arrived at the Hotel Miramar on the Spanish Costa del Sol. Say that you have advance reservations and that you would like a comfortable room with a view of the sea.*

3. *You are the hotel manager of a first-class hotel in Lima. The director of an American travel agency is visiting your city. Tell her that your hotel has all the modern conveniences and that your prices are very reasonable.*

4. *You are about to end your vacation in Puerto Vallarta, Mexico. Ask the desk to prepare your bill and ask how you may pay it. Ask also when you have to vacate your room. Ask the desk to send the bellboy to bring down your luggage.*

5. *You have reserved a room in an expensive hotel, but you are very dissatisfied with your room and the service. Express your complaints to the hotel manager.*

Nombre: Fecha:

Estructuras gramaticales

A. Al + *infinitivo*

1 Actividades

Diga lo que hacen las siguientes personas en ciertos momentos. Use la construcción **al** + *infinitivo*. (¡Cuidado con los tiempos de los verbos!)

MODELOS: Regresé a casa. (quitarse el abrigo)

Al regresar a casa, me quité el abrigo.

Los turistas reservarán una habitación. (deber pagar un depósito)

Al reservar una habitación, los turistas deberán pagar un depósito.

1. Carlos oye el despertador. (despertarse)

2. Saldrás del hotel. (devolverle las llaves a la recepcionista)

3. Los viajeros llegarán al mostrador de Iberia. (facturar sus maletas)

4. La Sra. Espinosa se irá del restaurante. (darle una propina al camarero)

5. Los turistas desocuparon el cuarto. (pagar la cuenta)

6. Viste el fantasma *(ghost)*. (desmayarse)

11

B. El uso del infinitivo después de ciertas preposiciones

2 ¿Qué hicieron?

Explique lo que hicieron las siguientes personas. Para hacer esto, transforme las oraciones usando la preposición apropiada:

antes de / después de / sin / en vez de / para / por

MODELOS: Pasamos un año en Caracas. (Aprendimos español.)

Pasamos un año en Caracas para aprender español.

La Sra. Rodríguez alquiló un coche. (No viajó por tren.)

La Sra. Rodríguez alquiló un coche en vez de viajar por tren.

1. El Sr. Ortega le dio un cheque de viaje al cajero. (No pagó en efectivo.)
2. Antonio llegó tarde a la cita. (Perdió el autobús.)
3. Pagamos la cuenta. (Salimos del hotel.)
4. El camarero recibió una buena propina. (Sirvió bien a los clientes.)
5. La camarera pasó la aspiradora. (Hizo la cama.)
6. Los turistas fueron de compras por el centro. (No visitaron el museo.)
7. El afortunado *(lucky)* estudiante salió bien en el examen. (No estudió.)
8. Llamaste a la recepcionista. (Reservaste una habitación para el 7 de agosto.)
9. El taxista se fue. (Dejó a los viajeros en el aeropuerto.)
10. Tomás recibió una multa *(traffic ticket)*. (No se paró en la luz roja.)

Nombre: Fecha:

3 Expresión personal

Complete las siguientes oraciones con una expresión personal.

1. Estudio español para ______________________
2. Me gustaría tener dinero para ______________________
3. Me siento un poco nervioso(a) antes de ______________________
4. Me siento de buen humor después de ______________________
5. De vez en cuando, tengo dolor de cabeza por ______________________
6. De vez en cuando, hablo sin ______________________
7. Más tarde, me gustaría ______________________

   en vez de ______________________
8. En la vida, no es posible ser feliz sin ______________________

11

C. El uso del subjuntivo después de ciertas conjunciones

4 ¿Para qué?

Explique por qué las siguientes personas hacen ciertas cosas. ¡Cuidado! El verbo en el subjuntivo puede ser afirmativo o negativo.

MODELO: yo / cerrar mi cuarto con llave // mi hermano / ¿entrar?

Cierro mi cuarto con llave para que mi hermano no entre.

1. la camarera / poner una manta de lana en la cama // los clientes / ¿tener frío?
2. nosotros / llamar a la recepción // el cajero / ¿preparar nuestra cuenta?
3. esa compañía / hacer publicidad *(to advertise)* // el público / ¿comprar sus productos?
4. la enfermera / recetarte pastillas de dramamina // tú / ¿marearse durante el paseo en barco?

5. la Sra. Machado / poner sus maletas en el pasillo // el botones / ¿bajarlas?

____

____

6. la recepcionista del hotel / prestarnos un mapa de la ciudad // nosotros / ¿perderse por las calles?

____

____

7. yo / darles mi dirección // Uds. / ¿escribirme durante las vacaciones?

____

____

8. el director del parque público / poner un letrero // los niños / ¿cortar las flores?

____

____

5 El tiempo

A menudo nuestras actividades dependen de las condiciones exteriores. Exprese eso en oraciones lógicas en el futuro usando los elementos de las columnas A, B y C.

A	B	C
salir	a menos que	anochecer
esquiar	con tal que	llover
ir a la playa	a condición de que	nevar
dar un paseo	antes de que	hacer frío
sacar fotos		hacer sol
regar el césped		hacer calor
plantar flores		hacer viento

MODELO: Yo *sacaré fotos antes de que anochezca (con tal que no llueva).*

1. Tú ____

____

2. Ud. ____

____

3. Uds. ____

____

4. Maricarmen ____

____

5. La Sra. Espinel ____

____

6. Mis amigos ____

____

Nombre: Fecha:

6 Nosotros y los demás

A menudo hacemos ciertas cosas no solamente para nosotros sino también para otras personas. Exprese esto según el modelo.

MODELO: La Sra. Benítez alquila un coche para visitar los alrededores *(surrounding area)*.
(su familia) La Sra. Benítez alquila un coche para que su familia visite los alrededores.

1. Pasaremos por la agencia de viajes para reservar los billetes. (tú)

2. La camarera hará la habitación antes de salir. (nosotros)

3. No nos iremos de vacaciones sin confirmar la reservación. (Uds.)

4. No regresaremos al hotel antes de comprar unos recuerdos *(souvenirs)*. (mis amigos)

5. Voy a comprar la guía *(guidebook)* de la ciudad para buscar un hotel cómodo. (tú)

6. No te vayas sin saber la dirección de la posada. (yo)

D. El uso del subjuntivo o del indicativo después de cuando

11

7 Querer es poder

Las siguientes personas quieren hacer varias cosas. Diga que llevarán a cabo *(they will realize)* sus planes.

MODELO: Mis amigos quieren vivir en México para aprender español.
Cuando mis amigos vivan en México, aprenderán español.

1. Carlota quiere tener dinero para hacer viajes.

2. Los turistas quieren pasar por Granada para visitar la Alhambra.

3. Quiero ganarme la vida para ser independiente.

4. La secretaria quiere hablarle a su jefe para pedirle un aumento de sueldo *(raise)*.

5. Quieres tener tu diploma para buscar un buen trabajo.

8 ¡Es prometido!

Las siguientes personas prometieron hacer ciertas cosas. Exprese esto según el modelo.

MODELO: yo / hacer la tarea / tan pronto como / regresar a casa
Haré la tarea tan pronto como regrese a casa.

1. nosotros / trabajar / luego que / graduarse
2. Yolanda y José / casarse / en cuanto / ganar bastante dinero
3. yo / llamar a mis padres / tan pronto como / llegar a Venezuela
4. tú / quedarse en la universidad / hasta que / recibir tu diploma
5. mis amigos / salir para España / tan pronto como / tener sus pasaportes
6. yo / ayudarte / después de que / terminar lo que estoy haciendo
7. los inquilinos *(tenants)* / pagar el alquiler / mientras que / quedarse en el apartamento

9 ¿Y usted?

Complete las siguientes oraciones con una expresión personal.

1. Cuando quiero divertirme, ______
2. Tan pronto como esté de vacaciones, ______
3. Luego que me gané bien la vida, ______
4. Mientras que viva en casa de mis padres, ______
5. Cuando tenga 25 años, ______
6. Cuando me sienta de mal humor, ______

Nombre: Fecha:

Lecturas literarias

La abeja haragana

Palabras claves

1 Complete las siguientes oraciones con las palabras apropiadas de los vocabularios en las páginas 336 y 340 de su texto. Haga los cambios que sean necesarios.

I

1. Nos informó que toda esta ______________________ fue producida por las abejas de esa colmena.
2. A pesar de ser muy lista, Marta saca malas notas porque es muy ______________________.
3. Al oír el chiste que le contó su tío, el joven ______________________.
4. El accidente automovilístico ______________________ que el tráfico se mueva a la velocidad normal.
5. Para participar en las Olimpiadas, los atletas deben pasar muchas ______________________ deportivas.
6. El hijo tiene mala conducta y los padres quieren que él ______________________ lo más pronto posible.
7. Hoy llega el Rey de España; por eso ______________________ de algunas calles del centro de Madrid.
8. ¿Desea que yo le ______________________ el tanque de gasolina?

II

9. La asustada abejita ______________________ por miedo.
10. Al volar los mosquitos ______________________.
11. Salgo de compras hoy porque tengo que ______________________ las grandes liquidaciones.
12. Uno de nuestros ______________________ es respetar lo que dicta la constitución.
13. El ejército no sufrió ______________________ sino que consiguió victorias.
14. Los árboles tienen ______________________ nuevas en primavera.

11

Estructuras gramaticales

2 El infinitivo

Complete las siguientes frases con las palabras que faltan. Luego escriba el equivalente en inglés.

1. I, líneas 2–3: ______________ tomar el néctar de las flores
____
____

2. I, línea 3: ______________ conservarlo
____
____

3. I, líneas 12–13: ______________ cuidar la colmena
____
____

4. I, línea 33: ______________ caer el sol
____
____

5. I, líneas 61–62: ______________ encontrarse ante su enemiga
____
____

6. I, línea 81: ______________ lanzarse sobre la abeja
____
____

7. II, línea 22: ______________ salir de aquí
____
____

8. II, línea 55: ______________ salvar su vida
____
____

9. II, línea 66: ______________ decirle nada
____
____

10. II, línea 73: ______________ morir
____
____

Nombre: Fecha:

3 Construcciones con las conjunciones de tiempo

Lea otra vez el texto y complete las siguientes oraciones con los verbos apropiados. Luego indique si el verbo está en **A**: la forma indicativa o **B**: la forma subjuntiva y explique por qué.

1. I, líneas 14–15: Un día, pues, detuvieron a la abeja haragana cuando ______ a entrar. . .
   forma ______: ______
2. I, líneas 36–37: Pero cuando ______ entrar, las abejas . . . se lo impidieron.
   forma ______: ______
3. I, líneas 53–54: . . . la abeja se arrastró hasta que de pronto ______ por un agujero.
   forma ______: ______
4. I, líneas 89–90: . . . tienes el derecho de pasar la noche aquí, hasta que ______ de día.
   forma ______: ______
5. II, líneas 31–32: Cuando ______ "tres", búsqueme por todas partes. . .
   forma ______: ______
6. II, líneas 71–72: Y cuando el otoño ______, y ______ también el término de sus días, tuvo aún tiempo de dar una última lección . . .
   forma ______: ______

11

Mejore su español

4 Escriba las oraciones otra vez, reemplazando las palabras en cursiva con la expresión apropiada de la página 344.

1. ¡No *te acerques* a la pared! La pintura está fresca.
   ______
2. El animal *se preparaba* para atacar.
   ______
3. El luchador *se echó con fuerza* contra su adversario.
   ______
4. El alpinista *caía dando vueltas* por la ladera *(slope)* de la montaña.
   ______
5. La gimnasta recibió un alto puntaje *(score)* cuando *saltó*.
   ______
6. Ya no podía caminar solo. *Se movía lentamente* por el camino en busca de ayuda.
   ______
7. Según el juego de niños debes *virarte* y contar hasta diez.
   ______

Expansión: Modismos, expresiones y otras palabras

(I) **de guardia** *on guard duty*
de modo que *so that, and so*
sin falta *without fail*
en adelante *from now on, henceforth*
en efecto *indeed, in effect*

(II) *question* **una pregunta** *question* (requesting a response)
Voy a hacerle **una pregunta**. *I'm going to ask you* ***a question.***

una cuestión *question, matter, or issue under discussion*
La plantita en **cuestión** era muy sensitiva. *The plant in* ***question*** *was very sensitive.*

5 Complete con la palabra apropiada.

1. Estará aquí ________________________ cuando empiece la función.
2. Lo reparó, ________________________ ahora funciona bien.
3. ________________________ haremos las cosas de una manera diferente.
4. ________________________, lo que él propone es la mejor solución.
5. El hombre está ________________________ ocho horas todas las noches.

6 Dé el equivalente en español de las siguientes frases.

1. *He asked me so many questions.*
   Me hizo tantas ________________________________.
2. *That is a question of honor.*
   Eso es una ________________________________ de honor.

Nombre: Fecha:

Unidad 12

Escenas de la vida

¡Que viva la independencia!

1 Comprensión del texto e interpretación personal

Lea otra vez el texto en las páginas 346–349 de su libro y conteste las siguientes preguntas.

1. Según Ud., ¿qué tipo de persona es Roberto Arias? ¿Cómo es su vida familiar?

2. Según Ud., ¿cuál sería el apartamento ideal para Roberto?

3. Según Ud., ¿qué tipo de inquilinos van a alquilar el primer apartamento? ¿el segundo apartamento? ¿el tercer apartamento? (Puede describir la edad, la profesión y la situación familiar de estas personas.)

4. Escoja uno de los apartamentos y compare la descripción en el anuncio con la realidad. ¿Qué piensa Ud. de la manera en que se describen los apartamentos en los anuncios clasificados?

12

2 La independencia

Escriba un párrafo de cinco oraciones sobre uno de los siguientes temas *(topics)*.

A. ¿Qué sería lo mejor para un(a) joven recién graduado(a): mudarse o quedarse en casa de sus padres? ¿Por qué?

B. ¿Es la independencia simplemente un estado mental? Explique su respuesta.

3 El apartamento

Ud. acaba de llegar a Madrid hace unas semanas y está buscando vivienda *(housing)*. De los tres apartamentos que visitó Roberto, escoja el que más le gusta. Después de alquilarlo, Ud. le escribe a su mejor amigo(a) una carta en la que describe las ventajas y las desventajas que tiene este apartamento.

Querido (a) ,

En mi carta del mes pasado, te escribí que había llegado a Madrid. No sabía entonces que la vivienda aquí era un problema tan grande, especialmente para los estudiantes. Visité un montón de apartamentos y al fin, encontré uno que se queda

Abrazos de tu amigo (a),

Nombre: Fecha:

El español práctico

1 El intruso

En cada serie hay una palabra que no pertenece al grupo. Búsquela y márquela con un círculo.

1. diván	sábana	sillón	butaca
2. grifo	armario	cómoda	escritorio
3. lavabo	espejo	fregadero	bañera
4. sótano	enchufe	desván	garaje
5. horno	estufa	tostadora	báscula
6. techo	alcoba	habitación	dormitorio
7. luz	gas	basura	calefacción
8. manta	alfombra	almohada	sábana
9. tocador	inquilino	dueño	agente
10. finca	hacienda	granja	cortina

2 Las palabras lógicas

Complete las siguientes oraciones con las palabras apropiadas.

1. El ______________________ no funciona. Ud. debe subir al tercer piso por la ______________________.
2. Somos ______________________ del apartamento donde vivimos. Cada mes debemos pagarle el ______________________ a la ______________________.
3. Jorge, tienes que arreglar tu cuarto. Cuelga tus trajes en el ______________________ y pon tus camisas en la ______________________.
4. Cuando la camarera haga la habitación, pídale que cambie las ______________________ de la cama y que también ponga una ______________________ de lana.
5. Después de levantarse, Antonio va al ______________________ para tomar una ______________________. Después, se mira en el ______________________ y se pesa en la ______________________.
6. Al regresar del supermercado, el Sr. Montalbán pone las latas en los ______________________, la leche en la ______________________ y el helado en la ______________________.
7. El apartamento de mi tía es muy elegante. En las paredes hay unos ______________________ de artistas famosos. En el suelo, hay unas ______________________ persas *(Persian)* y en las ventanas hay ______________________ de seda.

12

8. ¡Qué lío! El ______________________ no funciona y tengo que lavar los platos en el ______________________.

9. Mi tío Ernesto vivía en un ______________________ en el ______________________ de la ciudad. Hace dos años se mudó al ______________________ y ahora vive en una ______________________ donde cría *(raises)* caballos.

10. La Sra. Linares no vive en el centro. Vive en las ______________________. Todos los días toma el autobús para ir a su oficina que está en el ______________________ veinte de un ______________________ moderno.

3 La mudanza *(moving)*

Su familia piensa mudarse a otra ciudad. Prepare para la compañía de mudanzas una lista detallada de los muebles y electrodomésticos que se encuentran en su casa, piso por piso, y cuarto por cuarto. (Si prefiere, puede usar su imaginación y describir la casa de sus sueños.)

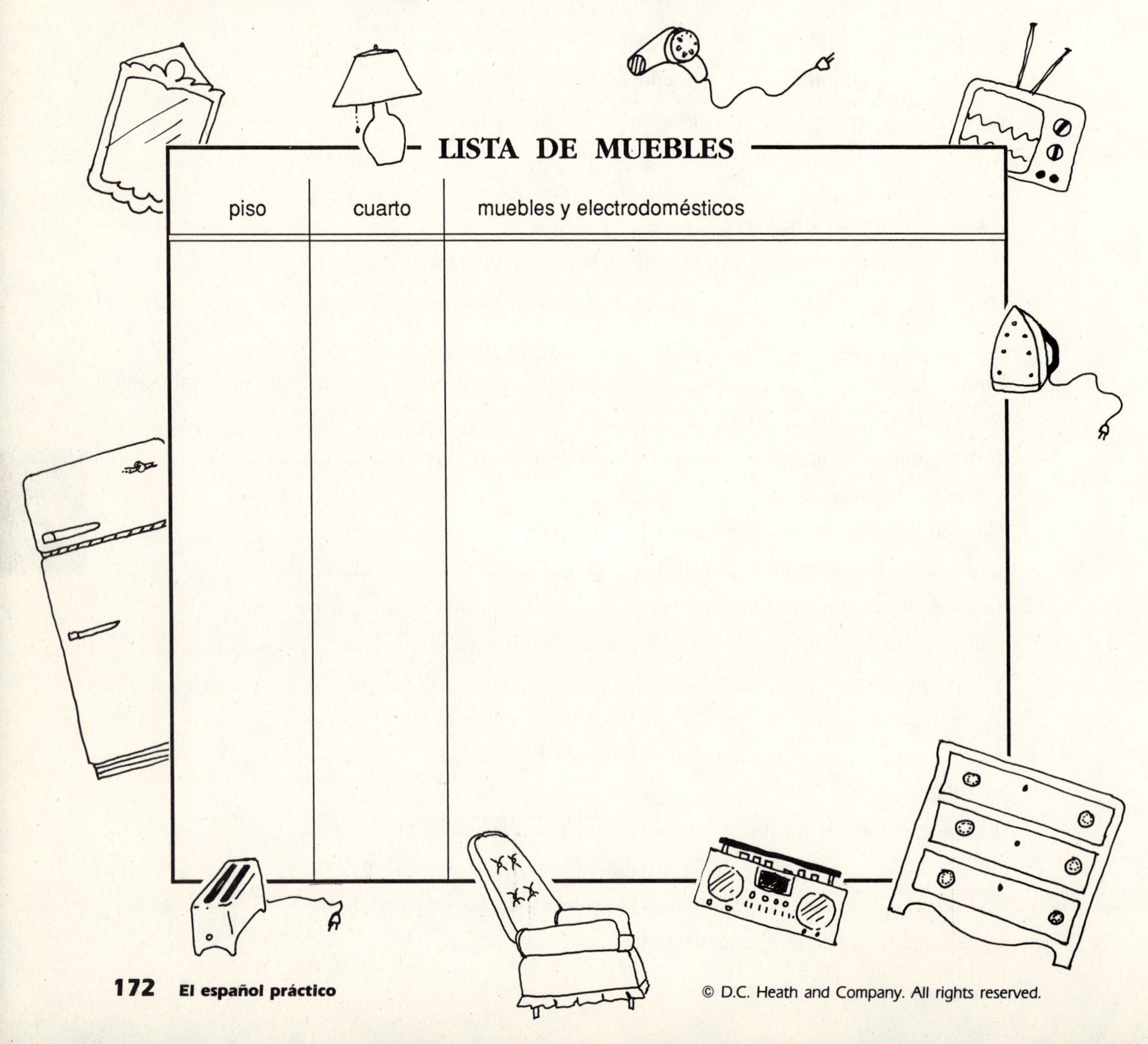

Nombre: Fecha:

4 Viviendo en México

Ud. ha recibido una beca *(scholarship)* para estudiar en la Ciudad de México por unos seis meses. Al buscar alojamiento *(lodging)*, Ud. pasa por una agencia de bienes raíces. Conteste las preguntas de la agente usando su imaginación.

1. ¿En qué parte de la ciudad preferiría vivir?

2. ¿Qué tipo de vivienda le gustaría?

3. ¿En qué piso preferiría vivir?

4. ¿Cuántos cuartos necesita?

5. ¿Qué clase de comodidades desea?

6. ¿Prefiere un apartamento desamueblado o amueblado?

7. ¿Qué clase de muebles necesita?

8. ¿Cuánto piensa pagar de alquiler (en dólares)?

9. ¿Cuánto tiempo piensa vivir en el apartamento?

10. ¿Cuándo planea mudarse del apartamento?

5 En la calle

Conteste las siguientes preguntas según el dibujo.

1. ¿En qué parte de la ciudad ocurre la escena?

2. ¿Cómo se llama el inquilino? ¿En qué piso vive? Según Ud., ¿desde hace cuánto tiempo alquila el apartamento?

3. ¿Cuál es el nombre de la compañía que efectúa la mudanza *(moving)*? ¿Qué clase de muebles hay en la calle? Según Ud., ¿qué otros muebles hay en el camión?

4. Según Ud., ¿cómo van a cargar *(carry)* los muebles al apartamento los hombres?

5. ¿Le gustaría vivir en este barrio? Explique su respuesta.

Nombre: ______________________ Fecha: ______________________

6 A Ud. le toca

Imagínese que Ud. se encuentra en las siguientes situaciones. Exprésese en español.

1. Usted quiere pasar el verano a orillas del mar con un grupo de amigos. Explíquele al agente de bienes raíces qué tipo de apartamento quiere alquilar.

____
____
____
____
____
____
____

2. Ud. quiere asegurar *(to insure)* su vivienda con los muebles y otras cosas que contiene. Descríbale al agente de la compañía de seguros *(insurance)* su casa (apartamento, finca, etc.) y lo que contiene.

____
____
____
____
____
____
____

3. Un tío rico le ha regalado dinero para cambiar a su gusto los muebles y la decoración de su habitación. Explique lo que Ud. piensa hacer.

____
____
____
____
____
____
____

12

Estructuras gramaticales

A. *Las formas del imperfecto del subjuntivo*

1 Transformaciones

Los siguientes verbos están en el presente del subjuntivo. Para cada verbo, dé
(A) el infinitivo,
(B) la forma **ellos** del pretérito del indicativo y
(C) la forma apropiada del imperfecto del subjuntivo.

MODELO: que yo salga (A) *salir* (B) *salieron*
(C) que yo *saliera*

1. que tú corras (A) ______ (B) ______
(C) que tú ______
2. que nosotros escuchemos (A) ______ (B) ______
(C) que nosotros ______
3. que él obedezca (A) ______ (B) ______
(C) que él ______
4. que Uds. se sientan (A) ______ (B) ______
(C) que Uds. ______
5. que yo duerma (A) ______ (B) ______
(C) que yo ______
6. que él pida (A) ______ (B) ______
(C) que él ______
7. que tú tengas (A) ______ (B) ______
(C) que tú ______
8. que yo pueda (A) ______ (B) ______
(C) que yo ______
9. que Ud. diga (A) ______ (B) ______
(C) que Ud. ______
10. que yo sepa (A) ______ (B) ______
(C) que yo ______
11. que tú estés (A) ______ (B) ______
(C) que tú ______
12. que ellos vengan (A) ______ (B) ______
(C) que ellos ______

Nombre: Fecha:

B. *El uso general del imperfecto del subjuntivo*

2 ¿Presente o imperfecto?

Complete las siguientes oraciones con el presente o el imperfecto del subjuntivo de los verbos entre paréntesis.

1. Mis padres esperaron que yo ________________ un apartamento más barato. (buscar)
2. Los vecinos insisten en que tú ________________ la radio después de las once de la noche. (apagar)
3. El Sr. Rivera quería alquilar una casa que ________________ tres habitaciones. (tener)
4. Es importante que nosotros ________________ antes del primero de julio. (mudarse)
5. Sería mejor que Uds. ________________ el alquiler con cheque. (pagar)
6. Llamé al dueño para que él ________________ la calefacción. (subir)
7. Me alegro de que tú ________________ en un apartamento cómodo y espacioso. (vivir)
8. Tienes que limpiar tu cuarto antes de que ________________ tus amigos. (venir)
9. Carlos había pintado su apartamento de rojo sin que lo ________________ la dueña. (saber)
10. Los padres de Anita le prestaron dinero para que ________________ muebles para su apartamento. (comprar)
11. No estoy seguro de que el lavaplatos ________________. (funcionar)
12. ¿Conoce Ud. a alguien que ________________ reparar los electrodomésticos? (saber)
13. ¿Le molestaría que yo ________________ la ventana? (abrir)
14. ¿Sería posible que nosotros ________________ el apartamento a las dos? (visitar)

12

3 Lo que querían

Describa lo que querían las siguientes personas. ¡Cuidado! El verbo **querer** puede ser afirmativo o negativo.

MODELO: el dueño (los inquilinos / pagar el alquiler con retraso)
El dueño no quería que los inquilinos pagaran el alquiler con retraso.

1. los vecinos (nosotros / hacer ruido)
____
2. la Sra. Valenzuela (su hijo / poner peces en la bañera)
____
3. el gerente del restaurante (el cocinero / quemar la comida)
____
4. yo (tú / llegar a la cita a tiempo)
____
5. el piloto (Uds. / abrocharse el cinturón de seguridad durante el despegue)
____
6. Enrique (su mejor amigo / salir con su novia)
____

4 Sugerencias y peticiones

Describa según el modelo las sugerencias y peticiones que les hicieron las siguientes personas a otras.

MODELO: la agente de bienes raíces / sugerirle al Sr. Villegas / alquilar un apartamento más grande
La agente de bienes raíces le sugirió al Sr. Villegas que alquilara un apartamento más grande.

1. los inquilinos / rogarle al dueño / subir la calefacción
____
2. la Sra. Paz / pedirles a los vecinos / hacer menos ruido
____
3. la guía / aconsejarles a los turistas / visitar el Museo de Oro
____
4. el camarero / recomendarnos / escoger las especialidades mexicanas
____
5. mis padres / suplicarme / divertirme menos y estudiar más
____
6. yo / prohibirte / leer mi diario *(diary)*
____

C. *Las oraciones con* si

5 ¡Si . . . !

Complete las siguientes oraciones con el presente del indicativo o el imperfecto del subjuntivo, según el caso, de los verbos entre paréntesis.

1. (vivir) Si ________________ en mi propio apartamento, me sentiría más independiente.
2. (tener) Si ________________ frío, encenderé la calefacción.
3. (ir) Si ________________ al centro, te visitaremos.
4. (pagar) Si ________________ menos alquiler, me compraría un coche nuevo.
5. (encontrar) Si Tomás ________________ trabajo en Barcelona, se mudará en junio.
6. (alquilar) Si Uds. ________________ un apartamento en el centro, no gastarían tanto dinero en gasolina.
7. (leer) Si ________________ los anuncios, encontrarías un piso amueblado.
8. (funcionar) Si el ascensor no ________________, tendrás que subir por la escalera.
9. (trabajar) Si yo ________________ para una agencia de bienes raíces, me ganaría bien la vida.
10. (ser) Si la cocina ________________ más grande, compraríamos una congeladora.

6 ¿Por qué no?

Las siguientes personas no hacen ciertas cosas. Diga que las harían si las circunstancias fueran diferentes.

MODELO: No salgo porque no tengo dinero.
Si tuviera dinero, saldría.

1. No vamos a la playa porque no hace buen tiempo.
____
2. Ud. no saca fotos porque no hay suficiente luz.
____
3. Amalia y Silvia no pueden esquiar porque no tienen tiempo.
____
____
4. Los estudiantes no sacan buenas notas porque no estudian.
____
____
5. No limpias las cortinas porque no están sucias.
____
____
6. La Sra. Cruz no alquila este apartamento porque no es espacioso.
____
____

12

7 ¡Qué lástima!

Diga lo que harían o no harían las siguientes personas si no se encontraran en las situaciones descritas.

MODELO: Hacemos la tarea. (¿quedarse en casa?)
Si no hiciéramos la tarea, no nos quedaríamos en casa.

1. Estás enfermo. (¿tomar medicina?)
____
2. Trabajamos. (¿salir con nuestros amigos?)
____
3. Tengo una quemadura de sol. (¿ir a la playa con Uds.?)
____
4. Ud. tiene sueño. (¿bostezar *[yawn]*?)
____
5. Elena se siente mal. (¿dar un paseo conmigo?)
____
6. Los estudiantes tienen que estudiar. (¿organizar una fiesta?)
____

8 ¿Y usted?

¿Qué haría Ud. si tuviera la posibilidad de hacer las siguientes cosas?

MODELO: visitar un país extranjero *Si visitara un país extranjero, visitaría México (España, Francia...).*

1. aprender otro idioma ______________________________
2. vivir en otra ciudad ______________________________
3. comprar un coche ______________________________
4. ver una película este fin de semana ______________________________
5. ir a un buen restaurante ______________________________
6. invitar a alguien al restaurante ______________________________
7. ser otra persona ______________________________
8. pasar unas horas con una persona famosa ______________________________

Nombre: Fecha:

9 Ahora no, pero más tarde . . .

Ciertas situaciones no existen ahora, pero es posible que se produzcan en el futuro. Para las siguientes situaciones, diga lo que Ud. haría ahora, y lo que hará más tarde. Use su imaginación. Lea atentamente el modelo.

MODELO: ¿Es Ud. millonario(a)?

¡Claro que no! Si *fuera millonario (a), me compraría un coche deportivo (no me preocuparía por el dinero . . .).*

Ahora no, pero si algún día *soy millonario (a), me compraré un castillo en España (pasaré unas buenas vacaciones . . .).*

1. ¿Vive Ud. en México?

   ¡Claro que no! Si ______

   Ahora no, pero si algún día ______

2. ¿Tiene Ud. su propia casa?

   ¡Claro que no! Si ______

   Ahora no, pero si algún día ______

3. ¿Es Ud. presidente(a)?

   ¡Claro que no! Si ______

   Ahora no, pero si algún día ______

4. ¿Se gana Ud. bien la vida?

   ¡Claro que no! Si ______

   Ahora no, pero si algún día ______

12

El amante corto de vista

Palabras claves

1 Complete las siguientes oraciones con las palabras apropiadas de los vocabularios en las páginas 372 y 377 de su texto. Haga los cambios que sean necesarios.

[I] 1. Todo el mundo tiene cualidades y ______________________.

2. Debes ______________________ la biblioteca más a menudo.

3. ¿Cuándo piensas ______________________ la fecha de tu boda?

4. El joven esperará hasta que su novia ______________________ a la ventana.

5. El jefe de personal ______________________ todos los datos que el joven puso en su solicitud de empleo *(job application)*.

6. Como está enojada con él, lo mira con mucho ______________________.

7. El coronel fue un militar de ______________________.

8. Si ______________________ a hacerlo se convertirá en héroe.

9. ¡No le digas cosas que pueden herir su ______________________!

[II] 10. Me encanta tu ______________________. Sin duda has tomado caligrafía.

11. En ese restaurante hay un ______________________ romántico y una comida excelente.

12. Te pondrán una multa *(fine)* si ______________________ basura a la calle.

13. Me mortifican tus creencias y por eso ______________________ a ellas.

14. ¡Qué ______________________ se dieron los padres cuando se cayó el niño!

15. Salió a caminar por un rato *(short time)* para ______________________.

Nombre: Fecha:

Estructuras gramaticales

2 Repaso: El pretérito

Complete las siguientes frases según el texto. Luego escriba el infinitivo que corresponda.

		INFINITIVO
1.	I, línea 6: El amor ________ por fin	________
2.	I, línea 7: no ________ menos de hacer	________
3.	I, línea 19: El suceso le ________	________
4.	I, línea 31: ________ el amor propio	________
5.	I, línea 44: y ________ el número 12	________
6.	I, línea 72: él las ________ a lo lejos	________
7.	II, línea 6: Así lo ________	________
8.	II, línea 7: Hecho esto, ________ a dormir	________
9.	II, línea 20: ________ un rápido movimiento	________
10.	II, línea 25: ________ lo único	________
11.	II, línea 27: Mauricio ________	________
12.	II, línea 44: le ________ concebir	________
13.	II, línea 52: En efecto, así lo ________	________
14.	II, línea 52: se ________ voces	________
15.	II, línea 67: no ________ a ello	________

3 El imperfecto del subjuntivo

Complete las siguientes frases según el texto. Indique la razón por la cual el verbo está en el imperfecto del subjuntivo. Luego, escriba el equivalente en inglés.

Razón: **A.** expresión impersonal
B. expresión de voluntad
C. después de ciertas conjunciones

1. I, líneas 63–64: . . . no es extraño que ________ el pañuelo. **A B C**
   En inglés: ________

2. II, líneas 4–6: . . . decidió . . . escribir una respuesta . . . con el objeto de que el joven no ________ ganas de volver. **A B C**
   En inglés: ________

3. II, línea 34: . . . su hija le pedía que ________. **A B C**
   En inglés: ________

4. II, líneas 54–55: Llamó a la puerta para que el padre ________ al balcón. **A B C**
   En inglés: ________

12

Expansión: Modismos, expresiones y otras palabras

(I) **a pesar de que** *in spite of, although*
al fin *at last, finally*
al cabo de *at the end of*
de pie *standing*
de veras *really, seriously*
en fin *anyway, so, to sum up*
por último *finally, at last*

(II) *to take*

tomar *to take* (to receive from)
La mamá **tomó** el pañuelo. *The mother **took** the handkerchief.*

sacar *to take, take out*
Matilde **sacó** su pañuelo. *Matilde **took out** her handkerchief.*

llevar *to take, bring, carry*
Nos **llevó** a la ópera. ***He took** us to the opera.*

4 Complete con la expresión apropiada.

1. Tuvo éxito con sus experimentos ________________ muchos años.
2. ________________ se terminó la disputa sobre la herencia que les dejó su tío.
3. Mucha gente estaba ________________ porque no había suficientes asientos para todo el público.
4. ¿________________ viste al presidente en la calle? ¡Es increíble!
5. ________________, eso es todo lo que ocurrió. Espero que ahora me comprendas, Matilde.
6. ________________ ha vivido muchos años en los Estados Unidos, todavía habla con acento español.

5 Dé el equivalente en español de las siguientes frases.

1. *María, take the vegetables out of the basket.*
   María, ________________ las legumbres de la canasta.
2. *Could you take this letter to the post office?*
   ¿Podría Ud. ________________ esta carta al correo?
3. *We would like to know what you are taking in that large suitcase.*
   Nos gustaría saber qué ________________ Ud. en esa maleta grande.
4. *The boss told her to take all the letters in shorthand.*
   El jefe le dijo que ________________ todas las cartas en taquigrafía.

Nombre: Fecha:

Unidad 13

Escenas de la vida

¡Qué lío!

1 Comprensión del texto e interpretación personal

Lea otra vez el texto en las páginas 382–385 de su libro y conteste las siguientes preguntas.

1. Según Ud., ¿qué tipo de persona es el profesor García? ¿Le gustaría tenerlo como profesor? Explique su respuesta.

2. Según Ud., ¿qué tipo de persona es el policía? ¿Le gustaría tenerlo como vecino? Explique su respuesta.

3. Describa el coche del profesor García. ¿Qué necesita para que funcione bien?

4. ¿Qué tienen en común las dos personas que se llaman García?

5. Según Ud., ¿de las diferentes infracciones que cometió el profesor García, cuál es la más grave? Explique su respuesta.

13

2 Interpretación personal

En el texto que Ud. leyó, el policía expresa algunas opiniones acerca de los profesores. Analice estas opiniones y diga si corresponden a la realidad o si son estereotipos. Justifique su opinión dando ejemplos.

1. El policía piensa que los profesores ganan poco dinero.

2. El policía dice que todos los maestros son distraídos.

3. El policía opina que los maestros son personas muy dedicadas.

Nombre: Fecha:

3 ¿Qué te pasó?

A causa de su encuentro con el policía, el profesor García regresó a casa con una hora de retraso. Un poco preocupada, su esposa le preguntó lo que había pasado.

Imagínese el díalogo entre los dos.

Sra. García: ¿Qué te pasó, mi amor? Me tenías muy preocupada.

Sr. García: No vas a creer lo que me ocurrió. ______________________________

Sra. García: ______________________________

Sr. García: ______________________________

Sra. García: ______________________________

Sr. García: ______________________________

Sra. García: ______________________________

Sr. García: ______________________________

Sra. García: ______________________________

Sr. García: ______________________________

Sra. García: ______________________________

Sr. García: ______________________________

Sra. García: ______________________________

Sr. García: ______________________________

13

El español práctico

1 ¡Por favor!

Complete las siguientes oraciones con los verbos apropiados en el subjuntivo.

1. ¿De qué color quieres que (yo) ____________________ el comedor?
2. ¿Es posible que Ud. ____________________ esas fotos antes del fin de semana?
3. ¿Conoces un buen mecánico que ____________________ los coches extranjeros?
4. Voy a pedirle al carpintero que ____________________ nuevos gabinetes para la cocina.
5. Antes de reparar el grifo, es necesario que Ud. lo ____________________.
6. Vamos al mecánico para que ____________________ los frenos.
7. Es importante que Ud. ____________________ el aceite cada 3.000 kilómetros.
8. Ve a la estación de servicio para que (ellos) te ____________________ las llantas.
9. Pídale al mecánico que ____________________ agua en la batería.
10. Te compré carteles *(posters)* para que (tú) ____________________ tu habitación.
11. Antes de doblar es importante que (tú) ____________________ las luces direccionales.
12. Si no hay gasolina en el tanque, dudo que el coche ____________________.

2 Preguntas técnicas

Conteste las siguientes preguntas con oraciones completas.

A. El equipo eléctrico, audiovisual y de sonido

1. ¿En qué parte del televisor aparecen las imágenes?

   ____

2. ¿Qué se pone dentro de la cámara antes de sacar fotos?

   ____

   ____

3. Cuando hay un apagón *(power failure)* en casa, ¿qué se debe revisar primero?

   ____

   ____

4. ¿Qué se debe cambiar en un radio portátil de vez en cuando?

   ____

   ____

5. ¿De qué parte del equipo de sonido sale la música?

   ____

   ____

6. ¿Qué se necesita para sacar fotos de objetos o personas muy lejanos *(far away)*?

   ____

   ____

Nombre: Fecha:

B. El coche

7. ¿Qué debe encender Ud. si conduce de noche?

8. ¿Qué debe añadir en la batería de vez en cuando?

9. ¿Qué debe revisar si el coche no se para fácilmente?

10. ¿Qué debe hacer al pasar a otro coche?

11. ¿En qué parte del coche se ponen las maletas?

12. ¿Qué parte del coche hay que levantar antes de examinar el motor?

3 Diálogos

Complete los diálogos entre una empleada y un cliente de una manera lógica.

A. En la tienda de equipo audiovisual

Empleada: ¿ ________ ?
Cliente: Mi estéreo no ________ .
Empleada: ¿Sabe cuál es el problema?
Cliente: Creo que ________ está ________ .
Empleada: Muy bien, vamos a ________ .
Cliente: ¿ ________ ?
Empleada: Dentro de ________ .

B. En la gasolinera

Empleada: ¿En qué puedo ________ ?
Cliente: ¿Podría ________ ?
Empleada: ¡Claro! ¿Qué tipo de gasolina quiere?
Cliente: Gasolina sin ________ .
Empleada: Muy bien. ¿Quiere Ud. que le ________ ?
Cliente: Sí, gracias. Y también, ¿podría Ud. ________ ?

13

4 El accidente

Conteste las siguientes preguntas según el dibujo.

1. ¿Dónde ocurre la escena?

2. ¿A quién llama el joven? ¿Para qué?

3. ¿Adónde van a remolcar *(tow)* el coche? ¿Qué clase de vehículo necesitan para hacerlo?

4. ¿Cuáles son los varios daños *(damage)* que tiene el coche?

5. ¿Qué hay que hacer para arreglar el coche? ¿Serán costosas *(expensive)* las reparaciones? ¿Por qué?

6. En su opinión, ¿cómo ocurrió el accidente?

Nombre: Fecha:

5 A Ud. le toca

Imagínese que Ud. se encuentra en las siguientes situaciones. Exprésese en español.

1. *You are in a photo shop. Ask the salesperson for a roll of film. Also ask whether they develop film.*

2. *You are working in a stereo shop. A customer brings in her stereo. Tell her that one of the speakers does not work. Also tell her that you will take it apart and check it. Say that her stereo will be ready in a week.*

3. *You are working as a mechanic. Tell your customer that his car has an oil leak. Tell him that you will also check the brakes and clean the spark plugs.*

4. *You are at a gas station. Your car has various problems. Tell the attendant that the turn signals and the horn do not work. Ask if she can fix them. Also ask her to change the windshield wipers and to put air in the tires. Ask when the car will be ready.*

13

Estructuras gramaticales

A. *La voz pasiva*

1 ¿Quién?

Conteste las siguientes preguntas con la voz pasiva. ¡Cuidado! Use los verbos en el mismo tiempo que el de las preguntas.

MODELO: ¿Quién revelará las fotos? (el fotógrafo)
Las fotos serán reveladas por el fotógrafo.

1. ¿Quién revisó los frenos? (el mecánico)

____

2. ¿Quién subirá las maletas? (el botones)

____

3. ¿Quién copia las cartas? (la secretaria)

____

4. ¿Quién pintó este retrato? (un artista mexicano)

____

5. ¿Quién había escrito esos artículos? (una periodista peruana)

____

____

2 La visita turística

Una guía le explica ciertas cosas a un grupo de turistas. Haga el papel de la guía usando la voz pasiva en el pretérito.

MODELO: Los Romanos fundaron la ciudad.
La ciudad fue fundada por los Romanos.

1. Un arquitecto francés construyó el castillo.

____

2. El gran pintor Velázquez pintó esos cuadros.

____

3. Un escultor desconocido *(unknown)* hizo esas estatuas.

____

4. Unas arquitectas jóvenes restauraron esos monumentos antiguos.

____

5. Un pintor italiano decoró las salas.

____

6. La reina Isabel fundó esas iglesias.

____

Nombre: Fecha:

B. *Las construcciones* ser *y* estar + *el participio pasado*

3 ¡Lógica!

Para cada una de las siguientes cosas, construya dos oraciones explicando (1) su condición presente y (2) cómo ocurrió esta condición. Use los elementos de las columnas A y B. ¡Estudie el modelo y sea lógico(a)!

A	B
abrir	el ladrón
cerrar	la camarera
apagar	el mecánico
encender	el empleado
romper	el carpintero
arreglar	la gerente
desarmar	el niño
preparar	el viento
firmar *(to sign)*	el reparador
revisar	

MODELO: Las ventanas *están abiertas (cerradas).*
Fueron abiertas (cerradas) por el viento (el ladrón, la camarera ...).

1. La puerta ______

2. La comida ______

3. Los frenos ______

4. La carta ______

5. Las camas ______

6. La radio ______

7. Las luces ______

8. La caja fuerte *(safe)* ______

13

4 ¿Ser o estar?

Complete las siguientes preguntas con el verbo apropiado.

1. ¿Hasta cuándo ______________________ abierto el museo? (es / está)
2. ¿En qué año ______________________ construido ese edificio? (fue / estuvo)
3. ¿Por quién ______________________ pintados esos retratos? (fueron / estuvieron)
4. ¿En qué idioma ______________________ escritos esos documentos? (son / están)
5. ¿A qué hora ______________________ invitados a la fiesta? (somos / estamos)
6. ¿Cuándo ______________________ arreglado mi reloj? (será / estará)
7. ¿Por quién ______________________ firmadas las cartas? (serán / estarán)
8. ¿Dónde ______________________ aparcado tu coche? (es / está)
9. ¿Cuándo ______________________ enviados esos cheques? (fueron / estuvieron)
10. ¿Cómo ______________________ decorado tu cuarto? (es / está)
11. ¿A quién le ______________________ presentada la cuenta? (fue / estuvo)

C. *La construcción* se + *verbo*

5 Investigaciones

Ud. quiere saber más sobre los siguientes casos. Complete las preguntas usando el pretérito según el modelo.

MODELO: Las ventanas están abiertas.

¿Cómo *se abrieron las ventanas?* ______________________?

1. Los vasos están rotos.

   ¿Cómo ____?

2. Las tiendas están cerradas.

   ¿A qué hora ____?

3. Las luces están encendidas.

   ¿Por qué ____?

4. Los jugadores están heridos.

   ¿Cómo ____?

5. La casa está destruida.

   ¿De qué manera ____?

6. Los documentos secretos están perdidos.

   ¿Cuándo ____?

7. El coche está aparcado.

   ¿Dónde ____?

8. Los árboles están quemados.

   ¿En qué estación del año ____?

Nombre: Fecha:

6 ¿Cómo?

Diga cómo o cuándo se hacen las siguientes cosas. Escoja la expresión entre paréntesis más apropiada.

MODELO: en España / vender la gasolina (¿por litro o por galón?)
En España la gasolina se vende por litro.

1. en España / servir el café (¿con o después de la comida?)

2. en la Argentina / practicar los deportes de nieve (¿en agosto o en enero?)

3. en México / celebrar la fiesta nacional (¿el 4 de julio o el 16 de septiembre?)

4. en el mundo hispánico / medir [i] *(to measure)* las distancias (¿en kilómetros o en millas?)

5. en el verano / servir las bebidas (¿calientes o frías?)

7 Su casa en España

Ud. acaba de comprar una vieja casa de campo en España, que Ud. piensa modernizar. Ud. le explica a un amigo cómo transformará la casa. Construya seis oraciones lógicas usando los elementos de las columnas A y B con la construcción **se** + *verbo*.

A	B
construir	flores
pintar	el techo
instalar	una piscina
reparar	las cortinas
cambiar	el teléfono
decorar	las ventanas
arreglar	las habitaciones
limpiar	los muebles
plantar	

MODELO: Se construirá una piscina.

1.
2.
3.
4.
5.
6.

13

8 ¡Ay, qué mala suerte!

Diga lo que les ocurrió a las siguientes personas completando las respuestas según el modelo. Use la construcción con **se**.

MODELO: ¿Tiene los vasos el camarero? (caer)

No, *se le cayeron* al suelo.

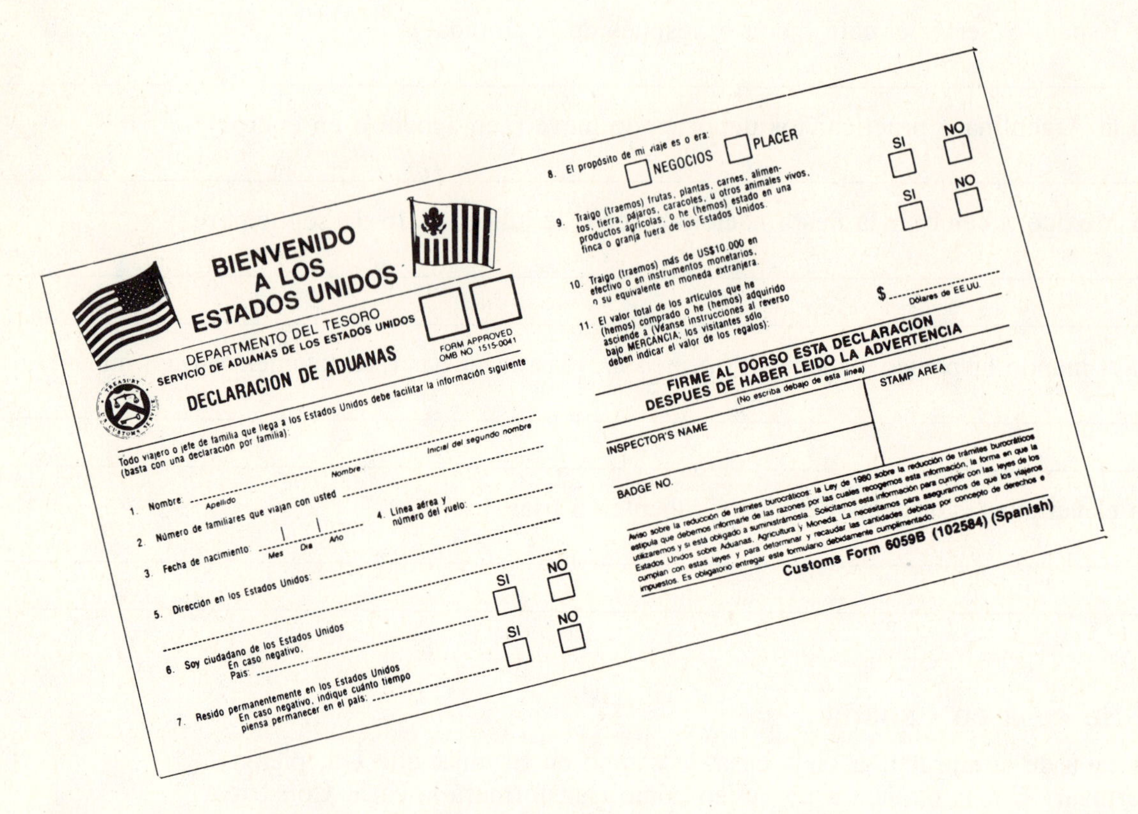

BIENVENIDO A LOS ESTADOS UNIDOS

DEPARTMENTO DEL TESORO
SERVICIO DE ADUANAS DE LOS ESTADOS UNIDOS

DECLARACION DE ADUANAS

FORM APPROVED
OMB NO 1515-0041

Todo viajero o jefe de familia que llega a los Estados Unidos debe facilitar la información siguiente (basta con una declaración por familia):

1. Nombre: Apellido ---- Nombre ---- Inicial del segundo nombre ----
2. Número de familiares que viajan con usted ----
3. Fecha de nacimiento: Mes | Día | Año ----
4. Línea aérea y número del vuelo: ----
5. Dirección en los Estados Unidos: ----
6. Soy ciudadano de los Estados Unidos — SI ☐ NO ☐
   En caso negativo, País: ----
7. Resido permanentemente en los Estados Unidos — SI ☐ NO ☐
   En caso negativo, indique cuánto tiempo piensa permanecer en el país: ----
8. El propósito de mi viaje es o era: ☐ NEGOCIOS ☐ PLACER
9. Traigo (traemos) frutas, plantas, carnes, alimentos, tierra, pájaros, caracoles, u otros animales vivos, productos agrícolas, o he (hemos) estado en una finca o granja fuera de los Estados Unidos. — SI ☐ NO ☐
10. Traigo (traemos) más de US$10.000 en efectivo o en instrumentos monetarios, o su equivalente en moneda extranjera. — SI ☐ NO ☐
11. El valor total de los artículos que he (hemos) comprado o he (hemos) adquirido asciende a (Véanse instrucciones al reverso bajo MERCANCIA; los visitantes sólo deben indicar el valor de los regalos): $ ---- Dólares de EE.UU.

FIRME AL DORSO ESTA DECLARACION DESPUES DE HABER LEIDO LA ADVERTENCIA

(No escriba debajo de esta línea)

INSPECTOR'S NAME

STAMP AREA

BADGE NO.

Aviso sobre la reducción de trámites burocráticos: la Ley de 1980 sobre la reducción de trámites burocráticos estipula que debemos informarle de las razones por las cuales recogemos esta información, la forma en que la utilizaremos y si está obligado a suministrárnosla. Solicitamos esta información para cumplir con las leyes de los Estados Unidos sobre Aduanas, Agricultura y Moneda. La necesitamos para asegurarnos de que los viajeros cumplan con estas leyes y para determinar y recaudar las cantidades debidas por concepto de derechos e impuestos. Es obligatorio entregar este formulario debidamente cumplimentado.

Customs Form 6059B (102584) (Spanish)

1. ¿Tienen sus pasaportes los turistas? (perder)
   No, ______________________ en el museo.
2. ¿Tiene todavía ese perro enorme Anita? (escapar)
   No, ______________________ durante un paseo por el campo.
3. ¿Tiene sus libros el estudiante? (quedar)
   No, ______________________ en casa.
4. ¿Tiene sus gafas Andrés? (olvidar)
   No, ______________________ en el consultorio del oculista.
5. ¿Tiene las tazas la camarera? (caer)
   No, ______________________ en la cocina.
6. ¿Tiene su bolígrafo Ana? (quedar)
   No, ______________________ en el banco.
7. ¿Tiene las bombillas el electricista? (romper)
   No, ______________________ al sacarlas de su coche.
8. ¿Tiene todavía a su abuela Catalina? (morir)
   No, ______________________ el año pasado.

Nombre: Fecha:

Lecturas literarias

El forastero gentil

Palabras claves

1 Complete las siguientes oraciones con las palabras apropiadas de los vocabularios en las páginas 402 y 406 de su texto. Haga los cambios que sean necesarios.

[I] 1. Mi papá quiere que le ponga la ______________________ nueva al caballo antes de montarlo.

2. Alrededor de la casa había un ______________________.

3. Aquel camino es muy ______________________ y ya han ocurrido muchos accidentes.

4. Al principio pensaron que el recién llegado *(newcomer)* era un matón que venía ______________________.

5. Diez ______________________ trabajaban en el rancho durante el día.

[II] 6. Después de un viaje tan largo, está muerto de hambre y de ______________________.

7. No quería llorar pero las ______________________ le corrían por las mejillas.

8. Desde lejos veía como los niños ______________________ para despedirse de él.

9. Como todos estaban durmiendo, Juan ______________________ a la puerta para despertarlos y darles las buenas noticias.

10. La familia ______________________ con mucho cariño los regalos que Dan les envió.

13

Estructuras gramaticales

2 La construcción se + *verbo*

Complete las siguientes frases según el texto. Luego escriba el equivalente en inglés.

1. I, línea 22: . . . que ______________ una pierna a su caballo . . .
____
____

2. I, línea 29: En todo ______________.
____
____

3. I, línea 41: No ______________ al fuerte donde vivían los peones.
____
____

4. I, líneas 41–42: ______________ una habitación de la casa.
____
____

5. I, línea 44: . . . no ______________ a comer con la familia.
____
____

6. I, línea 62: A veces ______________ revisando los corrales . . .
____
____

7. I, línea 73: El nombre ______________ a mi padre . . .
____
____

8. II, líneas 36–37: ______________ en la casa de él con frecuencia . . .
____
____

9. II, líneas 37–38: . . . y ______________ si algún día volvería.
____
____

Nombre: Fecha:

3 Repaso: el imperfecto del subjuntivo

Complete las siguientes frases según el texto. Luego escriba el equivalente en inglés.

1. I, líneas 36–37: . . . como si aquello ________ algún rito misterioso . . .
____
2. I, líneas 37–38: . . . casi como si ________ una extraña comunión.
____
3. I, línea 42: Le llevaron agua para que ________ . . .
____
4. I, líneas 79–80: . . . acaso Dan Kraven ________ de un hermanito, o un hijo.
____
5. II, línea 5: Era como si la vida ________ una carga larga y pesada.
____
6. II, líneas 18–19: Le dijo a Dan que ________.
____
7. II, líneas 35–36: Era ya todo como si ________ un cuento . . .
____
8. II, línea 39: . . . antes de que la familia se ________ . . .
____

Mejore su español

4 Complete con la palabra que más convenga.

1. El abuelo nos dijo que él sentía el ________ de los años de duro trabajo.
2. Hay que limpiar bien la ________ porque los caballos que están allí cuestan un dineral *(fortune)*.
3. Les ________ a todos Uds. por haber sido tan generosos conmigo.
4. Fueron de vacaciones a una isla del Pacífico porque querían ________ y escapar de la rutina diaria.
5. Como señal de ________ los huéspedes le regalaron un ramo *(bouquet)* de rosas blancas.
6. El palomino es el mejor animal de la ________ que trajimos la semana pasada.

13

Expansión: Modismos, expresiones y otras palabras

stranger

el extranjero *stranger, foreigner* (from another country)
Llevó al **extranjero** al zaguán. *He took the* ***stranger*** *to the entrance hall.*

el forastero *stranger, outsider* (from the same country)
El misterioso **forastero** tomaba al niño de la mano. *The mysterious* ***stranger*** *took the child by the hand.*

law

la ley *law, legal authority*
perseguido por **la ley** *pursued by* ***the law***

el derecho *law, legal studies*
Estudió **derecho**. *He studied* ***law***.

time

una vez (a single) *time, occurrence*
tres **veces** al día *three* ***times*** *a day*

el tiempo (period of) *time; time* (in the abstract)
¡Cómo vuela **el tiempo**! *How* ***time*** *flies!*

la época (historical) *time*
la época de mis abuelos ***the time*** *of my grandparents*

5 Dé el equivalente en español de las siguientes frases.

1. *The stranger was not from around here; he was from another land.*
   El ______________________ no era de aquí; venía de otras tierras.
2. *The outsider was a quiet man.*
   El ______________________ era un hombre callado.
3. *Luis is attending law school this year.*
   Luis asiste a la facultad de ______________________ este año.
4. *It's necessary that you respect the law.*
   Es necesario que respetes la ______________________.
5. *During that time there was a drought.*
   Durante esa ______________________ hubo una sequía.
6. *I went to Spain three times.*
   Fui a España ______________________.
7. *There is no time to waste.*
   No hay ______________________ que perder.
8. *How many times did you call me?*
   ¿Cuántas ______________________ me llamaste?

Nombre: Fecha:

Unidad 14

Escenas de la vida

El crimen no paga

1 Comprensión del texto e interpretación personal

Lea otra vez el texto en las páginas 412–417 de su libro y conteste las siguientes preguntas.

1. ¿Qué tipo de persona es el Sr. Robles? ¿Le gustaría tenerlo como jefe en su trabajo? Explique su respuesta.

2. ¿De qué manera engañó *(duped)* el falso director al Sr. Robles? Según Ud., ¿por qué fue tan fácil engañarlo?

3. Imagínese que Ud. está en el lugar del Sr. Robles. ¿Cómo habría reaccionado ante *(faced with)* la oferta del falso director? ¿Qué habría hecho para averiguar *(to check)* sus credenciales?

4. Según Ud., ¿cómo van a reaccionar los jefes del Sr. Robles al enterarse *(when they are informed)* del robo? ¿Qué va a pasarle al Sr. Robles?

14

2 En la comisaría de policía

Después de darse cuenta del robo, el Sr. Robles va a la comisaría de policía para contar la terrible desgracia. Un detective le hace algunas preguntas sobre lo que pasó.

Imagínese el diálogo entre el Sr. Robles y el detective.

El detective: ¿En qué puedo servirle, Sr. Robles?

Sr. Robles: Vengo a denunciar *(to report)* el gran robo que ocurrió en mi banco esta mañana.

El detective:

Sr. Robles:

El detective:

Sr. Robles:

El detective:

Sr. Robles:

El detective:

Sr. Robles:

El detective:

Nombre: Fecha:

El español práctico

1 ¡Lógica!

Complete las siguientes oraciones con las palabras apropiadas.

1. Se puede ganar o perder mucho dinero especulando en la ______________________.
2. La ______________________ va a darle un recibo *(deposit slip)* por el dinero que Ud. acaba de depositar.
3. Durante el verano, trabajé en una ______________________ de tractores.
4. Si Ud. quiere quejarse, debe hablar con la ______________________ de la tienda.
5. Diana estudia Derecho *(law)* para ser ______________________.
6. En el Instituto Comercial, me especialicé en ______________________ internacional.
7. Claro, sé usar los ordenadores. ¿No sabías que soy especialista en ______________________?
8. Para continuar, Ud. tiene que apretar *(press)* la ______________________ [→].
9. ¿Ha terminado de preparar el balance *(balance sheet)* la ______________________?
10. En las oficinas modernísimas no se usan máquinas de escribir sino ______________________.
11. El texto aparece en la ______________________ de la computadora.
12. ¿De qué universidad recibió Ud. el ______________________ de ingeniero?
13. Durante el verano, prefiero trabajar a media ______________________.

2 Carreras

Entre las siguientes carreras, escoja la que le interesa más a Ud. y descríbala en un párrafo corto.

abogado(a) / arquitecto(a) / periodista / publicista / artista / decorador(a) / profesor(a) / contador(a) / científico(a) / agente de la bolsa de valores

____

____

____

____

____

____

____

____

____

____

14

3 La entrevista

Usted quiere trabajar para una compañía mexicana que se especializa en negocio internacional. Tiene una entrevista con la jefa de personal. Conteste sus preguntas.

1. ¿A qué escuela asiste Ud. ahora? ¿Cuándo se graduará?

2. ¿Qué asignaturas estudia Ud.?

3. ¿Ha trabajado Ud. antes? ¿Cuándo?

4. ¿Qué tipo de carrera le interesa a Ud.?

5. ¿Sabe usar una computadora? ¿Qué otras máquinas de oficina sabe usar?

6. ¿Qué más sabe hacer?

7. Según Ud., ¿qué aptitudes personales tiene?

8. ¿Qué tipo de trabajo le gustaría hacer?

9. ¿Qué documentos ha traído?

Nombre: Fecha:

4 La oferta de empleo

Esta oferta de empleo apareció en un periódico de Venezuela. Léala atentamente y conteste las siguientes preguntas.

SECRETARIA EJECUTIVA BILINGÜE
(ESPAÑOL-INGLÉS)

Prestigiosa empresa multinacional ubicada en el Este de la ciudad está en la búsqueda de una Secretaria Ejecutiva bilingüe que reúna los siguientes requisitos:

- Edad: Entre los 25 y 30 años
- Experiencia: Mínimo tres años
- Excelente dominio del idioma inglés, taquigrafía
- Amplia capacidad de trabajo: Organizada, creativa, dinámica

La empresa ofrece un atractivo paquete de remuneraciones, excelentes condiciones de trabajo y posibilidades de desarrollo.

Interesadas favor enviar curriculum vitae con fotografía reciente, constancia de estudios y trabajos anteriores, a la siguiente dirección:

Dirección de Recursos Humanos
Apartado 61081 Chacao, Caracas

1. ¿Qué tipo de compañía puso el anuncio?

2. ¿Dónde está ubicada (situada) la compañía?

3. ¿Qué tipo de trabajo ofrece la compañía?

4. ¿Cuáles son los requisitos profesionales para el puesto?

5. ¿Cuáles son las aptitudes personales necesarias?

6. ¿Qué deben hacer las personas interesadas en el puesto?

14

5 Al trabajo

Conteste las siguientes preguntas según el dibujo.

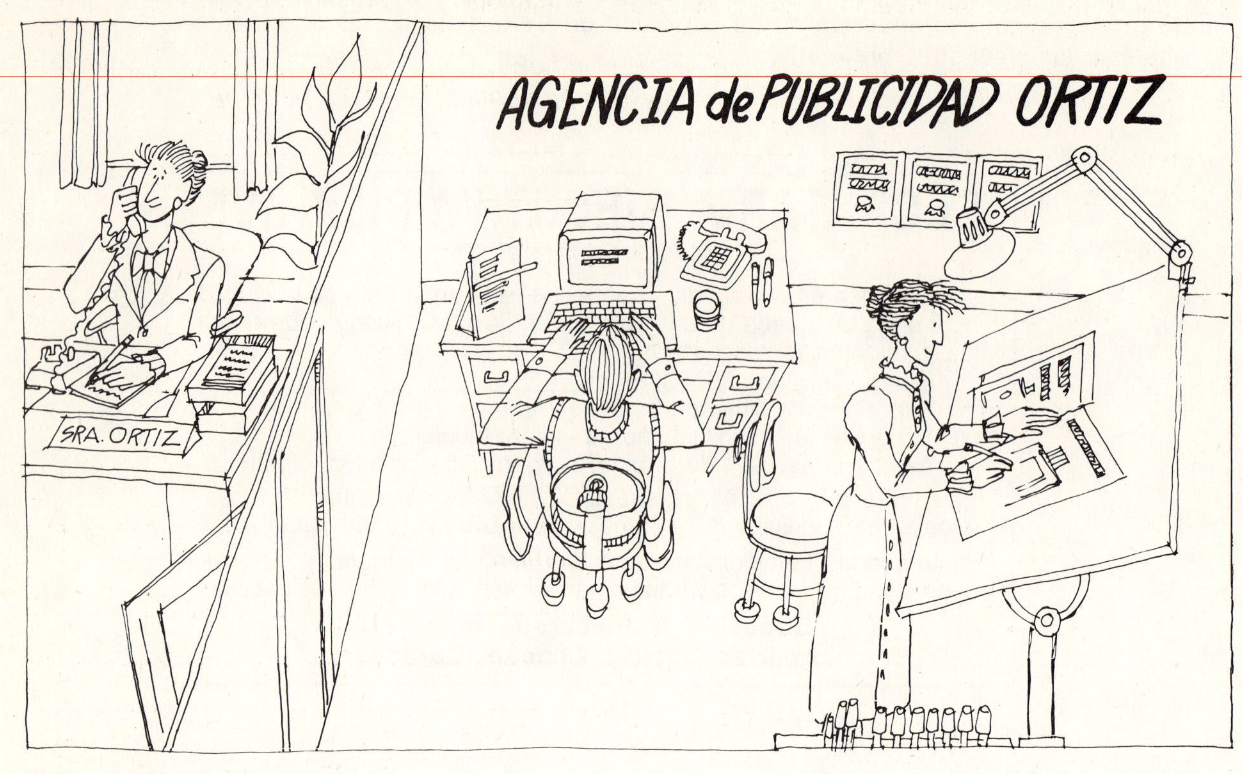

1. ¿Dónde ocurre la escena?

2. ¿Cómo se llama la señora que se encuentra en el despacho de la izquierda? Según Ud., ¿cuál es su puesto en la empresa?

3. ¿Qué está haciendo la señora Ortiz? Según Ud., ¿para qué?

4. ¿Qué está haciendo el hombre en el centro del dibujo? ¿Qué máquina está usando?

5. ¿Cuál es el trabajo de la señora de la derecha? ¿Qué está haciendo?

Nombre: Fecha:

6 A Ud. le toca

Imagínese que Ud. se encuentra en las siguientes situaciones. Exprésese en espanol.

1. *You are answering an ad for a summer job in a hotel. Call the hotel to inquire about the job (salary, work hours, etc.) and to make an appointment with the manager.*

2. *You are answering a help wanted ad for a sales representative in an insurance company. Explain to the head of personnel why you are qualified.*

3. *As a bank branch manager, you are looking for an assistant. Ask the young woman who has applied for the position what her personal and professional qualifications for this job are.*

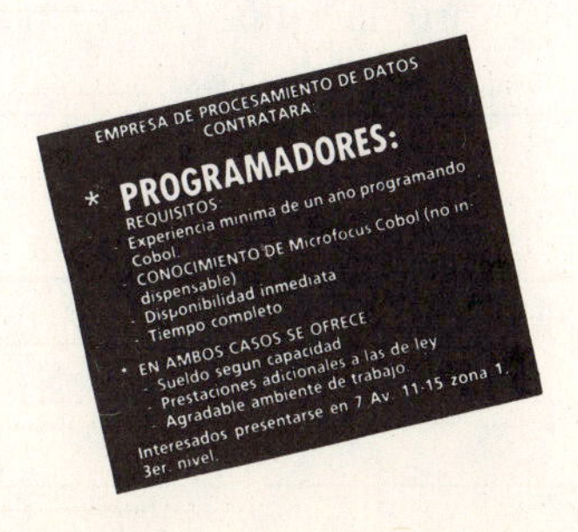

14

Estructuras gramaticales

A. El pluscuamperfecto del subjuntivo

1 Dudas

Describa las dudas de las siguientes personas usando el imperfecto del verbo **dudar que** + *el pluscuamperfecto del subjuntivo.*

MODELO: la contadora (el cliente / enviar el cheque)

La contadora dudaba que el cliente hubiera enviado el cheque.

1. el profesor (nosotros / hacer la tarea)

2. la jefa (su asistente / escribir la carta)

3. el bibliotecario *(librarian)* (yo / devolverle los libros)

4. la policía (tú / ver platillos voladores [*flying saucers*])

5. el juez *(judge)* (los testigos / decir la verdad)

6. la enfermera (tú / romperse la pierna)

7. yo (el pájaro / abrir la jaula *(cage)* por sí mismo)

8. los historiadores *(historians)* (el rey / morir de muerte natural)

Nombre: Fecha:

2 ¡Lógica!

Describa lo que pensaban las siguientes personas de lo que habían hecho las personas de la columna B usando los verbos de las columnas A y C y su imaginación. Construya oraciones lógicas según el modelo.

A	B	C
esperar	yo	divertirse
temer	tú	recuperarse
lamentar	nosotros	encontrar
estar encantado de	los estudiantes	salir bien
dudar	mis amigos	ganar
no creer	los dependientes	perder
no estar seguro de		romperse
estar sorprendido de		vender
		comprar

MODELO: Mis padres *no creían que yo hubiera encontrado un buen trabajo en solamente dos semanas.*

1. Yo ______
2. El profesor ______
3. La enfermera ______
4. La gerente ______
5. Guillermo ______
6. Mis hermanos ______
7. Mis padres ______

B. El condicional perfecto

3 Con más dinero

Lea lo que las siguientes personas hicieron y diga lo que habrían hecho con más dinero.

MODELO: Isabel se compró pendientes de plata. (una pulsera de oro)
Con más dinero, *Isabel se habría comprado una pulsera de oro.*

1. Nos quedamos en una posada. (en un hotel de lujo)
   Con más dinero, ______
2. Alquilé una bicicleta. (un coche deportivo)
   Con más dinero, ______
3. Fuiste al campo. (a orillas del mar)
   Con más dinero, ______
4. Uds. pasaron una semana en Portugal. (un mes en España)
   Con más dinero, ______
5. Gabriela me invitó al cine. (a un espectáculo de baile flamenco)
   Con más dinero, ______

14

4 El pobre Jorge

El pobre Jorge no encontró un buen trabajo por no haber hecho ciertas cosas. Diga lo que habrían hecho Ud. y sus amigos en su lugar.

MODELO: No aprendió a programar.

En su lugar, Elena *habría aprendido a programar.*

1. No leyó los anuncios.

   En su lugar, Uds. ______
2. No envió su curriculum vitae.

   En su lugar, yo ______
3. No les pidió cartas de recomendación a sus profesores.

   En su lugar, tú ______
4. No fue a la agencia de empleos.

   En su lugar, Catalina ______
5. No tuvo una entrevista con la jefa de personal.

   En su lugar, nosotros ______

C. Las cláusulas condicionales en el pasado

5 ¡No se puede hacerlo todo!

Lea lo que hicieron las siguientes personas. Luego, diga lo que habrían hecho si no hubieran hecho eso.

MODELO: Mi prima se hizo abogada. (periodista)

Si mi prima no se hubiera hecho abogada, se habría hecho periodista.

1. Isabel compró una computadora. (un procesador de textos)

   ______
2. Nos especializamos en informática. (en contabilidad)

   ______
3. Carlos y Enrique estudiaron ingeniería *(engineering)*. (economía)

   ______
4. Aprendiste a taquigrafiar. (a programar)

   ______
5. Trabajé para una agencia de publicidad. (para una compañía de seguros)

   ______

Nombre: Fecha:

6 ¿Qué consecuencias?

Las siguientes personas no hicieron ciertas cosas. Diga lo que les habría ocurrido si las hubieran hecho. Observe que el segundo verbo puede ser afirmativo o negativo.

MODELO: Paco / estudiar (¿sacar malas notas?)

Si Paco hubiera estudiado, no habría sacado malas notas.

1. yo / contestar el anuncio de la oferta de empleo (¿conseguir mi entrevista?)

2. tú / especializarse en finanzas (¿encontrar trabajo en un banco?)

3. Ud. / encender la luz (¿caerse en la escalera?)

4. tú / tomar una pastilla de dramamina (¿marearse?)

5. el equipo / entrenarse (¿perder el campeonato?)

6. nosotros / ponerse crema bronceadora *(suntan lotion)* (¿sufrir una quemadura de sol?)

7 ¡Ay! ¡Qué mala suerte!

Lea lo que les ocurrió a las siguientes personas. Luego, use la construcción **si** + *el pluscuamperfecto del subjuntivo* y su imaginación para decir cómo habrían evitado *(avoided)* estos problemas.

MODELO: El Sr. García sufrió un accidente. *No habría sufrido un accidente si hubiera puesto las luces direccionales (si no hubiera pasado al otro coche, si hubiera tenido cuidado ...).*

1. Perdimos el tren.

2. Me torcí el tobillo.

3. Los turistas se perdieron en el centro.

14

4. Elena se resfrió.

5. El Sr. Meléndez pagó una multa *(traffic ticket)*.

6. Uds. tuvieron una avería.

8 ¿Y usted?

Diga lo que Ud. habría o no habría hecho en las siguientes circunstancias, usando su imaginación. Sus oraciones pueden ser afirmativas o negativas.

MODELO: vivir en el siglo XIX
Si hubiera vivido en el siglo XIX, habría estudiado latín.
Si hubiera vivido en el siglo XIX, no habría estudiado informática.

1. vivir en un castillo *(castle)* medieval

2. vivir en la Roma antigua

3. ser Cristóbal Colón

4. ser Eleanor Roosevelt

D. *Los pronombres relativos* que *y* quien

9 ¿Que o quien(es)?

Complete las oraciones con **que** o **quien(es)**.

1. La persona ______________ vimos ayer es una periodista famosa.
2. ¿Cómo se llaman los empleados con ______________ hablaste?
3. Buscamos una mecanógrafa ______________ sepa trabajar con procesador de textos.
4. Quisiera hablarle a la persona a ______________ le envié mi curriculum vitae.
5. Clara recibió una carta del muchacho ______________ conoció el verano pasado.
6. La Sra. Ruiz tiene una asistente en ______________ tiene confianza *(trust)* absoluta.
7. Las abogadas de ______________ me hablaste trabajan en esta oficina.
8. ¿Dónde están los arquitectos ______________ diseñaron ese edificio?

E. *El pronombre relativo* cuyo

10 ¿De quien o cuyo?

Complete las siguientes oraciones con **de quien(es)** o la forma apropiada de **cuyo**.

1. Mi amiga ______________ padre es médico va a visitarme mañana.
2. Los amigos ______________ te hablé estudian informática.
3. Este profesor tiene estudiantes brillantes ______________ está muy orgulloso.
4. Antonio tiene nuevos vecinos ______________ no sabe nada.
5. Rafael, a ______________ hermana conoces, acaba de llamarme por teléfono.
6. ¿Quién es la persona ______________ oficina queda al fondo del pasillo?
7. Julio Iglesias es un cantante ______________ canciones son muy populares.

El árbol de oro

Palabras claves

1 Complete las siguientes oraciones con las palabras apropiadas de los vocabularios en las páginas 439 y 443 de su texto. Haga los cambios que sean necesarios.

[I]
1. El director de cine quiere que su estrella principal ________________________ del público.
2. Para abrir la torrecita Ivo necesitaba una ________________________.
3. Del ________________________ de un árbol salen las ramas.
4. Por la ________________________ de la puerta puedes ver lo que pasa adentro.
5. El sol le da en la cara y por eso ________________________ el chico.
6. Para que su hermano no lo viera, Eduardo se ________________________ detrás de ese muro de ladrillo.
7. Alicia, te prohibo que pongas tu ropa en mi ________________________.

[II]

8. El campo de esa región es ________________________. No hay cultivos *(crops)*.
9. Hágame el favor de ________________________ ese cuadro en la pared. Está chueco *(uneven)*.
10. Había muchas crucecillas en el ________________________.
11. En el campeonato mundial de fútbol los equipos se disputaban *(were competing for)* la ________________________ copa.
12. Tenemos la impresión de que el perro ________________________ demasiado. ¡Mira lo grande que está!
13. Ten cuidado con el dinero. Los vendedores te pueden ________________________ cuando compres la mercancía *(merchandise)*.
14. Allí no venden flores frescas. Mira como los ________________________ se caen al suelo. ¡No las compres!

Nombre: Fecha:

Estructuras gramaticales

2 ¿Indicativo o subjuntivo?

Complete las siguientes oraciones según el texto. Luego indique la forma del verbo (presente, imperfecto o pluscuamperfecto) y su uso.

Uso:

A. subjuntivo: antecedente indefinido
B. subjuntivo: conjunción de tiempo
C. subjuntivo: condición irreal (hipótesis)
D. subjuntivo: después del superlativo
E. indicativo: condición existente
F. indicativo: resultado real

1. I, línea 13: No es que ____________ ni inteligente ni gracioso, . . .
   Forma: ____________ Uso: ______
2. I, líneas 14–15: que conseguía cautivar a quien le ____________.
   Forma: ____________ Uso: ______
3. I, líneas 27–28: y por nada del mundo la ____________.
   Forma: ____________ Uso: ______
4. I, línea 44: Si no se lo ____________ a nadie . . .
   Forma: ____________ Uso: ______
5. I, líneas 65–66: si algún pájaro se le pone encima también ____________ de oro.
   Forma: ____________ Uso: ______
6. I, líneas 66–67: si ____________ a una rama, ¿me volvería acaso de oro también?
   Forma: ____________ Uso: ______
7. II, líneas 38–39: Antes de que ____________ las nieves regresé a la ciudad.
   Forma: ____________ Uso: ______

3 Pronombres relativos

Complete las siguientes frases según el texto con un pronombre relativo.

1. I, líneas 9–10: un muchacho . . . ____________ bizqueaba
2. I, líneas 11–12: por el don ____________ poseía
3. I, línea 14: en las cosas ____________ contaba
4. I, línea 15: cautivar a ____________ le escuchase
5. I, líneas 19–20: distinciones ____________ merecían alumnos más estudiosos
6. I, líneas 22–24: una pequeña torre . . . en ____________ interior se guardaban los libros de lectura

14

Expansión: Modismos, expresiones y otras palabras

(I) **a cambio (de)** *in exchange (for)*
de qué manera *how, in what way*
en todo momento *constantly, at every moment*
tal vez *perhaps*

(II) *to return*

volver [ue] *to return, go back*
Volví a las montañas. — ***I returned** to the mountains.*

regresar *to return, go back*
Regresé a la ciudad. — ***I returned** to the city.*

devolver [ue] *to return* (something)
Devolvió los libros a la torrecita. — ***He returned** the books to the tower.*

4 Complete con la expresión apropiada.

1. Te doy veinte dólares ________________ de tu bicicleta vieja.
2. En el futuro, ________________ visite el Lejano Oriente *(Far East).*
3. ¿________________ quieres que yo decore tu cuarto?
4. Uds. tendrán nuestro apoyo *(support)* y generosidad ________________.

5 Dé el equivalente en español de las siguientes frases.

1. *He wants me to return your books.*
   Quiere que yo ________________ tus libros.
2. *Yesterday I returned your records.*
   Ayer ________________ tus discos.
3. *When do you plan to return to Colombia?*
   ¿Cuándo piensas ________________ a Colombia?

Answer Key

Answer Key

Para su referencia. . .

ACTIVIDAD 1 PAGE v

1. alquilan
2. regala
3. suben
4. Olvidas
5. aprende
6. abres
7. apaga
8. asiste
9. Baja
10. corremos
11. Miro
12. esconden
13. patinamos
14. quema

ACTIVIDAD 2 PAGE vi

Answers will vary.

1. ayuda a su amigo.
2. lee el periódico.
3. debemos estudiar.
4. vive en San Francisco.
5. arreglas el coche.
6. lavan las legumbres.
7. no llora cuando está contento.
8. no camino a la ciudad.
9. gastan mucho dinero.
10. no cuidamos bien a los viejos.

ACTIVIDAD 3 PAGES vi–vii

1. merezco
2. conduzco
3. distribuyo
4. salgo
5. traigo
6. pertenezco
7. hago
8. huyo
9. protejo
10. construyo
11. escojo
12. pongo
13. dirijo
14. parezco
15. sé
16. veo

ACTIVIDAD 4 PAGE vii

1. Oyen, oigo, oyes
2. Dicen, digo, dice
3. vas, Voy, Vamos
4. son, soy, es

ACTIVIDAD 5 PAGE viii

1. tienen ganas de
2. Tengo que
3. doy las gracias
4. tengo prisa
5. tienes sueño
6. tiene suerte
7. tienes miedo
8. tiene lugar
9. Dan una vuelta *or* Dan un paseo
10. tienes cuidado

ACTIVIDAD 6 PAGE viii

1. puede
2. puedo
3. pide
4. pregunta
5. pido
6. Conocen
7. Saben
8. podemos

Unidad 1

Escenas de la vida

ACTIVIDAD 1 PAGE 1

1. La escena tiene lugar en un café cerca de la Plaza Mayor en Madrid.
2. La coincidencia es que los dos jóvenes que se encuentran son de Lima, Perú y viven en el mismo barrio.
3. Al final de la escena, Antonio le propone a Dorotea ir a bailar (que vayan a bailar) en una discoteca.
4. Sí, Dorotea va a aceptar la invitación porque ella opina que Antonio es muy simpático y a ella le gusta bailar. (*Answers will vary.*)

ACTIVIDAD 2 PAGE 2

. . . un joven en la Plaza Mayor.
. . . Antonio García.
. . . bronceado, atlético, de pelo castaño y ¡peruano!
. . . en la Calle Las Orquídeas, Miraflores, Lima.

Answers will vary.

. . . Dorotea Dávalos. Es morena y tiene el pelo en cola de caballo. También es peruana y vive en el mismo barrio de Lima donde yo vivo. Por esto la invité a bailar en una discoteca.

ACTIVIDAD 3 PAGE 3

1. La escena tiene lugar el sábado por la noche en el salón de reuniones del Hotel Miramar.
2. Cuando Marisol Durán entra en la sala hay un silencio absoluto y todas las miradas se dirigen hacia ella. Esto ocurre porque ella es una mujer muy bonita y elegante.
3. Jorge no reconoce a Marisol porque ella ha cambiado mucho desde que era estudiante en el liceo. Ahora tiene el pelo largo y no tiene pecas. Es alta, delgada y elegante.

ACTIVIDAD 4 PAGE 4

Answers will vary.

DOÑA EMILIA: Mira, María, ¿sabes quién es ese hombre calvo con bigotes que está sentado en la mesa de enfrente?
DOÑA MARÍA: No sé. ¿Quién es?
DOÑA EMILIA: Es Eduardo Fuentes, el ex capitán del equipo universitario de fútbol.
DOÑA MARÍA: ¡Eduardo Fuentes! ¡Me tomas el pelo! No puede ser.
DOÑA EMILIA: ¡Sí, es Eduardo Fuentes! Míralo otra vez.

DOÑA MARÍA:	Pero Eduardo Fuentes era un joven alto, de pelo castaño y ondulado. Y era tan guapo que todas nosotras estábamos locamente enamoradas de él.
DOÑA EMILIA:	Tienes razón. Era muy guapo. ¡Ay! ¡Qué diferencia hacen veinte años!
DOÑA MARÍA:	¡Oh, sí! Ya lo reconozco. ¡Cómo vuela el tiempo!

El español práctico

ACTIVIDAD 1 PAGE 5

Answers will vary.

Apellido: González
Nombre: Antonio
Nacionalidad: norteamericana (estadounidense)
Profesión: estudiante
Fecha y lugar de nacimiento: 15 de septiembre de 1970, Nueva York, EEUU
Domicilio: Calle E. 97 No. 423, Nueva York, NY EEUU

ACTIVIDAD 2 PAGE 5

1. austriaca.
2. sueco.
3. irlandesas.
4. holandesa.
5. belga.
6. finlandesa.
7. suizas.
8. australianos.

ACTIVIDAD 3 PAGE 6

1. Osvaldo es un chico fuerte con el pelo rizado.
2. Isabel es rubia, es alta y lleva el pelo en una cola de caballo.
3. Roberto es un joven delgado, de talla mediana. Tiene bigotes y lleva anteojos (gafas, lentes).
4. *Answers will vary.*

ACTIVIDAD 4 PAGE 7

Answers will vary.

1. ¿Cómo se llama?
2. ¿De dónde es?
3. ¿Qué edad tiene?
4. ¿Dónde vive?
5. ¿Qué hace?

ACTIVIDAD 5 PAGE 7

Answers will vary.

A.

USTED:	Juan Carlos, te presento a mi prima, Carmen.
AMIGO:	¡Qué tal, Carmen!
PRIMA:	Encantada (Un placer), Juan Carlos.

B.

USTED:	Profesor Espósito, me gustaría presentarle al Sr. Martínez, mi vecino. Sr. Martínez, el profesor Espósito.
PROFESOR:	Mucho gusto en conocerlo (Encantado de conocerlo).
VECINO:	El gusto es mío, señor.

ACTIVIDAD 6 PAGE 7

Answers will vary.

Ella es alta y delgada. Tiene el pelo negro rizado y los ojos negros. Tiene la cara ovalada y lleva gafas. Tiene 17 años.

Estructuras gramaticales

ACTIVIDAD 1 PAGE 8

1. ladrones
2. pez
3. cruces
4. jardines
5. imagen
6. camión
7. exámenes
8. lápiz
9. martes
10. meses

ACTIVIDAD 2 PAGE 8

1. Las hermanas mayores de Clara trabajan como modelos para una tienda de modas.
2. El amigo irlandés de Rodolfo es un buen artista.
3. La testigo del accidente es una turista alemana.
4. El tercer alumno a la izquierda es un chico portugués.
5. Las reinas del carnaval son unas jóvenes actrices brasileñas.
6. Las hijas de la Sra. Ortiz son corteses y serviciales. No son holgazanas.
7. Gabriela Mistral es una gran escritora latinoamericana.

ACTIVIDAD 3 PAGE 9

(*X indicates no article is needed*)

1. los / X / X
2. el / X / el / los
3. la / el / el
4. X / la / el
5. El / el / X / el
6. los / la
7. el / la / las
8. el / el / la

ACTIVIDAD 4 PAGES 9–10

(*X indicates no article is needed*)

1. X / una / X
2. un / el
3. la / una / la / X
4. el / X / la
5. una / un / la / la / X / un / X
6. el / X / X
7. un / X
8. X / X / X

ACTIVIDAD 5 PAGE 10

1. está / es
2. es / está / son
3. Son / está / estar / es
4. Está / está
5. Eres / estás
6. está / Es / está
7. está / Está / está
8. es / está
9. es / está / está
10. están / es

ACTIVIDAD 6 PAGE 11

Answers will vary.

Lecturas literarias

ACTIVIDAD 1 PAGE 12

1. buque
2. bañistas
3. maletas
4. muñeca
5. pasillo
6. olas
7. caballeros
8. encierra
9. obres de prisa

ACTIVIDAD 2 PAGE 12

1. buque
2. salón
3. rincón
4. niña
5. ojos
6. papá
7. diálogo
8. ballenas
9. tiburones
10. animales
11. joven
12. capitán
13. criminal
14. botones
15. ventrílocuo

ACTIVIDAD 3 PAGE 13

1. Es / A
2. es / C
3. está / E
4. está / F
5. es / A
6. Es / B *or* C
7. está / G
8. está / D
9. es / B
10. Soy / B
11. estoy / G

ACTIVIDAD 4 PAGE 14

1. A diario
2. otra vez
3. Por la noche
4. Sin duda
5. de pronto

ACTIVIDAD 5 PAGE 14

1. detener
2. para
3. dejar de
4. dejan de
5. parar

ACTIVIDAD 6 PAGE 14

1. mirada
2. ojeada
3. una mirada
4. ojeada

Unidad 2

Escenas de la vida

ACTIVIDAD 1 PAGE 15

1. Hay tanto ruido en el edificio de apartamentos porque hay muchas personas viviendo allí. (*Answers will vary.*)
2. El Sr. Calvo usa una afeitadora eléctrica para afeitarse y la Srta. Vela usa un molinillo para hacer café.
3. La Srta. Vela es una persona simpática a quien le gusta el café por la mañana. (*Answers will vary.*)
4. La Sra. Rivas no se desayuna porque no tiene tiempo y no quiere perder el autobús.
5. El ruido no le molesta al Sr. Cordero porque él no está en el edificio cuando las otras personas se despiertan y hacen ruido. Cuando él se acuesta todo el mundo está trabajando y no hay ruido.
6. Las ventajas de vivir en un edificio de apartamentos son que se puede vivir cerca del centro de la ciudad y se puede conocer a mucha gente. Los inconvenientes son que los vecinos siempre hacen mucho ruido y si la gente se muda mucho, siempre hay personas que uno no conoce en los pasillos. (*Answers will vary.*)

ACTIVIDAD 2 PAGE 16

Answers will vary.

El Sr. Calvo hace ruido con su afeitadora eléctrica todos los días. La Srta. Vela siempre usa su molinillo de café por la mañana. La Sra. Delgado me despierta todas las mañanas cuando hace ejercicios. Enciende el radio y salta mucho ¡arriba de mi cama! Me levanto todas las mañanas temoroso de que se me caiga el techo en la cabeza. No es bueno para el corazón. ¡Usted tiene que hacer algo, señor!

El español práctico

ACTIVIDAD 1 PAGE 17

Answers will vary.

1. Me corto el pelo con las tijeras. Uso las tijeras para cortarme la barba. Yo me corto las uñas con las tijeras.
2. Usa la toalla para secarse el cabello. Ud. se seca con la toalla.
3. Adela se maquilla las pestañas con el rimel (la máscara de ojos).
4. Tú te peinas con el peine. Usas el peine para peinarte.

ACTIVIDAD 2 PAGES 18–19

1. La escena ocurre en el baño.
2. Carlitos se cepilla los dientes.
3. Usa un cepillo de dientes.
4. El papá de Carlitos se afeita.
5. Usa una maquinilla de afeitar (una afeitadora).
6. Doña Carlota se maquilla.
7. Usa rimel (máscara de ojos), sombra de ojos, esmalte de uñas, laca para el cabello, perfume, rulos, lápiz de labios, un peine, un cepillo y pinzas.
8. Se mira en el espejo.
9. Doña Carlota se maquilla para la ópera. (*Answers will vary.*)
10. En la perfumería se venden perfume, laca para el cabello, esmalte de uñas, sombra de ojos, rimel (máscara de ojos), jabón, lápiz de labios, champú, crema, etc.
11. El perfume se usa para perfumarse. La laca para el cabello, la crema y el esmalte de uñas se usan para arreglarse. La sombra de ojos y el rimel se usan para maquillarse. El jabón se usa para lavarse. El champú se usa para lavarse el pelo. El lápiz de labios se usa para pintarse la boca.
12. El Sr. Martínez compra perfume y crema.
13. Lo compra para su esposa. (*Answers will vary.*)
14. María Cristina acaba de ponerse unos rulos.
15. Ahora se está secando el pelo.
16. Usa una secadora.
17. Después va a peinarse. (*Answers will vary.*)
18. Se arregla para ir a una fiesta. (*Answers will vary.*)

ACTIVIDAD 3 PAGE 20

1. me siento
2. se da prisa
3. se queda
4. se para
5. nos acercamos
6. se van
7. se mueve
8. se alejan

ACTIVIDAD 4 PAGE 20

Answers will vary.

1. Dispense señora, ¿le gustaría sentarse?
2. Perdón, ¿me podrías decir si nos acercamos al Paseo de la Reforma?
3. Perdón señor, ¿podría moverse un poquito para que yo baje del autobús?

Estructuras gramaticales

ACTIVIDAD 1 PAGE 21

1. empiezan
2. repite
3. huele
4. sonríe
5. cuesta
6. suena
7. Recuerdo
8. sueña
9. sigo
10. cierras
11. miento
12. sirve
13. pedimos
14. enciende

ACTIVIDAD 2 PAGE 22

1. Acaban de
2. Vamos a
3. Acabo de
4. Van a
5. acabas de
6. Acabo de
7. Vas a
8. Va a

ACTIVIDAD 3 PAGE 22

1. Empiezan a trabajar
2. enseña a programar
3. Aprenden a hablar
4. dejas de trabajar
5. Insiste en escribir
6. Vacila en pedir
7. Sueño con ser

ACTIVIDAD 4 PAGE 23

1. Se mudan
2. Se queja
3. se despide
4. te callas
5. se equivoca
6. me olvido
7. se divierten
8. nos reunimos
9. Se niega
10. se da cuenta
11. me acuerdo
12. preocuparse
13. se aburren
14. nos alegramos

ACTIVIDAD 5 PAGE 24

1. Sí, se come carne de res en la Argentina.
2. No, no se habla español en el Brasil.
3. Sí, se sirven platos picantes en México.
4. Sí, se produce mucho petróleo en Venezuela.
5. Sí, se toca música flamenca en Sevilla.
6. Sí, se fabrican coches en España.

ACTIVIDAD 6 PAGE 24

1. pensando
2. mintiendo
3. leyendo
4. pidiendo
5. pudiendo
6. durmiendo
7. viniendo
8. sirviendo
9. oyendo
10. yendo
11. trayendo
12. destruyendo

ACTIVIDAD 7 PAGE 25

Answers will vary.

1. Se están maquillando. (Están maquillándose.)
   Se están preparando (Están preparándose) para la representación.
   Se están vistiendo. (Están vistiéndose.)
2. Estamos leyendo los periódicos.
   Estamos buscando novelas románticas.
   Estamos haciendo la tarea de español.
3. Estoy arreglando el cuarto.
   Estoy estudiando para el examen de álgebra.
   Estoy durmiendo.
4. Está escribiendo una carta.
   Está hablando por teléfono con unos clientes.
   Está dándole instrucciones a la secretaria.
5. Estás hablando con ellos.
   Te estás divirtiendo. (Estás divirtiéndote.)
   Estás contando chistes.

Lecturas literarias

ACTIVIDAD 1 PAGE 26

1. disparo
2. muerto
3. celos
4. felicidad
5. besa
6. matar
7. celos

ACTIVIDAD 2 PAGE 26

1. sigue / seguir
2. Vuelva / volver
3. Siento / sentir
4. Tiene / tener
5. ríe / reír
6. desciende / descender

ACTIVIDAD 3 PAGE 27

1. besarse / B
   They kiss (each other) again.
2. se pone . . . de pie / A
   He stands up angrily.
3. se aleja / A
   She . . . moves away a few steps.
4. sentarse / A
   She sits down again.
5. se pasea / A
   He paces about.
6. Se escucha / C
   The shot of a firearm is heard.
7. Se oye / C
   Her . . . scream is heard in the distance.

ACTIVIDAD 4 PAGE 27

1. adivinar
2. permanecer
3. dejar de
4. van en busca de
5. volver a
6. se pone de pie
7. aparentan
8. finge

ACTIVIDAD 5 PAGE 28

1. muertos de miedo
2. muerto de cansancio
3. muerta de celos
4. muerto de hambre
5. muerto de frío

ACTIVIDAD 6 PAGE 28

1. ama
2. ama *or* quiere
3. Quedan
4. quedarme
5. permanece

Unidad 3

Escenas de la vida

ACTIVIDAD 1 PAGE 29

Answers will vary.

1. El Sr. Gómez es un hombre muy perezoso. No le gusta ayudar a su esposa con los quehaceres domésticos. Hace solamente lo necesario en su trabajo.
2. La Sra. de Gómez es una persona muy responsable, bien organizada y muy trabajadora. Hace todos los quehaceres domésticos sin la ayuda de su esposo.
3. No, la Sra. de Gómez no es una mujer moderna típica porque ella hace todos los quehaceres domésticos sin quejarse y no tiene un trabajo fuera de casa.
4. No, el Sr. Gómez no es un empleado modelo porque no se concentra en su trabajo. No hace casi nada y se queda dormido en las conferencias.
5. No, los Gómez no son una pareja moderna típica. Generalmente, en las parejas modernas el esposo y la esposa comparten los quehaceres domésticos y los dos trabajan fuera de casa.

ACTIVIDAD 2 PAGE 30

Answers will vary.

El día de la Sra. de Gómez

A las siete de la mañana estudia el proyecto sobre el préstamo internacional. Luego tiene una reunión con su jefe para discutir este proyecto. A las once se reúne con varios clientes del banco para hablar sobre otros asuntos de negocios. A las doce almuerza en la oficina con un bocadillo que ha traído de casa. A las doce y media vuelve al trabajo. A la una asiste a una conferencia sobre finanzas internacionales. Vuelve al trabajo a las cinco y prepara un informe sobre la conferencia. A las siete regresa a su casa.

El día del Sr. Gómez

El Sr. Gómez se despierta a las diez de la mañana. Se prepara el desayuno. Mientras bebe varias tazas de café, lee todo el periódico. Después, a las once y media, se ducha, se viste y sale a dar un paseo por el barrio. En el café de la esquina, se detiene a conversar con el Sr. Gutiérrez sobre el partido de fútbol que vieron ayer. Luego regresa a casa y se siente muy cansado. Se sienta y mira la televisión. Pronto se queda dormido. Cuando regresa su esposa, lo encuentra sentado frente al televisor profundamente dormido.

El español práctico

ACTIVIDAD 1 PAGE 31

1. tiende
2. pela
3. cortas
4. limpia
5. recogemos
6. fregar
7. vacía
8. saco
9. plancha
10. coloco

ACTIVIDAD 2 PAGE 32

1. Ricardo corta la hierba (el césped). Usa una cortadora de césped.
2. Isabel cuelga la ropa.
3. Elena le da de comer al gato.
4. El Sr. Alonso riega las flores. Usa una manguera.
5. El abuelo barre la acera delante de la casa. Usa una escoba.
6. La abuela sacude la alfombra.
7. El Sr. Castro saca a pasear al perro.

ACTIVIDAD 3 PAGE 33

Answers will vary.

1. lavar las legumbres, arreglar la sala y poner la mesa
2. vaciar los cestos de papeles y sacar la basura
3. plantar algunas flores, regar las plantas y cortar la hierba (el césped)
4. limpiar la sala, cuidar a los animales y fregar todos los platos
5. pelar las papas, lavar las legumbres y cortar el pan
6. tender las camas, pasar la aspiradora y quitar el polvo de los muebles

ACTIVIDAD 4 PAGE 33

Answers will vary.

Este robot puede barrer el piso de su casa. También puede, si usted lo desea, vaciar el cesto de papeles y los ceniceros. Está programado para pasar la aspiradora y tender las camas. En la cocina puede pelar las papas, lavar las legumbres y, además, fregar todos los platos. En el jardín, puede ayudarlo a plantar flores y regar las plantas. Y, lo mejor de todo, ¡hasta puede darle de comer al gato!

ACTIVIDAD 5 PAGE 34

1. MARTA: Guillermo, ¿podrías ayudarme a pelar las papas?
   GUILLERMO: Sí, me gustaría mucho pero tengo que lavar el coche.
2. MARTA: Guillermo, ¿podrías ayudarme a barrer el piso?
   GUILLERMO: Sí, me gustaría mucho pero tengo que sacar a pasear al perro.
3. MARTA: Guillermo, ¿podrías ayudarme a pasar la aspiradora?
   GUILLERMO: Sí, me gustaría mucho pero no tengo tiempo (tengo que irme, tengo que darme prisa).

Estructuras gramaticales

ACTIVIDAD 1 PAGE 35

1. habla
2. hablen
3. habla
4. hables
5. habla
6. habla
7. hable
8. hablen
9. habla

ACTIVIDAD 2 PAGE 35

1. saque
2. encienda
3. sirva
4. paguen
5. sigan
6. almuercen
7. pongas
8. traiga
9. construyan
10. haga
11. recojamos
12. conduzca
13. durmamos

ACTIVIDAD 3 PAGE 36

Examples of possible answers:

1. trabajar / trabaje
2. acostarme / me acueste
3. llegar temprano / lleguen temprano
4. andar / ande
5. descansar / descanse
6. ir a clase / vayamos a clase

ACTIVIDAD 4 PAGE 36

1. . . . haga la cama.
2. . . . no lleguen a la oficina con retraso.
3. . . . digan la verdad.
4. . . . no se equivoquen con el precio de los productos.
5. . . . ayude con los quehaceres domésticos.
6. . . . Ud. no pierda el tiempo.
7. . . . pague mis deudas.
8. . . . no salga con otras chicas.

ACTIVIDAD 5 PAGE 37

1. El Sr. Ojeda les permite a sus hijos que tomen el coche.
2. La Dra. Ruiz le aconseja a su paciente que se ponga a dieta.
3. La jefa les manda a los empleados que charlen menos y trabajen más.
4. Carmen le prohibe a su prima que cuente el secreto.
5. La Sra. Mena le sugiere a su marido que se lave y se seque las camisas él mismo.
6. El cocinero les pide a sus auxiliares que frieguen los platos.
7. La entrenadora les recomienda a las jugadoras que practiquen todos los días.
8. Silvia le ruega a su novio que llegue a tiempo a la cita.

ACTIVIDAD 6 PAGE 38

1. son / sean corteses
2. sabe / sepa programar
3. estamos / estemos de buen humor
4. vas / vayas a la discoteca
5. da / dé un paseo por la Plaza Mayor
6. estoy / esté en casa temprano
7. das / dés una propina
8. vamos / vayamos al teatro esta tarde

ACTIVIDAD 7 PAGE 39

Answers will vary.

1. Es importante que invite a todos sus amigos.
2. Es importante que busques un trabajo ahora.
3. Es importante que haga ejercicios todos los días.
4. Es importante que escojamos el lugar con mucho cuidado.
5. Es importante que estudies química.
6. Es importante que terminen la tarea.

ACTIVIDAD 8 PAGE 39

Answers will vary.

1. Es mejor que contesten las preguntas.
2. Es sorprendente que Ricardo le traiga flores a la secretaria del presidente.
3. Es necesario que también muestre mi curriculum vitae.
4. Es justo que insistas en ganar un buen sueldo.
5. Es importante que seamos corteses y atentos.
6. Es absurdo que Clara llame al gerente por su nombre de pila.

Lecturas literarias

ACTIVIDAD 1 PAGE 40

1. sacerdote	7. descargar	13. se desespera
2. guerreros	8. lanza	14. señal
3. sequía	9. plumas	15. arco iris
4. petate	10. voz	16. fondo
5. gota	11. saco	17. aparece
6. tensar	12. charquita	

ACTIVIDAD 2 PAGE 41

1. envíe / enviar
2. enciendan / encender
3. se abran, derramen / abrirse, derramar
4. suban / subir
5. busquen / buscar
6. pruebe / probar

ACTIVIDAD 3 PAGE 41

1. tomar / tomes
2. ser / seas
3. ir / vaya
4. saber / sepa

ACTIVIDAD 4 PAGE 42

1. rumbo a
2. sin esfuerzo
3. Ni siquiera
4. por todas partes

ACTIVIDAD 5 PAGE 42

1. regaló
2. pasar
3. extraño
4. extranjero / desconocida
5. extraño

Unidad 4

Escenas de la vida

ACTIVIDAD 1 PAGE 43

1. Luis Vigilante es una persona muy seria y muy responsable, pero le gusta descubrir misterios. Quiere ser un héroe famoso. (*Answers will vary.*)
2. El descubrimiento de las huellas misteriosas representa la gran oportunidad de su vida porque en el banco nunca ocurre nada extraordinario. Luis Vigilante piensa tener aquí la oportunidad de capturar a un ladrón.
3. Saca su pistola porque va a detener al ladrón. Piensa encontrar a un ladrón en el techo.
4. El hombre que está en el techo está muy sorprendido y casi se desmaya del susto.
5. Le da la billetera a Luis Vigilante porque piensa que es un ladrón y va a matarlo.
6. La escena va a terminar con los dos hombres riéndose del error que han cometido. (*Answers will vary.*)

ACTIVIDAD 2 PAGE **44**

Answers will vary.

1. Luis Vigilante lee en su cuarto cuando oye un ruido afuera de la casa. Busca su linterna, mira por la ventana y observa que hay huellas cerca de la casa. Piensa que debe haber un ladrón cerca de la casa.
2. Luis Vigilante sale de la casa en piyamas con la linterna. Sigue las huellas hasta llegar a la puerta del garaje. Entra en el garaje pero no ve a nadie.
3. Luis Vigilante da una vuelta alrededor del coche. Nota que las huellas van en una dirección y después en otra. Sigue las huellas con su linterna.
4. Nota que las huellas siguen en dirección del muro del jardín. Al llegar al muro, Vigilante encuentra una escalera. Con su linterna puede ver que su hijo está en lo alto de la escalera y que está besando a la hija del vecino, Lorna Suárez.

El español práctico

ACTIVIDAD 1 PAGE **45**

1. parada de autobuses
2. estacionamiento, aparcamiento
3. oficina de correos
4. rascacielos
5. semáforo
6. acera
7. letrero, rótulo
8. señal de tráfico
9. ascensor
10. salida
11. sótano

ACTIVIDAD 2 PAGE **45**

1. Doblen a la izquierda
2. Para, Párate
3. Subamos
4. Bajen
5. Crucemos
6. Sigan derecho

ACTIVIDAD 3 PAGE **46**

Answers will vary.

A. Sale de la estación de trenes y dobla a la derecha en la Calle Ortega. Sigue derecho hasta llegar al Paseo Colón donde dobla a la izquierda. Sigue hasta la Plaza Colón donde está el Hotel Trocadero.

B. Sale de las Galerías Nuevas y dobla a la izquierda en el Paseo Colón. Sigue el Paseo hasta la Plaza Colón donde dobla a la izquierda en el Paseo Montalbán. Dobla a la derecha en la Calle Fuente y sigue derecho hasta llegar al café.

C. Sale a la Avenida Ribera y dobla a la derecha. Dobla a la izquierda en el Paseo Montalbán y a la derecha en la Calle Murillo. El restaurante está en la Calle Murillo.

D. Sale del hotel y dobla a la derecha en la Calle Velázquez. Dobla a la derecha en el Paseo Montalbán y sigue derecho hasta la Avenida de la Independencia donde dobla a la derecha. Sigue derecho por la Avenida de la Independencia hasta llegar a la comisaría de policía.

E. Sale del aparcamiento al Paseo Colón y dobla a la izquierda. Sigue derecho por el Paseo hasta la Avenida de la Paz donde dobla a la derecha. Dobla a la izquierda en la Calle Ferraz. La gasolinera queda en la Calle Ferraz.

F. Sale de la oficina de correos y dobla a la izquierda en la Avenida de la Independencia. Dobla a la izquierda en el Paseo Montalbán y a la derecha en la Calle Fuente. Sigue derecho por la Calle Fuente hasta llegar al banco.

G. Sale del restaurante y dobla a la derecha en la Calle Murillo. Dobla a la izquierda en el Paseo Montalbán y a la derecha en la Avenida Ribera. Dobla a la izquierda en la Avenida de la Paz y a la derecha en el Paseo Colón. Sigue derecho por el Paseo Colón hasta llegar a las Galerías Nuevas.

ACTIVIDAD 4 PAGE **48**

Answers will vary.

1. AUTOMOVILISTA: ¿Me podría indicar dónde queda la oficina de correos?
   POLICÍA: Tiene que subir por la Avenida de la Independencia.
   AUTOMOVILISTA: ¿Queda muy lejos?
   POLICÍA: No, está a dos cuadras de aquí.
2. TURISTA: ¿Podría decirme dónde hay un buen restaurante?
   EMPLEADO: Sí, el Restaurante Miramar está a unos doscientos metros.
   TURISTA: ¿En qué calle está?
   EMPLEADO: Está en la Calle Murillo.
3. CLIENTE: ¿Podría decirme dónde está la sección de zapatos?
   DEPENDIENTE: Está en el sexto piso.
   CLIENTE: ¿Puede indicarme dónde está el ascensor?
   DEPENDIENTE: Doble a la derecha y allí está.

Estructuras gramaticales

ACTIVIDAD 1 PAGE **49**

1. Abra, Use, Pague
2. No coma, No almuerce, Practique
3. Apague, No encienda, No coloque
4. Sirva, Recoja, Friegue
5. Tienda, Cuelgue, Sacuda
6. Obedezca, No conduzca, Siga

ACTIVIDAD 2 PAGE **50**

1. Compra, Lee, Asiste, Escucha
2. Escojamos, Almorcemos, Pidamos, Probemos
3. Visiten, Den, Saquen, Reúnanse

ACTIVIDAD 3 PAGE **50**

1. Ven, vengas
2. Ten, tengas
3. Haz, hagas
4. Sal, salgas
5. Ve, vayas
6. Sé, seas
7. Pon, pongas
8. di, digas

ACTIVIDAD 4 PAGE **51**

1. Quedémonos
2. Siéntese
3. Desayúnense
4. No te cortes
5. Vámonos
6. Despiértese
7. Acuéstense
8. No te acerques
9. No se paren
10. Sécate

ACTIVIDAD 5 PAGE **51**

1. por
2. por
3. Para
4. por
5. para
6. para
7. por
8. para
9. por
10. para / para
11. por
12. por
13. para
14. por
15. para
16. por

ACTIVIDAD 6 PAGE **52**

1. en medio de la
2. alrededor de la
3. enfrente del
4. enfrente del, delante del
5. sobre los, en los
6. debajo del
7. entre el
8. al lado del

Lecturas literarias

ACTIVIDAD 1 PAGE **53**

1. mercado
2. aconsejan
3. carretera
4. asusta
5. grites
6. saludes
7. gallina
8. ladrón
9. granizo
10. aguacero
11. se refugia
12. golpea
13. botín, tesoro
14. consigo
15. botín, tesoro

ACTIVIDAD 2 PAGE **53**

1-4 *Tú commands*
vende; I, l. 7; vender
compra; I, l. 8; comprar
sé; I, l. 10; ser
no seas; II, l. 20; ser
explícame; II, l. 37; explicar

5-6 *Uds. commands*
Tengan; I, l. 17; tener
Esperen; I, l. 55; esperar
No se peleen, I, l. 60 *and* I, l. 64 *and* II, l. 24; pelear

ACTIVIDAD 3 PAGE **54**

1. para
   Juan . . . left for the market.
2. por
   along the road were walking (going) the groom, the bride and their relatives.
3. por
   [Juan] walked through the market.
4. por / para / para
   [Juan] lamented (because of) not having money (in order) to buy a vase for his mother.
5. Por / para
   At last (finally), Juan left the market and set out for his house.
6. para
   [Juan] climbed a leafy tree (in order) to sleep the siesta.

ACTIVIDAD 4 PAGE **55**

1. carísima
2. riquísima
3. terquísimo
4. velocísimo
5. ferocísimo
6. larguísimo

ACTIVIDAD 5 PAGE **55**

1. a toda prisa
2. cierto día
3. en un abrir y cerrar de ojos

ACTIVIDAD 6 PAGE **56**

1. recibió
2. consiguió
3. hacerse
4. Se pusieron
5. adquirir
6. hacerse
7. recibir

Unidad 5

Escenas de la vida

ACTIVIDAD 1 PAGE **57**

1. Enrique no hizo nada de particular durante el fin de semana. Se aburrió. Limpió su cuarto, lavó unas camisas, compró algunas cosas y miró la televisión.
2. Un gruñon es una persona que se queja siempre sobre cualquier cosa. Siempre está de mal humor.
3. Elena invitó al Sr. Arias para tratar de tranquilizarlo. El Sr. Arias aceptó la invitación y les enseñó a todos los jóvenes a bailar los bailes de su juventud. (*Answers will vary.*)
4. El Sr. Arias parece ser una persona muy gruñona que no le gusta divertirse pero en realidad es un hombre muy simpático y le gustan las fiestas. (*Answers will vary.*)
5. Elena parece estar más calificada para diplomática porque es muy lista y entiende bien a la gente. (*Answers will vary.*)

ACTIVIDAD 2 PAGE **58**

CARLOS: No te imaginas lo que pasó en casa de Elena este fin de semana.
ENRIQUE: ¿Qué pasó?
CARLOS: Pues, Elena nos invitó a una barbacoa en el balcón de su apartamento. Al llegar decidimos asar a la parrilla unos bistecs.
ENRIQUE: ¿De veras? ¿Se divirtieron Uds. mucho?
CARLOS: Sí, lo pasábamos a las mil maravillas hasta que el humo de la barbacoa despertó al Sr. Arias.
ENRIQUE: ¡No me digas! ¡El gruñón del apartamento de arriba! Y, ¿qué hizo?
CARLOS: Bajó al apartamento y gritando le dijo a Elena que el humo olía muy mal y que

estábamos quemando la comida. Dijo que íbamos a tener un fuego. Amenazó con llamar a los bomberos.

ENRIQUE: Y qué, ¿los llamó por fin?

CARLOS: ¡No, hombre, qué va! Imagínate que Elena invitó al Sr. Arias a la barbacoa.

ENRIQUE: Me imagino que seguramente perdió los estribos.

CARLOS: Bueno, rechazó indignadamente la invitación, pero ya sabes como es Elena. Insistió tanto y con tantas sonrisas que por fin él aceptó.

ENRIQUE: ¡Qué increíble!

CARLOS: Pero lo mejor es que trajo toda clase de fiambres y bebidas de su apartamento. Nos resultó un gruñón simpático.

El español práctico

ACTIVIDAD 1 PAGE 59

1. aplaudimos
2. silban
3. se entrena
4. levanto pesas
5. cuentas chistes
6. asisten
7. hacer cola
8. salta
9. marcar
10. platicamos

ACTIVIDAD 2 PAGES 60–61

Answers will vary.

A.

1. Se presenta un concierto en el Alcázar el 2 de agosto.
2. Isabel hace cola en la taquilla del Alcázar.
3. La señora en la taquilla vende boletos para el concierto.
4. La estrella del espectáculo es Julio Iglesias. Sí, lo conozco. (No, no lo conozco).
5. La función empieza a las 20:00 horas (a las 8).
6. Hay tantos espectadores porque Julio Iglesias es muy popular. Durante el concierto van a escuchar al cantante y a aplaudir mucho.
7. Sí, me gustaría ir al espectáculo porque nunca he escuchado cantar a Julio Iglesias.

B.

1. Los estudiantes se entrenan en el Estadio Universitario.
2. Ana María corre.
3. Gloria levanta pesas.
4. Carlos salta.
5. Raimundo acaba de lanzar el frisbee.
6. Inés va a coger el frisbee.
7. Se están entrenando para ponerse en forma.
8. Para ponerme en forma practico la gimnasia.

ACTIVIDAD 3 PAGE 62

Answers will vary.

1. El título de la película es "Mar brava".
2. Se presenta el viernes 13, a las 22,30 horas (las once y media) por la 1ª cadena.
3. Los actores principales son Alfredo Mayo, Jorge Sanz, Alma Muriel y Guillermo Antón.
4. El director es Angelino Fons.
5. La película trata de un pueblo marinero, algunos pescadores desaparecidos y un desconocido.
6. Los críticos piensan que la película es interesante.
7. He elegido esta película porque me parece interesante.

ACTIVIDAD 4 PAGE 63

Answers will vary.

A.

LUIS: . . . ir . . . cine este fin de semana?

MARÍA E: . . . me gustaría mucho. . . . quieres ver?

LUIS: . . . *Elisa vida mía*. . . . el CineClub Amaya.

MARÍA E: ¿A qué hora se presenta?

LUIS: . . . las 7 (las 19 horas).

LUIS: En el café que está enfrente del cine.

LUIS: A las seis y media.

MARÍA E: . . . ¡Hasta el sábado!

B.

JAVIER: . . . a la final de la Copa de España?

JAVIER: En el Palacio de los Deportes.

JAVIER: Es el domingo, 13 de junio.

GLORIA: . . . tengo otros planes.

ACTIVIDAD 5 PAGE 64

Answers will vary.

Querido Paco,

Este fin de semana hice muchas cosas divertidas. El viernes por la noche asistí a un concierto de rock. Escuchamos a un muy buen conjunto y todos aplaudimos muchísimo. El sábado fui con un grupo de amigos al cine y vimos una película de terror excelente. Luego fuimos a casa de una amiga para conversar y discutir—¡y comer! El domingo jugué un partido de tenis y gané. ¡Fue un fin de semana maravilloso!

Abrazos,
Julia

Estructuras gramaticales

ACTIVIDAD 1 PAGE 65

1. leyó / leímos
2. pedí / pidieron
3. construyó / construyeron
4. pagaron / pagué
5. almorcé / almorzaste
6. vieron / vio
7. sacamos / saqué
8. diste / dieron
9. nos caímos / se cayeron
10. dormiste / durmió

ACTIVIDAD 2 PAGES 65–66

1. se enfadó / criticaron
2. aplaudimos / representó
3. se enojaron / volviste
4. repitió / no . . . oyeron
5. me equivoqué / no . . . explicaste
6. durmieron / tocó
7. se despidió / salieron
8. se divirtieron / contaste
9. se alegró / sonrió
10. diste / murieron
11. construyeron / se cayó
12. se durmió / cantó

ACTIVIDAD 3 PAGE 66

Answers will vary

1. Caminé mucho.
   Vi muchos animales.
   Nadé en un lago.
2. Nadaron en el mar.
   Se divirtieron.
   Jugaron al frisbee.

3. Hizo ejercicios de calentamiento.
   Practicó la gimnasia.
   Levantó pesas.
4. Vimos una película por televisión.
   Limpiamos la casa.
   Leímos una novela.
5. Compraste regalos para tus amigos.
   Viste una película cómica.
   Admiraste las obras de arte de una exposición del museo.

ACTIVIDAD 4 PAGE 67

1. trajo	6. produjo	11. quiso
2. supimos	7. viniste	12. Anduvimos
3. fui	8. puso	13. tuvo
4. dijeron	9. pude	14. estuvo
5. hizo	10. fuimos	

ACTIVIDAD 5 PAGE 68

1. no hice nada interesante ayer.
2. no encontraste a nadie simpático en la fiesta.
3. Nadie invita . . . a cenar en un restaurante japonés.
4. nunca va al cine los fines de semana.
5. no sabe ni bailar ni cantar.
6. no asisten (asistieron) ni al concierto ni al partido de fútbol.
7. no vas a invitar a ningún amigo a mi (tu) casa.

ACTIVIDAD 6 PAGE 68

1. sino	4. pero	7. sino
2. pero	5. sino	8. pero
3. pero	6. sino	

ACTIVIDAD 7 PAGE 69

1. Está enamorado de ella desde el verano pasado.
2. Trabajan desde las ocho y media.
3. Aprendo español desde octubre.
4. Conduce desde 1941.
5. Hacemos cola desde las siete.
6. Eres norteamericano desde el cinco de abril.

Lecturas literarias

ACTIVIDAD 1 PAGE 70

1. herencia	6. maestros
2. manda	7. tiza
3. bienes	8. demuestran
4. mendigo	9. heredero
5. testamento	10. sastre

ACTIVIDAD 2 PAGE 70

1. Hágame / hacer / Hazme
2. Permítame / permitir / Permíteme
3. Sírvase / servir / Sírvete
4. Téngalo / tener / Tenlo

ACTIVIDAD 3 PAGE 71

1. dejó / dejar
   ". . . the will that our good friend, . . . left"
2. fue / ser
   "My uncle's real intention was otherwise"
3. quiso / querer
   "That . . . is what Mr. Álvarez intended (tried) to will"

ACTIVIDAD 4 PAGE 71

	coma	punto	dos puntos	signos de interrogación
el hermano	2	5	1	2
el sobrino	2	5	0	0
el sastre	2	6	0	4
el mendigo	2	6	0	6
el maestro	2	6	0	4

Note: each question mark was counted individually. Thus ¿...? counts as 2 "signos de interrogación".

Students' punctuation of text will vary.

ACTIVIDAD 5 PAGE 72

1. dejó	4. firmar
2. te vas, sales	5. letrero
3. sale	6. signos

Unidad 6

Escenas de la vida

ACTIVIDAD 1 PAGE 73

1. Al llegar al mar los Revueltas descubrieron que todos los hoteles cercanos a la playa estaban completamente llenos.
2. El pez se le escapó porque era muy grande y arrastró al Sr. Revueltas al agua.
3. Enrique fue a la finca en bicicleta. Regresó al hotel caminando.
4. Elena caminaba con muletas porque se cortó el pie en la playa.
5. La Sra. de Revueltas no trajo fotos de las vacaciones porque perdió su cámara cuando una bicicleta que venía a toda velocidad la atropelló.
6. La merienda en el campo terminó mal porque un toro enfurecido atacó a los Revueltas y todos tuvieron que correr hacia el coche.
7. Enrique le dice a su novia que sus vacaciones son fenomenales. Le hace tal descripción porque no quiere admitirle que no se divierte. (*Answers will vary.*)

ACTIVIDAD 2 PAGE 74

Answers will vary.

. . . al llegar a la cuidad descubrimos que todos los hoteles cercanos a la playa estaban llenos. Tuvimos que quedarnos en un hotel lejos de la playa, sin comodidades y con un servicio muy malo. Al día siguiente mi padre salió de pesca y un pez enorme lo arrastró al mar. El lunes fui en bicicleta a visitar una finca y tuve un desinflado al regresar. No me quedó más remedio que caminar 15 kilómetros para volver al hotel. ¡Qué calor hacía! Estaba rendido. El martes mi hermana Elena se cortó el pie al caminar por la playa. Le dieron siete puntos y ahora tiene que caminar con unas muletas. El miércoles a mi madre la atropelló una bicicleta en la plaza del pueblo y ella perdió su cámara. El jueves un toro enfurecido nos atacó mientras almorzábamos sentados en la hierba.

Hoy, viernes, llueve a cántaros y nos quedamos en el hotel. Como puedes ver, no hemos tenido mucha suerte en estas vacaciones.

El español práctico

ACTIVIDAD 1 PAGE 75

1. desmayarse
2. cansarse
3. acampar
4. bucear
5. asistir
6. una barbacoa
7. el caballo
8. el sol
9. un robo
10. una carretera

ACTIVIDAD 2 PAGE 75

Answers will vary

1. Hace mucho viento.
   . . . hace viento, se puede dar un paseo en bote de vela.
   . . . No debe caerse al mar.
2. Nieva mucho.
   . . . nieva, se puede esquiar.
   . . . No debe perder el equilibrio.

ACTIVIDAD 3 PAGE 76

1. La escena tiene lugar a orillas del mar.
2. El hombre en el pontón pesca.
3. El chico que está al lado del hombre se tira al agua.
4. La chica que está cerca del bote de vela bucea.
5. Sí, es peligroso lo que hace. Puede ahogarse. (*Answers will vary.*)
6. Las jóvenes que se ven en el primer plano toman un baño de sol. (*Answers will vary.*)
7. Se pone crema bronceadora porque no quiere quemarse. (*Answers will vary.*)
8. El joven de la derecha sube un acantilado.
9. Sí, es peligroso lo que hace. Puede resbalarse. (*Answers will vary.*)
10. Las personas que aparecen al fondo del dibujo dan una vuelta a caballo.

ACTIVIDAD 4 PAGE 77

Answers will vary.

1. Se bañó en el mar.
   Dio un paseo en bote de vela.
   Pescó.
2. Di una vuelta a caballo.
   Me zambullí en el agua.
   Me bronceé.
3. Practicaron el alpinismo.
   Escalaron un pico.
   Subieron un acantilado.
4. Pasearon por el bosque.
   Merendaron en el campo.
   Hicieron una barbacoa.
5. Diste una vuelta en bicicleta.
   Fuiste de camping.
   Paseaste por el prado.
6. Acampamos.
   Nos bañamos.
   Tomamos el sol.

ACTIVIDAD 5 PAGE 78

Answers will vary.

1. se perdieron
2. se marearon
3. sufrió una quemadura de sol
4. pusieron fuego al bosque
5. se cayó, se torció el tobillo (se hizo daño)
6. se fracturó el hombro, se mató

ACTIVIDAD 6 PAGE 79

Answers will vary.

Anoche ocurrió un incendio en la fábrica de fósforos de nuestro pueblo. Parece haber sido un accidente. Afortunadamente había una tormenta y la lluvia apagó el incendio. Una parte de la fábrica se quemó. Los propietarios la van a construir otra vez.

El domingo pasado, por la mañana, Pilar González y Echeverría se casó con Javier García y Jiménez. La boda tuvo lugar en la Iglesia del Sagrado Corazón. Unos 60 parientes presenciaron el feliz acontecimiento. Después de la ceremonia, la joven pareja se fue de luna de miel.

Anteayer a las tres de la tarde se inauguró el monumento a nuestro ilustre alcalde José Benítez Pérez. Muchos funcionarios del gobierno local participaron en la inauguración y el gobernador presidió la ceremonia.

Estructuras gramaticales

ACTIVIDAD 1 PAGE 80

1. Trabajaba
2. Eras
3. Salía
4. Tenía
5. Íbamos
6. Conducía
7. Almorzaba
8. Veíamos

ACTIVIDAD 2 PAGES 80–81

1. bebía / bebió
2. íbamos / fuimos
3. daban / dieron
4. se ponía / Se puso
5. recibía / recibió

ACTIVIDAD 3 PAGE 81

1. se ganó
2. se reunía
3. me rompí
4. asistimos
5. se bronceaban
6. dormían
7. merendábamos
8. buceó
9. te torciste
10. visitamos
11. hacía
12. organizábamos

ACTIVIDAD 4 PAGES 82–83

Answers will vary.

1. Romeo trepó a lo alto de una escalera pare ver a Julieta. Un perro que pasaba por la calle chocó con la escalera. La escalera, con Romeo, se cayó a la calle.
2. Los jóvenes jugaban al fútbol. Un joven le dio una patada a la pelota. La pelota rompió un cristal de la ventana de la sala.
3. Dos coches chocaron. Había daño a los parachoques. Los dos conductores se enfadaron y empezaron a gritar. Mucha gente miraba.
4. El ladrón entró por la ventana del cuarto. El hombre y la mujer dormían. El ladrón robó las joyas que estaban en el tocador. Salió por la puerta.

ACTIVIDAD 5 PAGE 84

1. era
2. Dirigía
3. trabajaba
4. Se despertaba
5. se acostaba
6. Iba
7. tomaba
8. se ganaba
9. estaba
10. sintió
11. se cayó
12. llamó
13. envió
14. diagnosticó
15. se murió
16. tuvo
17. dijo
18. tenía
19. vendió
20. se compró

ACTIVIDAD 6 PAGE 85

1. se escapó / limpiaba
2. te divertías / estaba
3. conoció / pasaba
4. iba / oyó
5. tenía / vivía
6. llegó / envió
7. sabía / pude
8. vi / se llevó
9. vivíamos / hablábamos
10. escribió / se ganaba

ACTIVIDAD 7 PAGE 86

1. Eran / regresé, regresaba
2. caminaba / contaba
3. llegamos / vimos / miraba
4. miramos / nos dimos cuenta / ocurría
5. vi / escalaba
6. había / esperaban
7. detuvieron / llegó
8. puso
9. fue
10. sacaron / aplaudió / sonreía

Lecturas literarias

ACTIVIDAD 1 PAGE 87

1. huerta
2. maíz
3. maduros
4. se exponga
5. afligirse
6. cosecha
7. echar
8. mojar
9. entregar
10. fe
11. buenas acciones, obras de caridad
12. buzones, carteros

ACTIVIDAD 2 PAGE 88

1. veían / ver
2. cayó / caer
3. dijo / decir
4. fue / ir
5. puso / poner
6. tuvo / tener
7. siguió / seguir
8. pidió / pedir
9. dio / dar
10. fue / ser
11. pudo / poder
12. pedí / pedir

ACTIVIDAD 3 PAGE 89

Answers will vary.

1–3 **Imperfecto**
I, l. 1: La casa . . . estaba en lo alto . . .
I, l. 2: Desde allí se veían . . .
I, l. 4–5: siempre prometían una buena cosecha.

4–6 **Pretérito**
I, l. 17: comenzaron a caer . . .
I, l. 19: El hombre salió . . .
I, l. 41: La noche fue de lamentaciones . . .

7–9 **Imperfecto y pretérito**
I, l. 12–14: Los muchachos más grandes trabajaban en el campo . . . hasta que la mujer les gritó a todos . . .
II, l. 17–18: Un empleado, que . . . también ayudaba en la oficina de correos, llegó riéndose mucho ante su jefe . . .
II, l. 21–22: muy pronto se puso serio y, mientras daba golpecitos . . .

ACTIVIDAD 4 PAGE 89

1. tristeza
2. alegre / alegría
3. ayuda
4. esperanzas
5. aguacero / agua
6. gusto

ACTIVIDAD 5 PAGE 90

1. en medio de
2. sí que
3. a causa de
4. a lo menos

ACTIVIDAD 6 PAGE 90

1. sólo, solamente
2. única
3. solo

Unidad 7

Escenas de la vida

ACTIVIDAD 1 PAGE 91

1. Para Linda, ''especialidades turísticas'' quiere decir platos típicos de España porque ella, como turista, quiere probar lo típico del país en que se encuentra. (*Answers will vary.*)
2. Para el camarero, ''especialidades turísticas'' quiere decir platos, no necesariamente típicos de España, que les gustan a los turistas. Piensa así porque quiere que los turistas se queden satisfechos con su restaurante y con él. (*Answers will vary.*)
3. Linda espera probar platos típicos españoles. Pide la paella valenciana, el caldo gallego y el pollo a la catalana.
4. Imagino al camarero como un hombre alto y moreno. Tiene el pelo negro y unos bigotes. No es estúpido pero no es muy inteligente tampoco. Su actitud es amable y quiere que los extranjeros coman lo que les gusta. (*Answers will vary.*)
5. Por fin come una hamburguesa porque es la especialidad del restaurante y parece que el restaurante no tiene otros platos.
6. Cuando voy a un restaurante pido platos típicos de otros países porque me gusta probar comidas extranjeras. (*Answers will vary.*)

ACTIVIDAD 2 PAGE **92**

Answers will vary.

Escena 1

CAMARERO: ¿En qué puedo servirle, señor?

TURISTA: ¿Puede traerme el menú, por favor?

CAMARERO: En seguida, señor. Aquí lo tiene.

TURISTA: No puedo decidirme. ¿Qué me recomienda Ud.?

CAMARERO: Todos los platos son muy sabrosos, señor. Pero la paella valenciana es una verdadera delicia. Es la especialidad del cocinero.

TURISTA: Bueno, tráigame la paella valenciana con un vaso de vino tinto.

Escena 2

CAMARERO: ¿Qué le pareció la paella, señor?

TURISTA: ¡Nunca en mi vida he comido plato tan malo!

CAMARERO: Pero, ¿cómo es posible? ¿Qué tenía la paella?

TURISTA: El arroz no estaba cocido. Los guisantes estaban muy duros y los mariscos no estaban frescos. ¡No voy a pagar la cuenta!

El español práctico

ACTIVIDAD 1 PAGE **93**

1. libra
2. pedazo
3. propina
4. cafetería
5. aceitunas
6. langosta
7. aguacate
8. galletas
9. postre
10. papas
11. pepino
12. pato

ACTIVIDAD 2 PAGE **93**

1. un tarro
2. un paquete
3. una docena
4. un pedazo
5. una botella
6. una caja
7. una lata
8. un kilo

ACTIVIDAD 3 PAGE **94**

Answers will vary.

Menú vegetariano

Entremeses: Ensalada mixta, aceitunas
Plato principal: Tortilla de huevo
Postre: Tarta de manzana
Bebida: Té

Menú de fiesta

Entremeses: Cóctel de camarones, crema de champiñones
Plato principal: Langosta
Postre: Pastel de coco
Bebida: Vino blanco

Mi menú favorito

Answers will vary.

ACTIVIDAD 4 PAGES **95–96**

A.

1. La escena tiene lugar en una frutería.
2. Se venden naranjas, bananas, uvas, toronjas, melocotones, piñas, fresas, manzanas, peras y sandías.
3. El señor quiere comprar uvas.
4. Cuestan 200 pesos la libra.

B.

1. El restaurante se llama "El Miramar".
2. Las especialidades de la casa son los mariscos y el pescado.
3. El cliente sentado a la izquierda comió unas ostras. Bebió una copa de vino.
4. Llama al camarero porque quiere la cuenta.
5. Se puede pagar con tarjeta de crédito.
6. En la mesa a la derecha hay una jarra de agua, dos vasos y un florero con flores.
7. El señor pide langosta.
8. La señorita pide pollo. No pide la especialidad de la casa.
9. Sí, me gustaría comer en este restaurante. Me gustan mucho los mariscos. (*Answers will vary.*)

ACTIVIDAD 5 PAGE **97**

Answers will vary.

A. En la carnicería

CARNICERA: . . . ¿Qué se le ofrece?

CLIENTE: Déme . . .

CARNICERA: . . . ¿Se le ofrece alguna otra cosa?

CLIENTE: . . . necesito . . . ¿Cuánto cuesta . . .

CLIENTE: . . . ¿Cuánto le debo?

B. En la tienda de comestibles

COMERCIANTE: . . . puedo servirle?

CLIENTE: Necesito medio kilo de azúcar.

CLIENTE: . . . necesito también un litro de leche.

COMERCIANTE: Pase a la caja . . .

C. En el restaurante

CLIENTE: . . . ¿puede traerme el menú?

CLIENTE: . . . ¿Qué me recomienda como plato principal?

CLIENTE: . . . ¿de postre?

CLIENTE: ¿Puedo pagar con tarjeta de crédito?

ACTIVIDAD 6 PAGE **98**

Answers will vary.

El fin de semana pasado mi amigo Gabriel y yo fuimos a comer al Restaurante "Las Maravillas". Fuimos a celebrar el cumpleaños de Gabriel. En el restaurante servían platos típicos españoles. El camarero nos sugirió la paella valenciana. De entremeses pedí una ensalada mixta y sopa de cebolla. De plato principal pedí un filete a la parrilla. Bebí vino tinto y agua mineral. De postre pedí flan y café. La comida fue muy buena y el servicio fue excelente. Pagué la cuenta con una tarjeta de crédito y le dejé una propina muy buena al camarero.

Estructuras gramaticales

ACTIVIDAD 1 PAGE **99**

1. nos hemos sentado
2. ha leído
3. he escogido
4. ha traído
5. has tomado
6. ha sido
7. han estado
8. he dado

ACTIVIDAD 2 PAGE **99**

1. No ha oído
2. He roto
3. no ha vuelto
4. No has leído
5. Hemos hecho
6. no han dicho
7. Se ha puesto
8. Ha descubierto

ACTIVIDAD 3 PAGE **100**

1. en ella
2. conmigo
3. con ustedes
4. contigo
5. sin ellos
6. para ella
7. en ti
8. para usted

ACTIVIDAD 4 PAGE **100**

1. le
2. nos
3. le
4. las
5. Le
6. le
7. Los
8. Le
9. los
10. la
11. las
12. les
13. te
14. les

ACTIVIDAD 5 PAGE **101**

1. Les sirve
   Les trae
   No les sugiere
2. La llama
   Le escribe
   No la deja
3. No le presta
   No le dice
   No le pide
4. No las chifla.
   Las aplaude.
   No las critica.
5. Los ayudo
   Los respeto.
   Les envío
6. Le paga
   Lo invita
   No le da

ACTIVIDAD 6 PAGE **102**

1. Porque voy a invitarla . . .
2. Porque acabo de escribirles.
3. Porque no tengo tiempo para hacerla.
4. Porque no puedo repararlo . . .
5. Porque pienso visitarte . . .
6. Porque no tengo que devolverlos . . .

ACTIVIDAD 7 PAGE **102**

1. Póngala
2. Sírvalo
3. Tráigale
4. Siéntelas
5. Sírvale
6. Recomiéndeles
7. Sírvalo

ACTIVIDAD 8 PAGE **103**

1. Tráeme
2. No le compres
3. Ayúdalos
4. No le cuentes
5. Arréglalo
6. No los laves

ACTIVIDAD 9 PAGE **103**

1. Se lo trae.
2. Se lo corta.
3. Nos los explica.
4. Se los enseña.
5. Me lo cuenta.
6. Se la va a regalar. (Va a regalársela.)
7. Nos las quiere mostrar. (Quiere mostrárnoslas.)
8. Se la tienen que devolver. (Tienen que devolvérsela.)
9. Se la debe pagar. (Debe pagársela.)
10. Se las acaba de entregar. (Acaba de entregárselas.)

ACTIVIDAD 10 PAGE **104**

1. dísela
2. no se lo prestes
3. regálaselos
4. no se los cuentes
5. pídesela
6. muéstraselos
7. devuélveselos
8. no se la sirvas

ACTIVIDAD 11 PAGE **104**

1. Préstasela, por favor.
2. Muéstranoslas, por favor.
3. Explícasela, por favor.
4. Dímela, por favor.
5. Tráeselos, por favor.
6. Mándanoslas, por favor.

ACTIVIDAD 12 PAGE **105**

1. (A él) Le molestan
2. (A mí) No me interesan
3. (A ti) Te faltan
4. (A ellos) Les duele
5. (A nosotros) Nos encanta
6. (A ti) No te duelen
7. (A ella) No le falta
8. (A Uds.) Les gustan

Lecturas literarias

ACTIVIDAD 1 PAGE **106**

1. tela
2. baúl
3. juntar
4. estar de pie
5. velas
6. regateo
7. paisaje
8. lucha

ACTIVIDAD 2 PAGE **106**

1. sumergido / sumergir / A
2. cubiertas / cubrir / A
3. terminado / terminar / A
4. puesto / poner / B
5. ido / ir / B
6. costado / costar / B
7. honrado / honrar / A

ACTIVIDAD 3 PAGE **107**

1. el cuadro
2. el cuadro
3. el paisaje real
4. la pintura
5. a Ud. (= al artista)
6. a Ud. (= a la mujer)
7. el cuadro
8. (= le) a Ud. (= a la mujer) / el cuadro
9. a Ud. (= al artista)
10. a Ud. (= al artista)
11. (= le) a Ud. (= a la mujer) / el cuadro
12. reflexive (= la mujer) / las moneditas
13. los cinco pesos
14. el cuadro

ACTIVIDAD 4 PAGE **107**

1. pedregoso
2. emocionada
3. plateada
4. adormecida
5. cuesta
6. sobran
7. Figúrate
8. me puse a

ACTIVIDAD 5 PAGE **108**

1. el primo de Ernesto
2. de noche
3. más de diez dólares
4. del mundo
5. de alegría
6. en el suelo

ACTIVIDAD 6 PAGE **108**

1. gratis
2. gratuitos
3. libre

Unidad 8

Escenas de la vida

ACTIVIDAD 1 PAGE **109**

1. La señora trata de comunicarle al médico que su esposo se ha resbalado en la calle y que tal vez se haya roto la pierna.
2. No puede hacerlo porque el médico no la deja hablar.
3. El médico examina a la señora porque piensa que está enferma.
4. El marido de la señora se resbaló en una cáscara de banana y ahora no puede moverse.
5. El médico va a examinar al esposo y va a tomarle una radiografía de la pierna. Si el esposo tiene la pierna rota, el médico va a enyesarla. Va a recomendarle al esposo que no camine sin muletas. (*Answers will vary.*)
6. El médico es demasiado impulsivo y no la deja hablar a la señora. Debe aprender a escuchar a sus pacientes. (*Answers will vary.*)

ACTIVIDAD 2 PAGE **110**

Answers will vary.

JOVEN: No me siento bien. Sufro de un dolor de estómago tremendo.
MÉDICA: A ver, joven. Vamos a examinarte. Pero primero, ¿cuáles enfermedades infantiles tuviste?
JOVEN: Tuve sarampión y varicela.
MÉDICA: Bien. Ahora a examinarte. La temperatura está normal. Ahora el corazón . . . también está normal. Vamos a ver la radiografía . . . nada . . . todo normal. ¿Cómo te sientes ahora?
JOVEN: Me siento un poco mejor. No me duele tanto el estómago.
MÉDICA: Entonces creo que no fue nada. Seguramente no es nada grave.
JOVEN: Me alegro, pero es que . . . bueno . . . necesito un certificado médico para quedarme unos días en casa.
MÉDICA: ¿Un certificado médico? Y ¿por qué necesitas un certificado médico?
JOVEN: Es que . . . hay un examen muy importante y no tuve tiempo para estudiar. Quiero quedarme en casa y no ir a la escuela.
MÉDICA: Joven, ¿por qué me haces perder tiempo? No voy a darte un certificado. Si no estudias, tienes que aceptar los resultados. La próxima vez, vas a estudiar, ¿verdad?

El español práctico

ACTIVIDAD 1 PAGE **111**

1. paperas
2. los ojos
3. tose
4. sonar
5. tragar
6. se desmayó
7. resfriada
8. un yeso
9. dentista
10. puntos
11. auscultar
12. se mejora
13. golpeaste
14. hirió
15. un resfriado

ACTIVIDAD 2 PAGE **112**

Answers will vary.

1. El doctor me recetó pastillas porque padezco de mareos.
2. El dentista le pone una inyección de novocaína al paciente porque va a sacarle una muela.
3. Rafael tose tanto porque tiene bronquitis.
4. La enfermera me tomó la temperatura porque quería ver si tenía fiebre.
5. El doctor Sánchez auscultó al enfermo porque quería escucharle el corazón.
6. Luisa lleva una curita en la frente porque se cortó.
7. Rodolfo anda con muletas porque se rompió una pierna.
8. El doctor me puso puntos porque tenía una herida muy grande.
9. Llevo un yeso porque me rompí el brazo ayer.
10. Tomo vitaminas porque quiero tener buena salud.
11. Adela se siente tan cansada porque tiene mononucleosis.
12. Voy a ver al médico porque me duele la garganta.

ACTIVIDAD 3 PAGE **113**

Answers will vary.

A.

EDUARDO: Me siento mal.
EDUARDO: . . . tengo 39 grados de fiebre.
EDUARDO: Me duele la garganta.
EDUARDO: toso mucho . . . tragar . . .
EDUARDO: Tuve rubeola y varicela.
DOCTORA: . . . abrir la boca? . . . respire profundamente.
DOCTORA: . . . un jarabe . . . guardar cama por unos días.

B.

AURELIA: Me resbalé durante el entrenamiento.
AURELIA: Me caí sobre la pierna.
DOCTORA: . . . tomarle una radiografía . . .
DOCTORA: . . . ha torcido . . .
AURELIA: . . . a enyesar . . .
AURELIA: ¿Necesito andar con muletas?

ACTIVIDAD 4 PAGES **114–115**

A.

1. La escena ocurre en el consultorio de la dentista.
2. Al señor le duele la muela.
3. La dentista le va a poner (va a ponerle) una inyección de novocaína.
4. Después le va a rellenar (va a rellenarle) un diente.

5. El paciente probablemente se siente un poco nervioso porque no le gustan las inyecciones. (*Answers will vary.*)

B.

6. La escena ocurre en la sala de espera de la Dra. Estrada.
7. Los pacientes tienen cita con la Dra. Estrada.
8. A Pablo le duele un brazo. Lleva un yeso.
9. Probablemente Pablo se cayó de su bicicleta cuando iba al colegio. (*Answers will vary.*)
10. A Antonio le duele el tobillo. Lleva una venda en el pie.
11. Antonio necesita muletas para caminar.
12. Antonio probablemente se resbaló subiendo las escaleras de su casa. (*Answers will vary.*)
13. La doctora los va a examinar (va a examinarlos) para ver si se han mejorado. (*Answers will vary.*)

Estructuras gramaticales

ACTIVIDAD 1 PAGE 116

1. Yo me alegro de que Uds. se recuperen del accidente de moto.
2. Antonio siente que sus padres no sean más generosos con él.
3. Nosotros lamentamos que tú no puedas salir con nosotros mañana.
4. El Sr. Ojeda está orgulloso de que su hija se gane bien la vida.
5. Yo estoy encantado(a) de que Ud. goce de buena salud.

ACTIVIDAD 2 PAGE 116

Answers will vary.

1. no sea cortés.
2. hablemos en la clase de matemáticas.
3. le compre flores.
4. no trabaje.
5. lleguen tarde a su trabajo.
6. me inviten a las fiestas.
7. no limpie su habitación.

ACTIVIDAD 3 PAGE 117

Justification of each statement will vary.

1. son idealistas.
   sean idealistas.
2. se mejore.
   se mejora.
3. las mujeres tengan más responsabilidades que antes.
   las mujeres tienen más responsabilidades que antes.
4. digan siempre la verdad.
   digan siempre la verdad.
5. haya mucha desigualdad en la sociedad moderna.
   hay mucha desigualdad en la sociedad moderna.

ACTIVIDAD 4 PAGE 118

1. hable
2. habla
3. limpia
4. sea
5. sepan
6. son
7. duele
8. acaba
9. sea
10. va
11. cure
12. venda

ACTIVIDAD 5 PAGE 118

Answers will vary.

1. estudia medicina en la universidad.
2. sea interesante.
3. tenga tres habitaciones.
4. habla mucho.
5. sea millonario(a).

ACTIVIDAD 6 PAGE 119

Examples of possible answers:

1. Yo me alegro de que tú te hayas divertido.
2. Elena siente que Uds. no hayan venido a la fiesta.
3. El cirujano deplora que tú te hayas roto la pierna.
4. El enfermero teme que los pacientes no se hayan mejorado.
5. Mis amigos dudan que nosotros hayamos comprendido la pregunta.
6. El profesor se alegra de que los estudiantes hayan hecho la tarea.

ACTIVIDAD 7 PAGE 119

1. duda que (tú) hayas devuelto los libros.
2. duda que los chicos hayan visto marcianos.
3. dudan que (nosotros) hayamos dicho la verdad.
4. dudan que Shakespeare haya escrito estos poemas.
5. dudo que el pájaro haya abierto la puerta de la jaula por sí mismo.
6. duda que yo haya puesto la mesa.

Lecturas literarias

ACTIVIDAD 1 PAGE 120

1. consejero
2. parientes
3. frente
4. cola
5. se hace el muerto
6. inmóvil
7. arriesga, arriesgó, etc.
8. trasquilado(a)
9. quitó
10. daño

ACTIVIDAD 2 PAGE 121

1. quiten / C / quitar
2. humillen / molesten / C / humillar / molestar
3. tenga / C / tener
4. es / A / ser
5. dijo / B / decir
6. quieren / B / querer

ACTIVIDAD 3 PAGE 121

1. solía
2. quitar
3. se incorporó
4. te das cuenta
5. ignora (se da cuenta de)
6. lograron
7. Amenaza con

ACTIVIDAD 4 PAGE 122

1. de tanto
2. todo el mundo
3. por esto

ACTIVIDAD 5 PAGE 122

1. ahorro
2. salvaron
3. salvarse
4. mudarse
5. ahorrar
6. se movió

Unidad 9

Escenas de la vida

ACTIVIDAD 1 PAGE 123

Answers will vary.

1. Pienso que el dependiente es muy hábil porque le vende al Sr. Áviles muchas cosas que no necesita. Es un buen vendedor porque sabe convencer a los clientes que compren cosas que no necesitan. Pero no es muy honesto porque le dice cosas al Sr. Áviles que no son exactamente ciertas. Le dice que las camisas rosadas son el último grito de la moda y muchas cosas por el estilo. Dice lo que es necesario para vender.
2. Para ir a la fiesta de gala, Óscar Áviles probablemente va a llamar a un amigo para pedirle prestado un corbatín. Si no hace esto, va a volver a las Galerías Modernas con su esposa para comprarse uno. Por supuesto que van a llegar tarde a la fiesta.
3. La fiesta de gala es muy elegante. El Club Atlántico es un lugar de lujo que tiene salas de baile muy grandes. Todos los hombres llevan esmoquin, todos con corbatín, por supuesto. Las mujeres llevan vestidos largos y elegantes y algunas llevan collares de perlas, pendientes o aretes y anillo.
4. Óscar va a ponerse la ropa que acaba de comprar para ir a la oficina. Las personas que lo vean van a pensar que Óscar tiene muy mal gusto.

ACTIVIDAD 2 PAGE 124

Answers will vary.

DEPENDIENTE: ¿La puedo ayudar en algo, señorita?
MARILUZ: Sí, estoy buscando un vestido de moda, algo especial. No veo nada que me guste aquí.
DEPENDIENTE: ¿Ya miró en esta sección? Aquí tenemos este vestido de terciopelo azul. ¿Le gusta?
MARILUZ: No, es demasiado vistoso. Me gustaría un color más serio.
DEPENDIENTE: Mire esta falda blanca de seda. Es una ganga por sólo diez mil pesos.
MARILUZ: Sí, es muy bonita pero no es una ganga. Creo que el precio es muy alto.
DEPENDIENTE: ¿Y estos pantalones de pana? ¡Están rebajados! Se los puede llevar por sólo cinco mil pesos.
MARILUZ: No me gusta la tela. La pana es demasiado caliente. ¿Cuánto cuestan estos guantes pardos que tienen aquí?
DEPENDIENTE: ¡Qué buen gusto tiene Ud.! Son de piel y están muy de moda ahora. Cuestan solamente siete mil pesos.
MARILUZ: ¡Imposible! ¡Cuestan un ojo de la cara!
DEPENDIENTE: ¡Ay¡, señorita, pero estos precios, son verdaderas gangas, y para Ud., voy a rebajarlos un poco más. Los guantes a seis mil quinientos; no va a encontrar nada de esta calidad a este precio.
MARILUZ: No, todavía son caros, y en todo caso, no vine por guantes. Gracias.
DEPENDIENTE: Gracias a Ud. Espero que encuentre algo que le guste la próxima vez. Adiós.

El español práctico

ACTIVIDAD 1 PAGE 125

1. cuello
2. bufanda
3. falda
4. paraguas
5. bolsillo
6. llavero
7. anillo
8. guantes
9. piel
10. estampado
11. poliéster
12. ganga

ACTIVIDAD 2 PAGE 125

1. manga
2. botón
3. anillo
4. pañuelo
5. hebilla
6. (unos) guantes, un par de guantes
7. billetera, cartera
8. paraguas
9. pantuflas, zapatillas
10. caucho, goma
11. liquidación
12. ganga

ACTIVIDAD 3 PAGES 126–127

Answers will vary.

1. La escena ocurre en la sección de artículos de piel.
2. El señor lleva un traje a rayas, una corbata de bolitas, un chaleco y una camisa blanca de manga larga.
3. La dependiente lleva un collar, unas pulseras y siete anillos.
4. El señor quiere comprar un bolso para su esposa.
5. En el mostrador hay guantes, cinturones, billeteras, monederos y otros artículos de piel.
6. La escena ocurre en la sección de ropa para caballeros.
7. El señor se prueba una chaqueta y unos pantalones.
8. Es una chaqueta a cuadros y un pantalón a rayas.
9. La chaqueta le queda muy grande al señor. El pantalón le queda muy largo.
10. Las chaquetas cuestan 10.000 pesetas; antes costaban 12.500 pesetas. Los pantalones cuestan 7.200 pesetas; antes costaban 8.600 pesetas.
11. El señor no va a comprar ni la chaqueta ni el pantalón porque no le quedan bien. (*Answers will vary.*)

ACTIVIDAD 4 PAGE 128

Answers will vary.

A.

DEPENDIENTE: ¿En qué puedo servirle?
DEPENDIENTE: ¿Qué talla usa usted?
DEPENDIENTE: ¿Le gustaría probarse esta camisa a cuadros?

B.

CLIENTE: ¿Esta blusa es de nilón?
CLIENTE: ¿Y cuánto cuesta?
CLIENTE: ¿Puedo probármela?

C.

DEPENDIENTE: ¿En qué puedo servirle . . .

CLIENTE: Necesito un par . . .
DEPENDIENTE: ¿Qué número calza usted?
DEPENDIENTE: ¿Le gustaría probarse estos zapatos?
DEPENDIENTE: ¿Le quedan bien?
CLIENTE: . . . mostrarme un número más grande?

ACTIVIDAD 5 PAGE **128**

Answers will vary.

1. Quisiera comprarme una camisa, señor. Uso talla 38 y prefiero las camisas de color azul a rayas. Además me gustan más las camisas de manga corta.
2. Me queda muy bien esta chaqueta pero es demasiado cara. ¿Cuándo van a tener una liquidación?

Estructuras gramaticales

ACTIVIDAD 1 PAGE **129**

1. me probé los
2. escojiste la de
3. pasamos por la que
4. hablé con los que
5. escuchó el de
6. compraron los
7. vendiste el de
8. miramos los

ACTIVIDAD 2 PAGE **129**

1. Repíteme lo que dijiste.
2. Cuéntame lo que hiciste.
3. Descríbeme lo que viste.
4. Dame lo que trajiste.
5. Explícame lo que leíste.
6. Enséñame lo que te probaste.
7. Dime lo que decidiste.
8. Dibújame lo que reconociste.

ACTIVIDAD 3 PAGE **130**

1. Cuáles
   Aquéllas
2. Cuáles
   Aquéllos
3. Cuál
   Aquél
4. Cuáles
   Éstos
5. Cuál
   Ésta
6. Cuál
   Éste

ACTIVIDAD 4 PAGE **130**

1. lavas los tuyos
2. hago los míos
3. escribe las suyas
4. pasan (pasaron) las suyas
5. decoraron el suyo
6. pintamos la nuestra

ACTIVIDAD 5 PAGE **131**

1. tuyo / el mío
2. suyos / los míos
3. suya / la mía
4. suyos / los nuestros
5. tuya / la mía
6. suyos / los míos

ACTIVIDAD 6 PAGE **131**

1. (no) son más / menos elegantes que (son tan elegantes como)
2. (no) es más / menos caro que (es tan caro como)
3. (no) son más / menos durables que (son tan durables como)
4. (no) son más / menos cómodas que (son tan cómodas como)
5. (no) son más / menos económicos que (son tan económicos como)
6. (no) es mejor que (es tan bueno como)
7. (no) es mejor que (es tan buena como)

ACTIVIDAD 7 PAGE **132**

1. Sí, es el más frío del año.
   Sí, pero no es el más frío del año.
2. Sí, es el más bonito de los Estados Unidos.
   Sí, pero no es el más bonito de los Estados Unidos.
3. Sí, es la más brillante del cine norteamericano.
   Sí, pero no es la más brillante del cine norteamericano.
4. Sí, es el más famoso de la literatura norteamericana.
   Sí, pero no es el más famoso de la literatura norteamericana.
5. Sí, es el mejor de la Liga Nacional.
   Sí, pero no es el mejor de la Liga Nacional.
6. Sí, soy el(la) mejor de la clase.
   Sí, pero no soy el(la) mejor de la clase.

ACTIVIDAD 8 PAGE **133**

Answers will vary.

1. El Sr. Pascual tiene un trabajo más (menos) difícil que el de la Srta. Otero.
   El Sr. Ruiz es el que tiene el trabajo más difícil. La Srta. Otero es la que tiene el trabajo menos difícil.
2. La Sra. Iturbe gana un sueldo mejor que el del Sr. Pascual.
   La Srta. Otero es la que gana el mejor sueldo. El Sr. Ruiz es el que gana el peor sueldo.
3. El Sr. Pascual tiene una familia menos grande que la del Sr. Ruiz.
   El Sr. Ruiz es el que tiene la familia más grande. La Srta. Otero es la que tiene la familia menos grande.
4. La Srta. Otero es más joven que la Sra. Iturbe.
   La Srta. Otero es la más joven. El Sr. Ruiz es el menos joven.

Lecturas literarias

ACTIVIDAD 1 PAGE **134**

1. casamiento
2. yerno
3. novios, maridos
4. alza la cola
5. horadan, horadaron (*other tenses possible*)
6. da cabezadas
7. ratones
8. boda

ACTIVIDAD 2 PAGE **134**

1. Esto / C
2. esa / A
3. éste / B
4. esto / C
5. aquello / C

ACTIVIDAD 3 PAGE **134**

1. más linda / A
2. altísimo / B
3. lindísima / B
4. más linda / A
5. más grande / A

ACTIVIDAD 4 PAGE 135

1. El chico joven
2. panes pequeños
3. flores pequeñas
4. botón pequeño
5. carta larga
6. nariz grande
7. ojos grandes
8. voz débil
9. pájaro pequeño o joven

ACTIVIDAD 5 PAGE 136

1. Por desgracia
2. Por encima de
3. Por lo visto
4. Por viejo

ACTIVIDAD 6 PAGE 136

1. contar
2. contar
3. Di
4. Se trata de
5. sobre
6. unas
7. de, sobre
8. de, sobre

Unidad 10

Escenas de la vida

ACTIVIDAD 1 PAGE 137

1. El Sr. Buendía trabaja como viajante para una compañía de juguetes.
2. El Sr. Buendía le da el recado a la enfermera que regresará a casa inmediatamente.
3. El Sr. Buendía decide regresar a casa por avión porque será más rápido.
4. Según el Sr. Buendía, la empleada de Iberia le pide el pasaporte como medida de seguridad.
5. En realidad, la empleada de Iberia le pide el pasaporte al Sr. Buendía para ver si todo está en orden antes de comenzar un vuelo internacional.
6. El Sr. Buendía se sorprende al ver los picos nevados porque en nada se parecen a las colinas que rodean a su cuidad, Santiago de Compostela.
7. El Sr. Buendía le explica a su esposa que fue a Chile para comprarle un buen regalo.
8. El Sr. Buendía es un hombre con buenas intenciones, pero no piensa bien lo que hace. Se siente muy orgulloso de tener un hijo y no quiere admitir que se ha equivocado en algo. La Sra. de Buendía es bastante pasiva y aunque se enoja y se preocupa un poco a causa de su esposo, no se queja mucho. (*Answers will vary.*)

ACTIVIDAD 2 PAGE 138

Answers will vary.

. . . No estoy en Boston, sino en Houston. Al llegar a Nueva York fui a la estación de autobuses para comprar un boleto para Boston. El empleado debe ser un poco sordo y debe haber entendido Houston en vez de Boston porque me vendió un boleto para esa ciudad de Texas. Subí al autobús sin darme cuenta de haber comprado un boleto para Houston. Como estaba muy cansado, muy pronto me quedé dormido. Cuando me desperté me di cuenta de que el paisaje no se parecía nada al de Massachusetts. Le pregunté a la pasajera que estaba a mi lado dónde estábamos y me dijo que cruzábamos el estado de Tennessee. ¡Imagínate mi sorpresa! Saqué el boleto de mi billetera y vi que sí decía "Houston". La próxima vez miro el boleto en la taquilla misma aunque esté cansadísimo. Ahora tengo que volar en avión a Boston porque mañana comienzan las clases.
Un abrazo,
Rafael

El español práctico

ACTIVIDAD 1 PAGE 139

1. lleva
2. hacer el cambio de tren, cambiar de tren
3. facturar, depositar
4. recoger
5. abordar
6. despegar
7. abrocharse
8. sobrevolar
9. aterrizar
10. aterrizaje

ACTIVIDAD 2 PAGE 139

Answers will vary.

1. . . . pregunta dónde queda el mostrador de Avianca.
2. . . . dejan sus maletas.
3. . . . compro un pasaje de ida y vuelta a Guadalajara.
4. . . . recoge su equipaje.
5. . . . recoge las tarjetas de embarque.
   . . . se embarcan, abordan el avión.
6. . . . les da la bienvenida a bordo a los pasajeros.
   . . . nos abrochamos el cinturón de seguridad.

ACTIVIDAD 3 PAGES 140–141

1. La escena ocurre en un aeropuerto, en el mostrador de la compañía AeroMéxico.
2. La agente le pide al viajero su pasaje. (*Answers will vary.*)
3. El viajero va a Puebla. Según el horario, su avión va a despegar a las 9:20. Tiene que esperar una hora y veinte minutos.
4. El viajero tiene dos maletas. Sí, va a facturarlas. (*Answers will vary.*)
5. Según el horario, el avión de Nueva Orleáns debía llegar a las 7:20. Lleva 40 minutos de retraso.
6. El avión a Ciudad Juárez va a despegar a las diez. El avión de Veracruz va a aterrizar a la misma hora.
7. La escena ocurre en una estación de trenes en Valladolid, España.
8. Los viajeros hacen cola porque quieren comprar billetes.
9. Los viajeros del andén A suben al tren para Oviedo. Su tren va a salir a las 9:45.
10. Luis quiere comprar un billete. Va a Oviedo. Su tren sale del andén A a las 9:45. Luis va a perderlo porque está al final de la cola y ya son las 9:40. Va a comprar su billete y esperar el tren de las 12:10.
11. Los viajeros del andén B esperan el tren para Madrid. Su tren lleva 10 minutos de retraso.

ACTIVIDAD 4 PAGE 142

Answers will vary.

1. ¿Qué hago con las maletas?
2. ¿Cuánto cuesta un pasaje para Lima?
3. ¿Dónde se venden los billetes para Madrid?
4. ¿A qué hora y de qué puerta sale el vuelo 34 de Iberia?
5. ¿Es necesario reservar un asiento con anticipación para el vuelo 120?

6. ¿Qué hago con la tarjeta de embarque?
7. ¿Para qué necesito los comprobantes de equipaje?
8. ¿El vuelo 93 hace escala en Bogotá?

ACTIVIDAD 5 PAGE 143

Answers will vary.

1. Quisiera comprar un pasaje de ida en segunda clase para Sevilla. ¿Me podría decir a qué hora sale el próximo tren y de qué andén?
2. Quisiera reservar un pasaje de ida y vuelta para Guayaquil. ¿Me podría decir cuánto tiempo dura el vuelo? También me gustaría tener un asiento al lado de la ventanilla en la sección de no fumar.
3. El vuelo a Buenos Aires sale a las doce menos veinticinco de la puerta 15. El avión hace escala en La Paz. Aquí tiene Ud. su tarjeta de embarque y los comprobantes de equipaje.
4. Buenos días, damas y caballeros. El Capitán Gómez y su tripulación les dan la bienvenida a bordo del vuelo de AeroMéxico número 26 con destino a Santiago de Chile. La duración del vuelo será de 6 horas y sobrevolaremos la cordillera de Los Andes. Les rogamos que se abstengan de fumar y se abrochen el cinturón de seguridad antes del despegue. Gracias.

Estructuras gramaticales

ACTIVIDAD 1 PAGE 144

1. No tendrán
   No dormirán
2. Me quedaré
   No saldré
3. Reservarán
   Harán
4. Sabrás
   No llegarás
5. Pondremos
   No daremos
6. No vendrá
   No irá
7. diré
   explicaré
8. Podrán
   No querrán

ACTIVIDAD 2 PAGE 145

1. Si (tú) llegas a la estación adelantado, no perderás el tren.
2. Si Uds. facturan sus maletas, no tendrán que llevarlas consigo.
3. Si (yo) reservo con anticipación, podré escoger un asiento al lado de la ventanilla.
4. Si la Sra. Cuevas viaja en primera clase, estará más cómoda.
5. Si (nosotros) vamos a Sevilla, querremos ver un espectáculo de flamenco.
6. Si el Sr. Ojeda está en la sección de no fumar, no podrá fumar.

ACTIVIDAD 3 PAGE 145

1. Estará
2. Costará
3. Saldrá
4. Será

ACTIVIDAD 4 PAGE 146

1. no tendríamos que
2. podría
3. vendrían
4. saldría
5. no se pondría
6. no harían
7. tendrías
8. no diríamos
9. querrían
10. Habría

ACTIVIDAD 5 PAGE 146

Answers will vary.

1. La compañía aérea declaró que el precio de los pasajes no subiría.
2. El profesor prometió que el examen no sería difícil.
3. La jefa dijo que los empleados recibirían un aumento de sueldo.
4. La azafata anunció que (nosotros) podríamos ver la bahía de Río de Janeiro.
5. El aduanero respondió que los pasajeros no tendrían que abrir las maletas.
6. El servicio de meteorología anunció que haría buen tiempo este fin de semana.

ACTIVIDAD 6 PAGE 147

1. No había dormido
2. No habían hecho
3. Había roto
4. Habíamos esperado
5. No habías dicho
6. Te habías puesto
7. Había perdido
8. Había escrito

ACTIVIDAD 7 PAGE 147

1. Cuando (yo) me presenté a la entrevista, la compañía ya había escogido a otra persona.
2. Cuando (nosotros) llegamos a la ventanilla, el empleado ya había vendido todos los pasajes.
3. Cuando (tú) te despertaste, la azafata ya había servido la comida.
4. Cuando Ud. compró los boletos, los precios ya habían aumentado un 20 por ciento.
5. Cuando los fotógrafos llegaron al aeropuerto, la actriz famosa ya había desembarcado.
6. Cuando los bomberos apagaron el incendio, la casa ya había sido destruida.
7. Cuando Gabriela regresó a casa, su hermanito ya le había roto la pulsera.
8. Cuando los policías llegaron a la joyería, los ladrones ya habían abierto todas las vitrinas.

ACTIVIDAD 8 PAGE 148

1. habremos encontrado
2. habrá aprendido
3. habrás escrito
4. habremos devuelto
5. habrán descubierto
6. habrá abierto

ACTIVIDAD 9 PAGE 148

1. habrá perdido
2. habrán tenido
3. no te habrás acordado
4. no habrá sabido
5. habrá salido
6. se habrán olvidado

Lecturas literarias

ACTIVIDAD 1 PAGE 149

1. se case, contraiga matrimonio
2. un gran partido
3. elección
4. mide por
5. grandes hechos
6. aya
7. te apures
8. desplegar / plegar
9. estorba (estorbó)
10. tiene la culpa, tenía la culpa, tuvo la culpa

ACTIVIDAD 2 PAGE 150

1. había comunicado / D
   . . . and he had communicated that piece of news to his friends.
2. se había cansado / D
   But he had gotten tired of that life of dissipation.
3. cuidará / B
   . . . she would probably care more about a pearl necklace than about her husband, . . .
4. será / B
   and she would probably be capable of forgetting her son . . .
5. sería / C
   . . . marriage would be (would represent) for her the danger of losing her beauty, . . .
6. dejaría / C
   . . . she would leave me dying at home . . .
7. vacilaría / C
   . . . and she would not hesitate to abandon her sick son . . .
8. bailaré / A
   . . . but I will not dance this waltz with you.
9. iré / A
   . . . tomorrow I will go ask him for your hand, . . .

ACTIVIDAD 3 PAGE 151

1. El huérfano
2. Mi primo (hermano)
3. Mi nuera / Mi hija política
4. Mi nieto
5. Mi cuñado
6. Mi suegro / Mi padre político
7. Mi hermanastra
8. Mis abuelos

ACTIVIDAD 4 PAGE 152

1. al paso que
2. Dentro de

ACTIVIDAD 5 PAGE 152

1. te reúnes
2. dio
3. conocimos

ACTIVIDAD 6 PAGE 152

1. Hogar / hogar
2. casa
3. casa
4. casa

Unidad 11

Escenas de la vida

ACTIVIDAD 1 PAGE 153

1. Los turistas en el ***Cuadro A*** hicieron reservaciones hace más de un mes en un hotel cerca del mar, pero cuando llegan al hotel, el recepcionista no encuentra su reservación. En la misma situación, yo iría a otro hotel. (*Answers will vary.*)
2. El problema en el ***Cuadro C*** es que la afeitadora se quemó. La diferencia en la corriente eléctrica lo causó.
3. En el ***Cuadro E*** el recepcionista se equivoca de habitación y despierta al señor Sánchez en vez del señor Jiménez. En la misma situación, yo estaría muy enojado(a). (*Answers will vary.*)
4. El turista en el ***Cuadro F*** se queja de todos los impuestos que ve en su cuenta de hotel. Debe pagar la cuenta porque sería ilegal no pagarla. (*Answers will vary.*)

ACTIVIDAD 2 PAGE 154

Answers will vary.

GERENTE: Lo sentimos mucho, señor Flores, pero no aparece su reservación en el registro del hotel. Pero no se preocupe, les daremos otra habitación.

SR. FLORES: ¿Será igual a la habitación que reservamos?

GERENTE: No, señor. No es tan cómoda y no tiene vista al mar, pero es más barata.

SR. FLORES: Pues yo estoy seguro que hice la reservación. Quiero la habitación que reservamos y ninguna otra. No me importa que cueste más que la que Ud. nos ofrece.

GERENTE: Lo siento, señor. No puedo ayudarlo. No nos queda ninguna habitación libre del tipo que Ud. dice que reservó. Llamaré al Hotel Miramar que está al lado para ver si tienen una habitación parecida.

ACTIVIDAD 3 PAGE 154

Answers will vary.

. . . Me estaba afeitando en el baño del hotel con una afeitadora eléctrica. De repente comenzó a salir humo de la máquina. Mi hermana comenzó a gritar: "¡Fuego!, ¡Fuego!" Entonces me di cuenta de que la corriente eléctrica del hotel era de 220 voltios. Mi hermana y yo nos reímos mucho. Después tuve que comprar una nueva afeitadora eléctrica.

El español práctico

ACTIVIDAD 1 PAGE 155

1. habitación
2. albergue
3. pensión
4. percha
5. manta, cobija
6. sábanas
7. cuenta

ACTIVIDAD 2 PAGE 155

Answers will vary.

A.

1. RECEPCIONISTA: ¿En qué puedo servirle . . .
2. RECEPCIONISTA: ¿Qué tipo de cuarto desea?
3. RECEPCIONISTA: ¿Cuánto tiempo se va a quedar?
4. RECEPCIONISTA: ¿Cómo le gustaría pagar?
5. RECEPCIONISTA: ¿Desea que el botones le ayude a subir las maletas?

B.

6. CLIENTE: ¿Cuánto cobran ustedes por una habitación?
7. CLIENTE: ¿Cuándo tengo que desocupar la habitación?
8. CLIENTE: ¿Aceptan Uds. cheques personales?
9. CLIENTE: ¿Podría decirle al botones que suba mis maletas?
10. CLIENTE: ¿Me podría preparar la cuenta para mañana?

ACTIVIDAD 3 PAGE **156**

Answers will vary.

1. La escena ocurre en el Hotel Excelsior. Es un hotel de lujo.
2. La señora viene de Boston y se registra en la recepción del hotel. Le habla al recepcionista y desea una habitación para una persona con aire acondicionado.
3. El botones se encarga de su equipaje. Va a subirlo a la habitación de la señora.
4. Cobran 8.000 pesetas por una habitación en el hotel. Si el desayuno está incluido cobran 9.000 pesetas.
5. Se puede pagar la cuenta con tarjeta de crédito American Express o Visa.
6. Sí, me gustaría quedarme en este hotel porque parece ser muy cómodo.

ACTIVIDAD 4 PAGE **157**

Answers will vary.

En Santa Clara del Mar hay cuatro clases de alojamiento. Hay un hotel de lujo en la playa con una piscina y habitaciones muy cómodas. Las habitaciones tienen todas las comodidades, pero el hotel cobra muchísimo por ellas. Hay también una posada cerca del hotel. No queda muy lejos de la playa y tiene un aspecto agradable. Sus habitaciones son muy típicas y bastante cómodas, pero, aunque no cobran tanto como en el hotel, todavía cobran mucho. Hay una pensión muy barata cerca de la posada. Las habitaciones son cómodas pero no tienen baños privados. El baño y la ducha están en el pasillo y sirven a muchos clientes. El albergue juvenil ofrece el alojamiento más barato de Santa Clara del Mar. Queda un poco lejos de la playa pero está en un cerro y tiene una buena vista del mar. Muchas personas se quedan en la misma habitación, pero así existe la oportunidad de conocer a mucha gente. Escojo el albergue juvenil porque no tengo mucho dinero y me gustaría conocer a gente de mi edad.

ACTIVIDAD 5 PAGE **158**

Answers will vary.

1. Quisiera reservar una habitación sencilla con baño privado, por favor. ¿Cuánto cuesta la habitación por noche? ¿Tienen aire acondicionado las habitaciones? Voy a llegar el 15 de julio.
2. Reservé una habitación con anticipación. Quisiera un cuarto cómodo con vista al mar.
3. Señora, ¡qué gusto tenerla aquí en Lima! Como directora de una agencia, ya sabe todo lo que puede ofrecerle un hotel de primera categoría como el nuestro. Tenemos todas las comodidades modernas y ¡a un precio razonable!
4. ¿Me podría preparar la cuenta y decirme en qué forma puedo pagarla? ¿A qué hora tengo que desocupar la habitación? ¿Puede mandar al botones para que baje mi equipaje?
5. Estoy muy descontento(a) con la habitación y el servicio. El aire acondicionado y la televisión no funcionan. No había toallas en el baño y al pedirlas, tardaron dos horas en llegar. Las sábanas estaban sucias y la camarera me despertó a las 7 de la mañana para arreglar la habitación.

Estructuras gramaticales

ACTIVIDAD 1 PAGE **159**

1. Al oír el despertador, Carlos se despierta.
2. Al salir del hotel, le devolverás las llaves a la recepcionista.
3. Al llegar al mostrador de Iberia, los viajeros facturarán sus maletas.
4. Al irse del restaurante, la Sra. Espinosa le dará una propina al camarero.
5. Al desocupar el cuarto, los turistas pagaron la cuenta.
6. Al ver el fantasma, te desmayaste.

ACTIVIDAD 2 PAGE **160**

Answers will vary.

1. El Sr. Ortega le dio un cheque de viaje al cajero en vez de pagar en efectivo.
2. Antonio llegó tarde a la cita por perder el autobús.
3. Pagamos la cuenta antes de salir del hotel.
4. El camarero recibió una buena propina por servir bien a los clientes.
5. La camarera pasó la aspiradora antes de hacer la cama.
6. Los turistas fueron de compras por el centro en vez de visitar el museo.
7. El afortunado estudiante salió bien en el examen sin estudiar.
8. Llamaste a la recepcionista para reservar una habitación para el 7 de agosto.
9. El taxista se fue después de dejar a los viajeros en el aeropuerto.
10. Tomás recibió una multa por no pararse en la luz roja.

ACTIVIDAD 3 PAGE **161**

Answers will vary.

1. poder hablar con la gente cuando viaje a España.
2. comprarle un buen regalo a mi madre.
3. hablar en público.
4. hacer jogging.
5. trabajar tanto.
6. pensar.
7. descansar / trabajar.
8. tener amigos.

ACTIVIDAD 4 PAGES **161–162**

1. La camarera pone una manta de lana en la cama para que los clientes no tengan frío.
2. Llamamos a la recepción para que el cajero prepare nuestra cuenta.
3. Esa compañía hace publicidad para que el público compre sus productos.
4. La enfermera te receta pastillas de dramamina para que no te marees durante el paseo en barco.
5. La Sra. Machado pone sus maletas en el pasillo para que el botones las baje.
6. La recepcionista del hotel nos presta un mapa de la ciudad para que no nos perdamos por las calles.
7. Yo les doy mi dirección para que Uds. me escriban durante las vacaciones.
8. El director del parque público pone un letrero para que los niños no corten las flores.

ACTIVIDAD 5 PAGE 162

Examples of possible answers:

1. Tú saldrás a menos que llueva.
2. Ud. esquiará con tal que nieve.
3. Uds. irán a la playa a menos que haga frío.
4. Maricarmen dará un paseo antes de que anochezca.
5. La Sra. Espinel regará el césped a condición de que no llueva.
6. Mis amigos plantarán flores antes de que haga viento.

ACTIVIDAD 6 PAGE 163

1. Pasaremos por la agencia de viajes para que (tú) reserves los billetes.
2. La camarera hará la habitación antes de que (nosotros) salgamos.
3. No nos iremos de vacaciones sin que Uds. confirmen la reservación.
4. No regresaremos al hotel antes de que mis amigos compren unos recuerdos.
5. Voy a comprar la guía de la ciudad para que (tú) busques un hotel cómodo.
6. No te vayas sin que yo sepa la dirección de la posada.

ACTIVIDAD 7 PAGE 163

1. Cuando Carlota tenga dinero, hará viajes.
2. Cuando los turistas pasen por Granada, visitarán la Alhambra.
3. Cuando me gane la vida, seré independiente.
4. Cuando la secretaria le hable a su jefe, le pedirá un aumento de sueldo.
5. Cuando tengas tu diploma, buscarás un buen trabajo.

ACTIVIDAD 8 PAGE 164

1. Trabajaremos luego que nos graduemos.
2. Yolanda y José se casarán en cuanto ganen bastante dinero.
3. Llamaré a mis padres tan pronto como llegue a Venezuela.
4. Te quedarás en la universidad hasta que recibas tu diploma.
5. Mis amigos saldrán para España tan pronto como tengan sus pasaportes.
6. Te ayudaré después de que termine lo que estoy haciendo.
7. Los inquilinos pagarán el alquiler mientras que se queden en el apartamento.

ACTIVIDAD 9 PAGE 164

Answers will vary.

1. voy a una discoteca.
2. iré a la playa.
3. me compré una casa.
4. los ayudaré con los quehaceres domésticos.
5. tendré una fiesta muy grande.
6. iré a ver una película cómica.

Lecturas literarias

ACTIVIDAD 1 PAGE 165

1. miel
2. haragana
3. se echó a reír
4. impide
5. pruebas
6. se corrija
7. cerraron el paso, se cerró el paso *(present and future tenses also possible)*
8. llene
9. se oculta, se ocultó *(other tenses possible)*
10. zumban
11. aprovecharme de
12. deberes
13. derrotas
14. hojas

ACTIVIDAD 2 PAGE 166

1. para / in order to take the nectar from the flowers
2. en vez de / instead of conserving it
3. para / in order to care for the beehive
4. al / at sunset
5. al / upon finding herself before her enemy
6. para / in order to hurl herself upon the bee
7. Sin / Without leaving here
8. para / in order to save her life
9. sin / without saying anything to her
10. antes de / before dying

ACTIVIDAD 3 PAGE 167

1. iba / A / a fact (temporal event in past)
2. quiso / A / a fact (temporal event in past)
3. rodó / A / a fact (temporal event in past)
4. sea / B / conjunction of time with reference to future action
5. diga / B / conjunction of time with reference to future action
6. llegó / llegó / A / a fact (temporal event in past)

ACTIVIDAD 4 PAGE 167

1. arrimes
2. se aprontaba
3. se lanzó
4. rodaba
5. dio un salto
6. Se arrastraba
7. darte la vuelta

ACTIVIDAD 5 PAGE 168

1. sin falta
2. de modo que
3. En adelante
4. En efecto
5. de guardia

ACTIVIDAD 6 PAGE 168

1. preguntas
2. cuestión

Unidad 12

Escenas de la vida

ACTIVIDAD 1 PAGE 169

Answers will vary.

1. Roberto Arias es un joven simpático que no sabe exactamente lo que quiere hacer con su vida. Es trabajador e inteligente. Tiene suerte porque su

vida familiar es excelente. Sus padres no son exigentes y lo entienden.

2. El apartamento ideal para Roberto sería como el primer apartamento que visitó—en un edificio atractivo y céntrico, un apartamento de un dormitorio que está bien decorado y equipado con todas las comodidades. La diferencia sería el alquiler que sería muy moderado e incluiría la electricidad, el gas y la calefacción.
3. Un médico que gana mucho dinero va a alquilar el primer apartamento. Tendrá unos 30 años y será soltero. Un estudiante universitario que no tiene mucho dinero va a alquilar el segundo apartamento. Este estudiante pasará mucho tiempo en la biblioteca en vez de en el apartamento. Una pareja casada va a alquilar el tercer apartamento. Tendrán coche y trabajarán en las afueras. Tendrán unos 40 años.
4. La descripción del segundo apartamento en el anuncio clasificado es atractiva. Desgraciadamente lo que dice el anuncio no es verdad. El edificio no es elegante. Es un caserón casi en ruinas sin ascensor y con una escalera oscura y estrecha. La habitación no es "encantadora". Es minúscula, oscura y muy calurosa. No tiene las comodidades modernas. La manera en que se describen los apartamentos en los anuncios clasificados muchas veces no es honesta. Los dueños quieren alquilar los apartamentos y los describen de una manera que atraiga a los futuros inquilinos.

ACTIVIDAD 2 PAGE 170

Answers will vary.

A. En mi opinión, lo mejor para un joven recién graduado depende de las circunstancias. Si el joven tiene trabajo y gana suficiente dinero para alquilar un apartamento, creo que debe hacerlo. Aprendería mucho viviendo una vida independiente. Pero si el joven no tiene suficiente dinero, es mejor que permanezca en casa de sus padres hasta que lo tenga. Sin suficiente dinero la vida independiente puede tener muchos problemas.

B. Es posible que la independencia sea simplemente un estado mental. Depende mucho del punto de vista del individuo. Si una persona sabe tomar decisiones y puede hacer lo necesario para realizarlas, tiene independencia. Sin embargo, la mayoría de las veces se necesita algo más que un estado mental positivo. Son precisos también el dinero, la salud y la confianza en sí mismo.

ACTIVIDAD 3 PAGE 170

Answers will vary.

. . . cerca de la Plaza Mayor, en el centro de Madrid. El apartamento está en un edificio muy atractivo y tiene un solo dormitorio que está muy bien decorado y tiene vista a la plaza. Los armarios son espaciosos y la cocina está muy bien equipada. Tiene una refrigeradora, una estufa y un lavaplatos. La única desventaja es que el alquiler es bastante alto. Pago 62 mil pesetas al mes. Es mucho más de lo que pensaba pagar. Tendré que trabajar para poder pagar el alquiler.

El español práctico

ACTIVIDAD 1 PAGE 171

1. sábana
2. grifo
3. espejo
4. enchufe
5. báscula
6. techo
7. basura
8. alfombra
9. tocador
10. cortina

ACTIVIDAD 2 PAGES 171–172

1. ascensor / escalera
2. inquilinos / alquiler / dueña
3. armario / cómoda
4. sábanas / manta, cobija
5. (cuarto de) baño / ducha / espejo / báscula
6. gabinetes / refrigeradora / congeladora
7. cuadros / alfombras / cortinas
8. lavaplatos / fregadero
9. apartamento, piso, edificio de apartamentos / centro / campo / finca, granja, hacienda
10. afueras / piso / edificio

ACTIVIDAD 3 PAGE 172

Answers will vary.

PISO	CUARTO	MUEBLES Y ELECTRODOMÉSTICOS
planta baja	sala	un sofá, dos sillones, un estante, una alfombra, un televisor
planta baja	comedor	una mesa, seis sillas
planta baja	cocina	una estufa, una refrigeradora, un lavaplatos, una tostadora, un horno, una lata de basura
1	biblioteca	tres estantes, un escritorio, tres sillas
1	dormitorio	una cama, una cómoda, unos cuadros, una lámpara
1	baño	un espejo, una báscula

ACTIVIDAD 4 PAGE 173

Answers will vary.

1. Preferiría vivir en el centro de la ciudad.
2. Me gustaría vivir en un edificio de apartamentos.
3. Preferiría vivir en el primer piso.
4. Necesito un apartamento de dos cuartos.
5. Deseo tener aire acondicionado, refrigeradora, estufa y lavaplatos.
6. Prefiero un apartamento amueblado.
7. Necesito muebles para la sala—un sofá y una butaca— y el dormitorio—una cama, un armario y una cómoda.
8. Pienso pagar unos 200 dólares al mes.
9. Pienso vivir en al apartamento dos años.
10. Planeo mudarme del apartamento en dos años.

ACTIVIDAD 5 PAGE 174

Answers will vary.

1. La escena ocurre en el centro de la ciudad.
2. El inquilino se llama Sr. Montero. Vive en el séptimo piso y alquila el apartamento desde hace sólo unos días.
3. La compañía que efectúa la mudanza es Mudanzas Jiménez. Hay una mesa, una cómoda, dos lámparas y una butaca (un sillón) en la calle. En el camión hay una cama, varios estantes, otra cómoda y un lavaplatos.
4. Los hombres van a cargar los muebles al apartamento por el ascensor.
5. Sí, me gustaría vivir en este barrio porque es céntrico y hay mucho que hacer.

ACTIVIDAD 6 PAGE 175

Answers will vary.

1. Quiero alquilar un apartamento con tres habitaciones y dos baños. Debe tener una cocina con refrigeradora, estufa y lavaplatos. El apartamento, además, debe estar amueblado completamente y tener una terraza con vista al mar.
2. Tengo un apartamento de cinco cuartos en un barrio elegante. En la sala hay un diván con almohadones de seda, cuatro butacas cubiertas en cuero y una alfombra persa. En las dos alcobas se encuentran juegos de cuarto de un estilo de muy buen gusto, armarios de una madera carísima, tocadores y cuadros de los mejores artistas de nuestro siglo. Claro está que en la cocina hay todas las comodidades modernas—una estufa eléctrica, un horno, un horno de microondas, un lavaplatos, una refrigeradora, una congeladora, un abrelatas eléctrico y un triturador de desperdicios. En el cuarto de baño hay un sistema de calefacción solar.
3. Pienso comprar una alfombra nueva. También pondré cortinas nuevas y compraré una cama y una cómoda de buena madera.

Estructuras gramaticales

ACTIVIDAD 1 PAGE 176

1. correr / corrieron / corrieras
2. escuchar / escucharon / escucháramos
3. obedecer / obedecieron / obedeciera
4. sentirse / se sintieron / se sintieran
5. dormir / durmieron / durmiera
6. pedir / pidieron / pidiera
7. tener / tuvieron / tuvieras
8. poder / pudieron / pudiera
9. decir / dijeron / dijera
10. saber / supieron / supiera
11. estar / estuvieron / estuvieras
12. venir / vinieron / vinieran

ACTIVIDAD 2 PAGE 177

1. buscara
2. apagues
3. tuviera
4. nos mudemos
5. pagaran
6. subiera
7. vivas
8. vengan
9. supiera
10. comprara
11. funcione
12. sepa
13. abriera
14. visitáramos

ACTIVIDAD 3 PAGE 178

1. Los vecinos no querían que (nosotros) hiciéramos ruido.
2. La Sra. Valenzuela no quería que su hijo pusiera peces en la bañera.
3. El gerente del restaurante no quería que el cocinero quemara la comida.
4. Yo quería que (tú) llegaras a la cita a tiempo.
5. El piloto quería que Uds. se abrocharan el cinturón de seguridad durante el despegue.
6. Enrique no quería que su mejor amigo saliera con su novia.

ACTIVIDAD 4 PAGE 178

1. Los inquilinos le rogaron al dueño que subiera la calefacción.
2. La Sra. Paz les pidió a los vecinos que hicieran menos ruido.
3. La guía les aconsejó a los turistas que visitaran el Museo de Oro.
4. El camarero nos recomendó que escogiéramos las especialidades mexicanas.
5. Mis padres me suplicaron que me divirtiera menos y estudiara más.
6. Yo te prohibí que leyeras mi diario.

ACTIVIDAD 5 PAGE 179

1. viviera
2. tengo, tienes, Ud. tiene, Uds. tienen
3. vamos
4. pagara
5. encuentra
6. alquilaran
7. leyeras
8. funciona
9. trabajara
10. fuera

ACTIVIDAD 6 PAGE 179

1. Si hiciera buen tiempo, iríamos a la playa.
2. Si hubiera suficiente luz, Ud. sacaría fotos.
3. Si Amalia y Silvia tuvieran tiempo, podrían esquiar.
4. Si los estudiantes estudiaran, sacarían buenas notas.
5. Si las cortinas estuvieran sucias, las limpiarías.
6. Si este apartamento fuera espacioso, la Sra. Cruz lo alquilaría.

ACTIVIDAD 7 PAGE 180

1. Si no estuvieras enfermo, no tomarías medicina.
2. Si no trabajáramos, saldríamos con nuestros amigos.
3. Si no tuviera una quemadura de sol, iría a la playa con Uds.
4. Si Ud. no tuviera sueño, no bostezaría.
5. Si Elena no se sintiera mal, daría un paseo conmigo.
6. Si los estudiantes no tuvieran que estudiar, organizarían una fiesta.

ACTIVIDAD 8 PAGE 180

Answers will vary.

1. Si aprendiera otro idioma, podría charlar con más gente.
2. Si viviera en otra ciudad, llamaría a menudo a mis amigos de aquí.
3. Si comprara un coche, no tomaría el metro todos los días.
4. Si viera una película este fin de semana, no miraría televisión.
5. Si fuera a un buen restaurante, no comería en casa.
6. Si invitara a alguien al restaurante, no me sentiría solo(a).
7. Si fuera otra persona, no sería feliz.
8. Si pasara unas horas con una persona famosa, le haría muchas preguntas.

ACTIVIDAD 9 PAGE 181

Answers will vary.

1. viviera en México, hablaría bien el español.
   vivo en México, hablaré bien el español.
2. tuviera mi propia casa, no alquilaría un apartamento.
   tengo mi propia casa, no alquilaré un apartamento.
3. fuera presidente(a), ayudaría a los pobres.
   soy presidente(a), ayudaré a los pobres.
4. me ganara bien la vida, ahorraría mucho dinero.
   me gano bien la vida, ahorraré mucho dinero.

Lecturas literarias

ACTIVIDAD 1 PAGE 182

1. defectos
2. frecuentar
3. fijar
4. se asome
5. averiguó, averigua, averiguará
6. desdén
7. caballería
8. se atreve
9. amor propio
10. letra
11. ambiente
12. arrojas
13. me opongo
14. susto
15. tomar el fresco

ACTIVIDAD 2 PAGE 183

1. vino / venir
2. pudo / poder
3. dio / dar
4. hirió / herir
5. vio / ver
6. siguió / seguir
7. hicieron / hacer
8. se fueron / irse
9. sintió / sentir
10. fue / ser
11. obtuvo / obtener
12. hice / hacer
13. hizo / hacer
14. oyeron / oír
15. se opuso / oponerse

ACTIVIDAD 3 PAGE 183

1. olvidara / A / ...it is not strange that she forgot the handkerchief.
2. tuviera / C / . . . she decided ... to write a reply ... with the aim that the young man not want to return.
3. se acostara / B / . . . his daughter was asking him to go to bed.
4. se asomara / C / He knocked at the door so that the father would appear (might appear) on the balcony.

ACTIVIDAD 4 PAGE 184

1. al cabo de
2. Al fin, Por último
3. de pie
4. De veras
5. En fin
6. A pesar de que

ACTIVIDAD 5 PAGE 184

1. saca
2. llevar
3. lleva
4. tomara

Unidad 13

Escenas de la vida

ACTIVIDAD 1 PAGE 185

Answers will vary.

1. El profesor García es simpático pero también es muy distraído y no muy responsable. No me gustaría tenerlo como profesor. Parece ser una persona que olvida todo y que no hace mucho.
2. El policía es una persona responsable y muy comprensiva. Me gustaría tenerlo como vecino porque podría protegernos pero no sería muy estricto.
3. El coche del profesor García es pequeño y amarillo. Para que funcione bien, necesita un nuevo faro izquierdo y necesita que se arreglen las luces direccionales.
4. Las dos personas que se llaman García tienen en común su apellido y además su nombre. También los dos son maestros de colegio y profesores de idioma.
5. En mi opinión, la infracción más grave que cometió el profesor García es tener las luces direccionales rotas. Es muy peligroso conducir sin poder indicar si uno va a doblar.

ACTIVIDAD 2 PAGE 186

Answers will vary.

1. Estoy de acuerdo con él porque he hablado con varios profesores de mi escuela. Siempre se quejan de que sus sueldos son muy bajos. Creo que los profesores deberían ganar más dinero.
2. No estoy de acuerdo con él. Es verdad que hay algunos profesores distraídos, pero en general son pocos. La mayor parte de los profesores son personas normales como todos los demás seres humanos.
3. En general, sí estoy de acuerdo. La mayor parte de los profesores que conozco se dedican a su trabajo y les gusta mucho enseñarles a los jóvenes. Tienen que pasar muchas horas corrigiendo la tarea y preparando las clases.

ACTIVIDAD 3 PAGE 187

Answers will vary.

SR. GARCÍA: . . . Estaba conduciendo por la Vía Blanca cuando me detuvo un policía.

SRA. GARCÍA: Pero, ¿por qué te detuvo?

SR. GARCÍA: Bueno . . . Creo que me llevé una luz roja.

SRA. GARCÍA: ¡Una luz roja! ¡Dios mío! Ya te dije que tenías que conducir mejor. ¡Eres tan distraído!

SR. GARCÍA: Imagínate que me puso una multa de mil pesos y después me puso otra multa de mil pesos porque tenía el faro de la izquierda roto.

SRA. GARCÍA: Ya te había dicho que tenías que arreglar ese faro desde hace un mes.

SR. GARCÍA: Después quiso ponerme otra multa porque no funcionaban las luces direccionales. Pero al final, no me puso ninguna multa.

SRA. GARCÍA: Y ¿por qué no? ¿Qué pasó?

SR. GARCÍA: Pues el policía, al ver mi licencia de conducir, pensó que yo era el profesor de francés de su hija.

SRA. GARCÍA: ¿Profesor de francés? Pero eres profesor de latín, no de francés.

SR. GARCÍA: ¡Precisamente! Resulta que hay un profesor de francés en el Colegio O'Higgins que se llama también Eusebio García. Y ese profesor García es el maestro de la hija del policía. Por eso, el policía pensó que yo era ese otro García.

SRA. GARCÍA: ¿Y no le dijiste la verdad?

SR. GARCÍA: ¡Claro que no! Gracias a esta coincidencia no tuve que pagar tres mil pesos de multas.

El español práctico

ACTIVIDAD 1 PAGE 188

1. pinte
2. revele
3. arregle, repare
4. construya
5. desarme
6. revise, arregle
7. cambie
8. inflen, cambien
9. añada
10. decores
11. enciendas
12. arranque

ACTIVIDAD 2 PAGES 188–189

Answers will vary.

A.

1. Las imágenes aparecen en la pantalla del televisor.
2. Antes de sacar fotos se pone un rollo de película dentro de la cámara.
3. Cuando hay un apagón en casa, lo primero que se debe revisar son los fusibles.
4. De vez en cuando en un radio portátil se debe cambiar las pilas.
5. La música sale de los altoparlantes.
6. Para sacar fotos de objetos o personas muy lejanos se necesita un teleobjetivo.

B.

7. Si conduzco de noche, debo encender los faros.
8. De vez en cuando debo añadir agua en la batería.
9. Si el coche no se para fácilmente, debo revisar los frenos.
10. Al pasar a otro coche debo encender las luces direccionales.
11. Las maletas se ponen en el baúl.
12. Hay que levantar el capó antes de examinar el motor.

ACTIVIDAD 3 PAGE 189

Answers will vary.

A.

EMPLEADA: ¿En qué puedo servirle?
CLIENTE: . . . funciona.
CLIENTE: . . . el amplificador . . . descompuesto.
EMPLEADA: . . . arreglarlo.
CLIENTE: ¿Cuando estará listo el amplificador?
EMPLEADA: . . . ocho días.

B.

EMPLEADA: . . . servirle?
CLIENTE: . . . llenar el tanque?
CLIENTE: . . . plomo.
EMPLEADA: . . . limpie el parabrisas?
CLIENTE: . . . revisar el agua de la batería?

ACTIVIDAD 4 PAGE 190

Answers will vary.

1. La escena ocurre cerca de la carretera. Hay un árbol y una cabina telefónica.
2. El joven llama a un mecánico para que mande una grúa.
3. Van a remolcar el coche a un taller de reparaciones. Necesitan una grúa para hacerlo.
4. El coche pierde gasolina y tiene las cuatro llantas pinchadas y los faros rotos.
5. Para arreglar el coche hay que reparar el tanque, cambiar las llantas y poner nuevos faros. No serán muy costosas las reparaciones porque los daños no son muy graves.
6. En mi opinión, el joven tenía sueño y empezó a dormirse. Se salió de la carretera y chocó con el árbol.

ACTIVIDAD 5 PAGE 191

Answers will vary.

1. Quisiera un rollo de película, por favor. ¿Se revelan fotos aquí?
2. Uno de los altoparlantes no funciona. Voy a desarmarlo y revisarlo. El estéreo estará listo en una semana.
3. Señor, el coche pierde aceite. Voy a arreglarlo y también voy a revisar los frenos y limpiar las bujías.
4. La bocina y las luces direccionales no funcionan. ¿Puede arreglarlas, señora? También quisiera que me cambiara los limpiaparabrisas y que inflara las llantas. ¿Cuándo estará listo el coche?

Estructuras gramaticales

ACTIVIDAD 1 PAGE 192

1. Los frenos fueron revisados por el mecánico.
2. Las maletas serán subidas por el botones.
3. Las cartas son copiadas por la secretaria.
4. Este retrato fue pintado por un artista mexicano.
5. Esos artículos habían sido escritos por una periodista peruana.

ACTIVIDAD 2 PAGE 192

1. El castillo fue construido por un arquitecto francés.
2. Esos cuadros fueron pintados por el gran pintor Velázquez.
3. Esas estatuas fueron hechas por un escultor desconocido.
4. Esos monumentos antiguos fueron restaurados por unas arquitectas jóvenes.
5. Las salas fueron decoradas por un pintor italiano.
6. Esas iglesias fueron fundadas por la reina Isabel.

ACTIVIDAD 3 PAGE 193

Answers will vary.

1. La puerta está cerrada.
   Fue cerrada por el viento.
2. La comida está preparada.
   Fue preparada por la camarera.
3. Los frenos están arreglados.
   Fueron arreglados por el mecánico.
4. La carta está firmada.
   Fue firmada por la gerente.

5. Las camas están desarmadas.
   Fueron desarmadas por el carpintero.
6. La radio está encendida.
   Fue encendida por el niño.
7. Las luces están apagadas.
   Fueron apagadas por la gerente.
8. La caja fuerte está abierta.
   Fue abierta por el ladrón.

ACTIVIDAD 4 PAGE 194

1. está	5. estamos	9. fueron
2. fue	6. estará	10. está
3. fueron	7. serán	11. fue
4. están	8. está	

ACTIVIDAD 5 PAGE 194

1. se rompieron los vasos
2. se cerraron las tiendas
3. se encendieron las luces
4. se hirieron los jugadores
5. se destruyó la casa
6. se perdieron los documentos secretos
7. se aparcó el coche
8. se quemaron los árboles

ACTIVIDAD 6 PAGE 195

1. En España el café se sirve después de la comida.
2. En la Argentina los deportes de nieve se practican en agosto.
3. En México la fiesta nacional se celebra el 16 de septiembre.
4. En el mundo hispánico las distancias se miden en kilómetros.
5. En el verano las bebidas se sirven frías.

ACTIVIDAD 7 PAGE 195

Answers will vary.
1. Se pintará el techo.
2. Se instalarán las cortinas.
3. Se repararán las ventanas.
4. Se cambiarán los muebles.
5. Se arreglará el teléfono.
6. Se plantarán flores.

ACTIVIDAD 8 PAGE 196

1. se les perdieron	5. se le cayeron
2. se le escapó	6. se le quedó
3. se le quedaron	7. se le rompieron
4. se le olvidaron	8. se le murió

Lecturas literarias

ACTIVIDAD 1 PAGE 197

1. montura	6. cansancio
2. portal	7. lágrimas
3. peligroso	8. agitaban la mano
4. perseguido por la ley	9. dio golpes
5. peones, vaqueros	10. guardó

ACTIVIDAD 2 PAGE 198

1. se le había roto / . . . that his horse had broken a leg . . .
2. se le notaba / One (They) noticed it in everything.
3. se le llevó / They didn't take him to the bunkhouse where the ranch hands lived.
4. Se le dio / A room in the house was given to him. (He was given a room in the house.)
5. se le invitó / . . . they did not invite him to eat with the family.
6. se le veía / At times one (they) saw him looking over the corrals . . .
7. se le pegó / The name stuck to my father . . .
8. Se hablaba / At home one (they) spoke of him frequently . . .
9. se preguntaba / and they would (used to) ask each other if he would return one day.

ACTIVIDAD 3 PAGE 199

1. fuera / . . . as if that were some mysterious rite . . .
2. estuviera tomando / . . . almost as if he were taking a strange communion.
3. se bañara / They brought him water so that he could take a bath . . .
4. se acordara / . . . perhaps Dan Kraven was remembering a little brother or a son.
5. fuera / It was as if life were a long and heavy weight.
6. escogiera / He told Dan to choose.
7. fuera / Already everything was as if it were a story . . .
8. levantara / . . . before the family got up . . .

ACTIVIDAD 4 PAGE 199

1. cansancio	4. descansar
2. caballeriza	5. agradecimiento
3. agradezco	6. caballada

ACTIVIDAD 5 PAGE 200

1. extranjero, forastero	5. época
2. forastero	6. tres veces
3. derecho	7. tiempo
4. ley	8. veces

Unidad 14

Escenas de la vida

ACTIVIDAD 1 PAGE 201

Answers will vary.
1. El Sr. Robles es una persona ambiciosa que sueña con ser alguien importante. Degraciadamente no trabaja más para conseguir un adelanto sino que espera impresionar a sus jefes para conseguirlo. Me gustaría tenerlo como jefe en mi trabajo porque probablemente no exigiría demasiado. Es una persona amable que está casi siempre de buen humor.
2. El falso director engañó al Sr. Robles diciéndole que iba a filmar una escena de robo para un episodio de una serie de televisión. En realidad la filmación era solamente para que nadie se diera cuenta de que era un robo verdadero. F

tan fácil engañar al Sr. Robles porque es una persona impresionable y además quería creer que se le ofrecía una gran oportunidad.

3. Si yo hubiera estado en el lugar del Sr. Robles, habría reaccionado con entusiasmo ante la oferta del falso director pero habría averiguado sus credenciales. Habría llamado a la estación de televisión y habría hablado con el o la jefe(a) del Sr. Miranda.
4. Al enterarse del robo, los jefes del Sr. Robles van a enojarse. Van a hablarle al Sr. Robles con mucha severidad y no van a ascenderlo. Van a quitarle algunas de las responsabilidades que tiene para que otro gerente se encargue de ellas.

ACTIVIDAD 2 PAGE 202

Answers will vary.

DETECTIVE: ¡Un robo en su banco! ¿Cómo es posible?

SR. ROBLES: Sí, sí, ocurrió mientras filmaban la serie de televisión "El crimen no paga" en el banco.

DETECTIVE: ¡Qué interesante! Filmaban una película cuando entraron los ladrones.

SR. ROBLES: No exactamente. Los actores mismos fueron los que robaron el dinero.

DETECTIVE: ¿Cómo? No entiendo, Sr. Robles, ¿me podría explicar todo esto un poco más en detalle?

SR. ROBLES: Me dijeron que iban a filmar un episodio de la serie en el banco pero en realidad eran ladrones. Se llevaron el dinero de la caja y en su lugar dejaron dinero falso.

DETECTIVE: ¿Quiere decir que los actores de la serie "El crimen no paga" han robado el dinero de su banco? ¡Esto es muy interesante!

SR. ROBLES: No, no, señor, creo que eran impostores. Les di permiso para filmar en el banco porque soy un tonto. Pensaba que sería buena publicidad para el banco.

DETECTIVE: ¿Y quién era el jefe?

SR. ROBLES: Uno que decía llamarse Gustavo Miranda, pero estoy seguro que no era Miranda, el director, sino un impostor.

DETECTIVE: Ya veo. Pues, esto es más emocionante que la serie de televisión. Vamos a ver si atrapamos a esos criminales y les demostramos que el crimen no paga.

El español práctico

ACTIVIDAD 1 PAGE 203

1. bolsa de valores
2. cajera
3. fábrica
4. gerente, jefa
5. abogada
6. comercio, negocio
7. informática
8. tecla
9. contadora
10. procesadores de textos
11. pantalla
12. título, diploma
13. jornada

ACTIVIDAD 2 PAGE 203

Answers will vary.

Un periodista es una persona que informa al público sobre todo tipo de eventos. El periodista puede trabajar para la televisión, para la radio, para una revista o para un periódico. Es su responsabilidad obtener información correcta sobre los eventos importantes y escribir sobre ellos de una forma clara y precisa. Para obtener información, los periodistas hacen entrevistas, llaman por teléfono y van a todos los eventos importantes.

ACTIVIDAD 3 PAGE 204

Answers will vary.

1. Asisto al Instituto Cervantes. Me graduaré en el mes de junio.
2. Estudio idiomas y contabilidad.
3. Sí, he trabajado antes. El verano pasado trabajé para la Compañía Artex como ayudante en el Departamento de Contabilidad.
4. Me interesa una carrera en contabilidad. Me gustaría trabajar para una compañía de negocios internacionales.
5. Sí, sé usar una computadora. También sé escribir a máquina y sé usar una calculadora.
6. Sé hablar bien el inglés y el francés.
7. Soy muy responsable, tengo mucha iniciativa y me llevo bien con la gente.
8. Me gustaría trabajar como contador(a) en una empresa internacional.
9. He traído mi solicitud de empleo, mi curriculum vitae y varias cartas de recomendación.

ACTIVIDAD 4 PAGE 205

1. La compañía que puso el anuncio es una empresa multinacional.
2. La compañía está ubicada en Caracas, en el este de la ciudad.
3. La compañía ofrece un trabajo de secretaria ejecutiva bilingüe.
4. Los requisitos profesionales para el puesto son tener un mínimo de tres años de experiencia y poseer un excelente dominio del idioma inglés y de la taquigrafía.
5. Las aptitudes personales necesarias son tener una amplia capacidad de trabajo y ser una persona organizada, creativa y dinámica.
6. Las personas interesadas en el puesto deben enviar su curriculum vitae, una fotografía reciente y constancia de estudios y trabajos anteriores a la dirección indicada.

ACTIVIDAD 5 PAGE 206

Answers will vary.

1. La escena ocurre en la Agencia de Publicidad Ortiz.
2. La señora que se encuentra en el despacho de la izquierda se llama Sra. Ortiz. Debe ser la jefa de la empresa.
3. La señora Ortiz está llamando por teléfono a un cliente. El cliente quiere que la Sra. Ortiz diseñe unos anuncios para sus productos.
4. El hombre en el centro del dibujo está usando un procesador de textos para escribir una carta.
5. La señora de la derecha es dibujante. Está dibujando algo.

ACTIVIDAD 6 PAGE 207

Answers will vary.

1. Llamo para averiguar sobre el trabajo de verano en el hotel. ¿Qué tipo de trabajo es? ¿Cuánta experiencia se necesita? ¿Cuánto es el sueldo? ¿Cuál es el horario de trabajo? Quisiera pedirle una entrevista al gerente. Sí, el jueves a las 10:00 es una buena hora. Gracias.

2. Soy graduado(a) de la Academia Comercial. Tengo mucha iniciativa y experiencia en ventas. He trabajado como vendedor durante tres años. Me llevo bien con la gente y entiendo bien como funcionan las compañías de seguros.
3. ¿Cuáles son sus habilidades profesionales? ¿Qué aptitudes personales tiene usted?

Estructuras gramaticales

ACTIVIDAD 1 PAGE **208**

1. El profesor dudaba que (nosotros) hubiéramos hecho la tarea.
2. La jefa dudaba que su asistente hubiera escrito la carta.
3. El bibliotecario dudaba que yo le hubiera devuelto los libros.
4. La policía dudaba que (tú) hubieras visto platillos voladores.
5. El juez dudaba que los testigos hubieran dicho la verdad.
6. La enfermera dudaba que (tú) te hubieras roto la pierna.
7. Yo dudaba que el pájaro hubiera abierto la jaula por sí mismo.
8. Los historiadores dudaban que el rey hubiera muerto de muerte natural.

ACTIVIDAD 2 PAGE **209**

Examples of possible answers:

1. Yo esperaba que tú no te hubieras roto la pierna.
2. El profesor temía que yo hubiera perdido el libro de español.
3. La enfermera lamentaba que nosotros no nos hubiéramos recuperado.
4. La gerente no creía que mis amigos hubieran ganado la lotería.
5. Guillermo dudaba que los estudiantes hubieran comprado algo.
6. Mis hermanos no estaban seguros de que los dependientes hubieran vendido muchos helados.
7. Mis padres estaban sorprendidos de que los dependientes hubieran ganado tanto dinero.

ACTIVIDAD 3 PAGE **209**

1. nos habríamos quedado en un hotel de lujo.
2. habría alquilado un coche deportivo.
3. habrías ido a orillas del mar.
4. habrían pasado un mes en España.
5. me habría invitado a un espectáculo de baile flamenco.

ACTIVIDAD 4 PAGE **210**

1. habrían leído los anuncios.
2. habría enviado mi curriculum vitae.
3. les habrías pedido cartas de recomendación a tus profesores.
4. habría ido a la agencia de empleos.
5. habríamos tenido una entrevista con la jefa de personal.

ACTIVIDAD 5 PAGE **210**

1. Si Isabel no hubiera comprado una computadora, habría comprado un procesador de textos.
2. Si no nos hubiéramos especializado en informática, nos habríamos especializado en contabilidad.
3. Si Carlos y Enrique no hubieran estudiado ingeniería, habrían estudiado economía.
4. Si no hubieras aprendido a taquigrafiar, habrías aprendido a programar.
5. Si no hubiera trabajado para una agencia de publicidad, habría trabajado para una compañía de seguros.

ACTIVIDAD 6 PAGE **211**

1. Si yo hubiera contestado el anuncio de la oferta de empleo, habría conseguido mi entrevista.
2. Si (tú) te hubieras especializado en finanzas, habrías encontrado trabajo en un banco.
3. Si Ud. hubiera encendido la luz, no se habría caído en la escalera.
4. Si (tú) hubieras tomado una pastilla de dramamina, no te habrías mareado.
5. Si el equipo se hubiera entrenado, no habría perdido el campeonato.
6. Si (nosotros) nos hubiéramos puesto crema bronceadora, no habríamos sufrido una quemadura de sol.

ACTIVIDAD 7 PAGES **211–212**

Answers will vary.

1. No habríamos perdido el tren si hubiéramos llegado a tiempo a la estación.
2. No me habría torcido el tobillo si hubiera bajado las escaleras despacio.
3. Los turistas no se habrían perdido en el centro si hubieran mirado el mapa.
4. Elena no se habría resfriado si se hubiera puesto una chaqueta ayer.
5. El Sr. Meléndez no habría pagado una multa si no hubiera cometido una infracción.
6. Uds. no habrían tenido una avería si hubieran revisado el coche antes de salir.

ACTIVIDAD 8 PAGE **212**

Answers will vary.

1. Si hubiera vivido en un castillo medieval, no habría tenido luz eléctrica.
2. Si hubiera vivido en la Roma antigua, habría sido emperador(emperatriz).
3. Si hubiera sido Cristóbal Colón, habría descubierto América.
4. Si hubiera sido Eleanor Roosevelt, habría enseñado en la Universidad de Brandeis.

ACTIVIDAD 9 PAGE **213**

1. que
2. quienes
3. que
4. quien
5. que
6. quien
7. quienes
8. que

ACTIVIDAD 10 PAGE **213**

1. cuyo
2. de quienes
3. de quienes
4. de quienes
5. cuya
6. cuya
7. cuyas

Lecturas literarias

ACTIVIDAD 1 PAGE **214**

1. atraiga la atención
2. llave
3. tronco

4. rendija
5. bizquea
6. agachó
7. cajón
8. seco, yermo, desnudo
9. enderezar
10. cementerio
11. codiciada
12. crece
13. estafar
14. pétalos

ACTIVIDAD 2 PAGE 215

1. fuera / imperfecto del subjuntivo / C
2. escuchase / imperfecto del subjuntivo / A
3. hubiera cedido / pluscuamperfecto del subjuntivo / D
4. cuentas / presente del indicativo / E
5. se vuelve / presente del indicativo / F
6. me subiera / imperfecto del subjuntivo / C
7. llegaran / imperfecto del subjuntivo / B

ACTIVIDAD 3 PAGE 215

1. que
2. que
3. que
4. quien
5. que
6. cuyo

ACTIVIDAD 4 PAGE 216

1. a cambio
2. tal vez
3. De qué manera
4. en todo momento

ACTIVIDAD 5 PAGE 216

1. devuelva
2. devolví
3. regresar, volver